JOACHIM LANG

Systematisierung der Steuervergünstigungen

Schriften zum Steuerrecht

Band 11

Systematisierung der Steuervergünstigungen

Ein Beitrag zur Lehre vom Steuertatbestand

Von

Dr. Joachim Lang

DUNCKER & HUMBLOT / BERLIN

Alle Rechte vorbehalten
© 1974 Duncker & Humblot, Berlin 41
Gedruckt 1974 bei Buchdruckerei Richard Schröter, Berlin 61
Printed in Germany

ISBN 3 428 03086 9

Meinen Eltern

Vorwort

Die angekündigte Steuerreform soll eine „Vereinfachung des Steuerrechts" und „mehr soziale Gerechtigkeit" bringen. In welchem Maße für ein solches Vorhaben das wissenschaftliche Fundament fehlt, kann ermessen, wer bedenkt, daß das Bürgerliche Gesetzbuch etwa ein Vierteljahrhundert lang von Rechtsgelehrten vorbereitet worden ist, die freilich auch zu Beginn ihrer Arbeit schon eine bessere Ausgangsbasis vorgefunden haben als die Steuerrechtswissenschaftler der Gegenwart. Um so mehr gilt es, daran zu arbeiten, daß das Steuerrecht kein bloßes Aggregat, kein mehr oder minder chaotisches Konglomerat, keine mehr oder minder zufällige Anhäufung von Steuerarten und Steuernormen bleibt, sondern zu einem System von Erkenntnissen, zu einer möglichst präzise terminologisierten Einheit heranwächst.

Die Steuerrechtswissenschaft ist trotz der erheblichen praktischen Relevanz der Steuern immer ein Stiefkind der Rechtswissenschaft gewesen. Bis heute fehlt dem Steuerrecht „die breite Front der wissenschaftlichen Bearbeiter", die schon O. Bühler vermißt hat (AöR 33. Bd., S. 156). Da die wenigen Hochschullehrer, die sich mit dem Steuerrecht befassen, ihren Forschungsschwerpunkt im öffentlichen Recht oder im bürgerlichen Recht haben, ist es bisher nicht gelungen, das Zentrum des Steuerrechts systematisch zu durchforsten und die systemtragenden Prinzipien sowie die Systembrüche aufzudecken, die für das besondere Steuerrecht signifikant sind. Die Systematisierung des besonderen Steuerrechts steckt noch in den Kinderschuhen; die Terminologie ist unausgereift. Unausgereift ist aber auch die Lehre vom Steuertatbestand und vom Aufbau der Steuertatbestände in den einzelnen Steuergesetzen. Die Arbeit des Verfassers, keine der üblichen Durchschnittsarbeiten, bringt uns hier einen Schritt voran.

Den Hauptgegenstand der Untersuchung bilden die Steuervergünstigungen, ein Phänomen, das heute alle Steuergesetze durchwirkt. Der Verfasser dringt in die Begriffsvielfalt und Begriffsunklarheit der Steuergesetze und der Literatur (etwa Steuervergünstigung, Steuerbegünstigung, Steuerbefreiung, Steuerermäßigung, Steuererleichterung, Freibetrag, Freigrenze, Bewertungsfreiheit) ein und erarbeitet einen klaren Begriff der Steuervergünstigung. Die Vergünstigungen grenzt er von verwandten Tatbeständen ab.

Da die Steuervergünstigungen negative Bestandteile des Steuertatbestands sind, negative Geltungsanordnungen, mußte der Verfasser sich zunächst grundlegend mit dem Steuertatbestand als solchem befassen. Er hat dazu eine Grundlagenterminologie entwickelt und einen Beitrag geliefert zur äußeren Systematisierung des Steuertatbestands. Mit seinen eigenständig-kritischen und konstruktiven Untersuchungen zum Steuertatbestand ist der Verfasser wesentlich über die noch heute als fundamental geltende Monographie von Wilh. Merk (Steuerschuldrecht, 1926) hinausgelangt.

Der Verfasser systematisiert die Steuervergünstigungen zunächst nach dem äußeren System, indem er sie dem Steuersubjekt, dem Steuerobjekt, der Steuerbemessungsgrundlage oder dem Steuersatz zuordnet. Zugleich bemüht er sich um die terminologische Klarheit und Ordnung, die die Steuergesetze oft vermissen lassen (sie sprechen etwa von „außer Ansatz bleiben", „unversteuert bleiben", „steuerfrei bleiben", „steuerbefreit sind", „von der Besteuerung sind ausgenommen"). Der Verfasser systematisiert ferner die Steuervergünstigungen unter dem Aspekt des inneren Systems. Dabei unterscheidet er zwischen (von ihm sogenannten) aptiven Steuervergünstigungen, die Übermaß- und Mehrfachbesteuerung vermeiden wollen, und subventiven Steuervergünstigungen, die steuerordnungspolitisch motiviert sind, sowie steuertechnischen Vergünstigungen. Die Arbeit zeigt, daß nicht etwa jede Steuervergünstigung systemwidrig ist und daß manche Vergünstigung die Folgerichtigkeit der Besteuerung nicht stört.

Die Darstellung der systemwidrigen Steuervergünstigungen (sog. Steuerprivilegien) mündet in eine Prüfung des Gleichheitssatzes. Dazu werden drei Erscheinungsformen systemwidriger Steuervergünstigungen herausgearbeitet: das verdeckte, das unvollständige und das ungleich wirkende Steuerprivileg. Damit hat der Verfasser zugleich einen rationalen Maßstab zur Beurteilung der Frage gefunden, welche Steuervergünstigungen künftig gestrichen werden sollten.

Der Verfasser theoretisiert nicht ohne Wirklichkeitsbezug. Er hat alle Steuergesetze durchforstet, Terminologie und Tatbestandsaufbau der Einzelgesetze kritisch untersucht und gezeigt, wie der Tatbestand idealiter jeweils aufgebaut werden müßte und wo die Steuervergünstigungen als negative Tatbestandsmerkmale zu plazieren wären. Nur ein systematischer Aufbau und eine klare Terminologie schaffen mehr Rechtssicherheit und tragen zur Vereinfachung bei. Die Beseitigung der Steuerprivilegien trägt zugleich zur Steuergerechtigkeit bei.

Prof. Dr. Klaus Tipke, Köln

Inhaltsverzeichnis

Einleitung 17

Erster Teil

Entstehungstatbestand der Steuerschuld und Steuervergünstigung 24

Erstes Kapitel: Ausgang für die Begriffsbildung 24
1. Die Steuervergünstigung als Bestandteil des Entstehungstatbestandes 24
1.1. Tatbestandsmäßigkeit der Steuervergünstigungen 24
1.2. Die Elemente des Entstehungstatbestandes als Grundlagen der Begriffsbildung 25
1.2.1. Begriffsvielfalt in den Steuergesetzen 25
1.2.2. Der Zusammenhang positiver und negativer Tatbestandsvoraussetzungen für die Entstehung der Steuerschuld 25
1.2.3. Die Steuervergünstigung als Oberbegriff 26
2. Negative Geltungsanordnungen und negativer Entstehungstatbestand der Steuerschuld 26

Zweites Kapitel: Der positive Entstehungstatbestand der Steuerschuld .. 30
1. Dreiteilung des Entstehungstatbestandes 30
2. Die sachliche Seite des Steuertatbestandes 32
2.1. Das Besteuerungsgut als der besteuerungswürdige Sachverhalt .. 32
2.2. Der Steuergegenstand 33
2.3. Konkurrenz der Steueransprüche 36
3. Die persönliche Seite des Steuertatbestandes 43
3.1. Die Bestimmung des Steuergläubigers 43
3.2. Die Bestimmung des Steuerschuldners 43
3.2.1. Allgemeines 43
3.2.2. Die Elemente des Steuertatbestandes hinsichtlich der Bestimmung des Steuerschuldners 44
3.2.2.1. Die Anordnung des Steuerrechtssubjektes 45
3.2.2.2. Zurechnung des Steuerrechtssubjektes zum Steuergegenstand 46
3.2.3. Begriff des Steuerschuldners 49

4.	Der Berechnungstatbestand	49
4.1.	Die Unterscheidung zwischen Grund und Höhe eines schuldrechtlichen Leistungsanspruches	49
4.1.1.	Grund und Höhe der zivilrechtlichen Forderung	49
4.1.2.	Grund und Höhe des Steueranspruches	50
4.2.	Die Steuerbemessungsgrundlage	52
4.2.1.	Begriff und Wesen der Steuerbemessungsgrundlage	52
4.2.2.	Arten der Steuerbemessungsgrundlagen	55
4.2.2.1.	Direkte Steuerbemessungsgrundlagen	55
4.2.2.2.	Indirekte Steuerbemessungsgrundlagen	59
4.3.	Der Steuersatz	61

Drittes Kapitel: Der negative Entstehungstatbestand der Steuerschuld .. 63

1.	Der negative Entstehungstatbestand und die negative Tatbestandsabgrenzung	63
2.	Der negative Entstehungstatbestand nach dem sog. äußeren System der Steuergesetze	64
3.	Der negative Entstehungstatbestand nach dem sog. inneren System der Steuergesetze	65
3.1.	Das normativierte Besteuerungsprinzip als Gesamtheit der steuerartbegründenden Prinzipien	65
3.1.1.	Die Bedeutung der sog. allgemeinen Besteuerungsgrundsätze für die Systemhaftigkeit des Steuertatbestandes	67
3.1.2.	Der Begriff des normativen Besteuerungsprinzips	70
3.2.	Der Begriff der Steuervergünstigung	74
4.	Die Abgrenzung der Steuervergünstigungen zu verwandten Tatbeständen	79
4.1.	Steuerbelastende Ausnahmevorschriften	79
4.2.	Steuererleichterungen, die auf die entstandene Steuerschuld einwirken	80
4.2.1.	Steuererlaß	80
4.2.2.	Niederschlagung (§ 130 AO)	82
4.2.3.	Stundung und Zahlungsaufschub	83
4.3.	Vorsteuerabzug (§ 15 UStG)	83
4.4.	Tatbestände des Steuerverfahrens, die den Steuerpflichtigen begünstigen	83
4.5.	Grenzfälle	84
4.5.1.	Der Kürzungsanspruch nach dem Gesetz zur Förderung der Berliner Wirtschaft (BerlinFG)	84
4.5.2.	Die Investitionsprämie nach § 32 KohleG und die Investitionszulagen nach dem Investitionszulagengesetz und § 19 BerlinFG	85
4.5.3.	Zu den Befreiungsvorschriften des Grunderwerbsteuerrechtes	86
5.	Nicht tatbestandsmäßige Steuererleichterungen	88

Zweiter Teil

Die Arten der Steuervergünstigungen 91

Erstes Kapitel: Systematisierung der Steuervergünstigungen nach ihrer Stellung im Steuertatbestand 91

1.	Die persönlichen Steuerbefreiungen	91
1.1.	Der Begriff der persönlichen Steuerbefreiung	91
1.2.	Die Bedeutung der persönlichen Steuerbefreiung für andere subjektive Rechtsstellungen (Rechtsfiguren) des Steuerrechts	93
1.2.1.	Der Steuerpflichtige	93
1.2.2.	Der Steuerzahlungsschuldner	94
1.2.3.	Der Steuerentrichtungspflichtige und der Steuerhaftende	95
1.2.3.1.	Der Steuerentrichtungspflichtige	95
1.2.3.2.	Der Steuerhaftende	96
1.3.	Das Verhältnis der persönlichen Steuerbefreiung zu anderen Steuervergünstigungen	99
2.	Die sachlichen Steuerbefreiungen	101
3.	Die Steuervergünstigungen des Berechnungstatbestandes	104
3.1.	Die Steuervergünstigungen der Steuerbemessungsgrundlage	104
3.1.1.	Die Bewertungsfreiheiten	105
3.1.2.	Die steuermindernden Abzüge von der Steuerbemessungsgrundlage	106
3.1.3.	Freibeträge und Freigrenzen	106
3.1.4.	Sonstige Ausnahmevorschriften der Steuerbemessungsgrundlage	107
3.2.	Die Steuervergünstigungen bei oder nach Anwendung des Steuersatzes	107
4.	Zur Wirkung der Steuervergünstigungen	108
4.1.	Verlustausgleich (§ 2 Absatz 1 Satz 1 EStG) und Verlustabzug (§ 10 d EStG) bei Steuervergünstigungen	108
4.2.	Bedingte Steuervergünstigungen	112
4.3.	Zusammenfassung	115

Zweites Kapitel: Die funktionelle Systematisierung der Steuervergünstigungen 117

1.	Die innere Abgrenzung des Steuerrechts	117
1.1.	Aptive und subventive Steuervergünstigungen	117
1.2.	Die aptive Steuervergünstigung	118
1.3.	Die subventive Steuervergünstigung	124
2.	Die äußere Abgrenzung des Steuerrechts	128

2.1.	Der positive Entstehungstatbestand der Steuerschuld im sog. Außensteuerrecht	128
2.2.	Der negative Entstehungstatbestand der Steuerschuld im sog. Außensteuerrecht	132
2.2.1.	Allgemeines zu den außensteuerrechtlichen Steuervergünstigungen	132
2.2.2.1.	Außensteuerrechtliche Steuervergünstigungen ohne völkerrechtliche Veranlassung	134
2.2.2.2.	Steuervergünstigungen nach allgemeinen völkerrechtlichen Grundsätzen (§ 9 Ziff. 1 StAnpG)	139
2.2.2.3.	Steuervergünstigungen nach besonderen Vereinbarungen mit anderen Staaten (§ 9 Ziff. 2 StAnpG)	139

Dritter Teil

Systemwidrige Steuervergünstigungen 141

1.	Grundsätzliches zu den Steuerprivilegien	141
1.1.	Steuervergünstigung und Steuerprivileg	141
1.2.	Zur Gleichheitssatzwidrigkeit der Steuerprivilegien	141
2.	Erscheinungsformen systemwidriger Steuervergünstigungen	146
2.1.	Das verdeckte Steuerprivileg	147
2.2.	Das unvollständige Steuerprivileg	155
2.3.	Das ungleich wirkende Steuerprivileg	158

Zusammenfassung der Ergebnisse der Arbeit 159

Literaturverzeichnis 163

Verzeichnis der Gerichtsentscheidungen 169

Abkürzungsverzeichnis

A (Anm)	=	Anmerkung
a. A.	=	anderer Ansicht
AbsichG	=	Gesetz über Maßnahmen zur außenwirtschaftlichen Absicherung
a. E.	=	am Ende
a. F.	=	alte Fassung
AfA	=	Absetzung für Abnutzung
ÄndG	=	Änderungsgesetz
Anm. (A)	=	Anmerkung
AO	=	Reichsabgabenordnung
AO 1919	=	Reichsabgabenordnung vom 13. 12. 1919 (RGBl. S. 1993)
AO 1974	=	Entwurf einer Abgabenordnung der Bundesregierung, BR-Drucksache 23/71
AöR	=	Archiv für öffentliches Recht
BB	=	Der Betriebs-Berater
BdE	=	Bericht der Einkommensteuerkommission
BdF	=	Bundesminister der Finanzen
Begr.	=	Begründung
BerlinFG	=	Gesetz zur Förderung der Berliner Wirtschaft
bestr.	=	bestritten
BewG	=	Bewertungsgesetz
BFH	=	Bundesfinanzhof
BGB	=	Bürgerliches Gesetzbuch
BGBl.	=	Bundesgesetzblatt
BHG	=	Berlinhilfegesetz
BierStG	=	Biersteuergesetz
Bln.	=	Berlin
BMWF	=	Bundesminister für Wirtschaft und Finanzen
BRD	=	Bundesrepublik Deutschland
BR	=	Bundesrat
BStBl.	=	Bundessteuerblatt
BT	=	Bundestag
BVerfG	=	Bundesverfassungsgericht
BVerfGE	=	Amtliche Sammlung von Entscheidungen des BVerfG, zit. nach Bd. und Seite
DB	=	Der Betrieb
DBA	=	Doppelbesteuerungsabkommen
DDR	=	Deutsche Demokratische Republik
DStR	=	Deutsche Steuerrundschau: ab 1962: Deutsches Steuerrecht
DStZ	=	Deutsche Steuerzeitung
DVO	=	Durchführungsverordnung
DVBl.	=	Deutsches Verwaltungsblatt
EFG	=	Entscheidungen des Finanzgerichts
Entwicklungshilfe-Steuergesetz	=	Gesetz über steuerliche Maßnahmen zur Förderung von privaten Kapitalanlagen in Entwicklungsländern
ErbStG	=	Erbschaftsteuergesetz

Abkürzungsverzeichnis

ErgAbgG	=	Gesetz über eine Ergänzungsabgabe zur Einkommensteuer und Körperschaftsteuer (Ergänzungsabgabegesetz)
ESt	=	Einkommensteuer
EStDV	=	Einkommensteuer-Durchführungs-Verordnung
EStG	=	Einkommensteuergesetz
EStG 1974	=	Referentenentwurf eines Einkommensteuergesetzes 1974
EStR	=	Einkommensteuer-Richtlinien
EWG	=	Europäische Wirtschaftsgemeinschaft
EURATOM	=	Europäische Atomenergie-Gesellschaft
FeuerschStG	=	Feuerschutzsteuergesetz
FG	=	Finanzgericht
FGO	=	Finanzgerichtsordnung
Finwiss.	=	Finanzwissenschaft
FR	=	Finanzrundschau/Deutsches Steuerblatt
GBl.	=	Gesetzblatt
GemVO (GemeinnützigkeitsVO)	=	Gemeinnützigkeits-Verordnung
GewSt	=	Gewerbesteuer
GewStDV	=	Gewerbesteuer-Durchführungsverordnung
GewStG	=	Gewerbesteuergesetz
GewStR	=	Gewerbesteuerrichtlinien
GG	=	Grundgesetz
GrESt	=	Grunderwerbsteuer
GrEStG	=	Grunderwerbsteuergesetz
Gr.S.	=	Großer Senat
GrStG	=	Grundsteuergesetz
GVBl. (GVOBl)	=	Gesetz- und Verordnungsblatt
HGB	=	Handelsgesetzbuch
i. d. F.	=	in der Fassung
i. d. R.	=	in der Regel
Investitionszulagengesetz	=	Gesetz über die Gewährung von Investitionszulagen im Zonenrandgebiet und in anderen förderungsbedürftigen Gebieten sowie für Forschungs- und Entwicklungsinvestitionen
IWB	=	Internationale Wirtschafts-Briefe
JZ	=	Juristenzeitung
KaffeeStG	=	Kaffeesteuergesetz
KG	=	Kommanditgesellschaft
KohleG	=	Gesetz zur Anpassung und Gesundung des deutschen Steinkohlenbergbaus und der deutschen Steinkohlenbergbauindustrie
KraftStG	=	Kraftfahrzeugsteuergesetz
KSt	=	Körperschaftsteuer
KStDV	=	Körperschaftsteuer-Durchführungsverordnung
KStG	=	Körperschaftsteuergesetz
KStR	=	Körperschaftsteuer-Richtlinien
KVStG	=	Kapitalverkehrsteuergesetz
LAG	=	Lastenausgleichsgesetz
LeuchtmStG	=	Leuchtmittelsteuergesetz
LSt	=	Lohnsteuer
LStDV	=	Lohnsteuer-Durchführungsverordnung
LStR	=	Lohnsteuer-Richtlinien
m. a. W.	=	mit anderen Worten
m. w. Nachw.	=	mit weiteren Nachweisen
NATO	=	North Atlantic Treaty Organisation
N.F. (n.F.)	=	neue Fassung; neue Folge

Abkürzungsverzeichnis

NJW	=	Neue Juristische Wochenschrift
NWB	=	Neue Wirtschafts-Briefe, zit. nach Fach und Seite
OVG	=	Oberverwaltungsgericht
OVGM	=	Mitteilungen der Oberverwaltungsgerichte
OECD	=	Organization for Economic Cooperation and Development
OFD	=	Oberfinanzdirektion
OHG	=	Offene Handelsgesellschaft
RAO	=	Reichsabgabenordnung
RegE	=	Regierungsentwurf
RennwLottG	=	Rennwett- und Lotteriegesetz
RFH	=	Reichsfinanzhof
RGBl.	=	Reichsgesetzblatt
Rspr.	=	Rechtsprechung
RStBl.	=	Reichssteuerblatt
SA	=	Sonderausgaben
SalzStG	=	Salzsteuergesetz
SchaumweinStG	=	Schaumweinsteuergesetz
StabG	=	Gesetz zur Förderung der Stabilität und des Wachstums der Wirtschaft
StÄndG	=	Steueränderungsgesetz
StAnpG	=	Steueranpassungsgesetz
StbJB	=	Steuerberater-Jahrbuch
StenBer.	=	Stenographische Berichte
StGB	=	Strafgesetzbuch
StraGüVerkStG	=	Gesetz über die Besteuerung des Straßengüterverkehrs
StSäumnG	=	Steuersäumnisgesetz
StuW	=	Steuer und Wirtschaft
StZBl.	=	Steuer- und Zollblatt
SüßstoffG	=	Süßstoffsteuergesetz
TabakStG	=	Tabaksteuergesetz
TeeStG	=	Teesteuergesetz
Tz	=	Textziffer
USt	=	Umsatzsteuer
UStDV	=	Umsatzsteuer-Durchführungsverordnung
UStG	=	Umsatzsteuergesetz
VG	=	Verwaltungsgericht
VersStG	=	Versicherungsteuergesetz
VJSchrStuFR	=	Vierteljahreschrift für Steuer- und Finanzrecht
VO	=	Verordnung
VSt	=	Vermögensteuer
VStG	=	Vermögensteuergesetz
VStR	=	Vermögensteuerrichtlinien
VZ	=	Veranlagungszeitraum
WStG	=	Wechselsteuergesetz
WÜD	=	Wiener Übereinkommen über diplomatische Beziehungen
WV	=	Weimarer Verfassung
ZG	=	Zollgesetz
ZPO	=	Zivilprozeßordnung
ZuckStG	=	Zuckersteuergesetz

Einleitung

I. Zu Beginn schien diese Arbeit am Vorabend der sog. Großen Steuerreform geschrieben zu werden. Dieses bis in das Jahr 1953 zurückreichende Reformvorhaben[1] erfuhr Anfang 1971 Höhepunkte der Aktivität durch den von der Bundesregierung beschlossenen Entwurf einer Abgabenordnung (AO 1974)[2] und das am 30. März dem Bundeskanzler überreichte Gutachten der Steuerreformkommission[3], bevor es durch die Beschlüsse der Bundesregierung vom 11. Juni und 28./29. Oktober 1971 über Eckwerte und Grundsätze zur Steuerreform 1974[4] auf den Umfang üblicher Steueränderungsgesetze zurückschrumpfte. Bei Fertigstellung dieser Arbeit im Frühjahr 1973 zeichnet sich nun ab, daß das Jahr 1974 als Zieljahr der sog. Großen Steuerreform Illusion geworden ist.

II. Auslösendes Element für die Einsetzung der Steuerreformkommission war die seit Jahren immer heftiger gewordene Kritik an dem „System des deutschen Steuerrechts" und der Ausgestaltung der Steuergesetze im einzelnen[5]. Doch gerade die jüngsten Untersuchungen von *Tipke*[6] haben nachgewiesen, wie weit noch der Weg zu einem System des Steuerrechts ist. Wenn *Canaris*[7] die Ausbildung eines vollkommenen Systems einer bestimmten Rechtsordnung gehindert sieht, weil „eine positive Rechtsordnung keine ‚ratio scripta', sondern ein historisch gewachsenes, von Menschen geschaffenes Gebilde" sei, so gilt diese Erkenntnis insbesondere für das Steuerrecht. Ein mehrere Staatswesen überdauernder Stellungskrieg zwischen Besteuernden und Besteuerten hat die heute kritisierte Situation zur Folge, in der Reformbemühungen zu Kompanieerfolgen herabgewürdigt werden.

Man wird den Politikern und Ministerialbeamten einerseits, der Lobby andererseits, sozusagen den kämpfenden Truppen keinen Vorwurf

---

[1] Vgl. hierzu die historischen Hinweise im Gutachten der Steuerreformkommission (Fußnote 3), I, Tz. 13/14.
[2] BR-Drucksache 23/71.
[3] Heft 17 der Schriftenreihe des Bundesministeriums der Finanzen.
[4] BMWF-Dokumentation Nr. F/11 vom 22. 11. 1971.
[5] So das Gutachten, I, Tz. 13.
[6] Grundlegend Steuerrecht — Chaos, Konglomerat oder System, StuW 1971 S. 2 ff.; Steuerrechtswissenschaft und Steuersystem, Festschrift für Wacke, Köln 1972, S. 211 ff.; Die Steuerprivilegien der Sparkassen, Steuersystematische und verfassungsrechtliche Aspekte, Köln 1972.
[7] Systemdenken und Systembegriff in der Jurisprudenz, S. 112.

machen können. Bedauerlich ist, daß die Steuerrechtswissenschaft am Stellungskrieg teilgenommen und dabei ihren Ordnungsauftrag, das Steuerrecht zu systematisieren[8], unerfüllt gelassen hat. Das Ergebnis ist „üppig wuchernde Kommentarliteratur, ein nicht mehr zu meisternder Wust von Fachzeitschriften mehr oder minder hoher Qualität, eine Unsumme von wissenschaftlich meist wertlosen Broschüren und Traktätchen über Besteuerungsfragen"[9].

Der Mangel an wissenschaftstheoretisch-systematischen Untersuchungen[9] läßt sich nicht von heute auf morgen, sondern nur durch ein steuerrechtswissenschaftliches Langzeitprogramm beheben. Auch die vorliegende Arbeit, nicht selten genötigt, auf die Steuerrechtsliteratur vor 1933 zurückzugreifen[10], kann nur einen bescheidenen Versuch unternehmen, Grundlagen des Steuertatbestandes im Hinblick auf das Phänomen der Steuervergünstigung zu untersuchen. Hierbei ergibt sich bereits die Schwierigkeit, einen wissenschaftstheoretisch verwendbaren Begriff des Systems zu entwickeln und anzuwenden. In dieser Hinsicht hat die Habilitationsschrift von *Canaris*[11] die Aufgabe der Arbeit ganz entscheidend erleichtert.

III. In der Rechtswissenschaft sind der Begriff des sog. *äußeren Systems* und der Begriff des sog. *inneren Systems* zu unterscheiden[12].

1. Das *äußere System* hat eine rechtsstoffordnende Funktion. Seine Bedeutung erwächst zunächst rechtswissenschaftlich, dann aber auch rechtstechnisch.

Die wissenschaftliche Bedeutung des äußeren Systems ist grundlegend von *Heck*[13] beschrieben worden. Der zu erforschende Rechtsstoff (Rechtsnormen und Richterrecht) bestehe aus *Sollbegriffen*. Neben dem Rechtsstoff seien Erkenntnisprobleme tatsächlicher Art zu bewältigen. Daher „bildet die Wissenschaft bei ihren Voruntersuchungen und der Richter bei der Entscheidung über die Tatfrage" *Seinsbegriffe*. Schließlich beschränke sich die Rechtswissenschaft nicht darauf, „die Sollvorstellungen des Gesetzes einfach zu reproduzieren und durch eigene Sollvorstellungen zu ergänzen", sondern sie unterwerfe „sie einer Um-

---

[8] *Tipke*, Steuerrechtswissenschaft und Steuersystem, S. 212.
[9] So *Klein*, Steuerwesen und Rechtsordnung, FinArch. N.F. Bd. 14 (1953/54) S. 1; vgl. hierzu *Tipke*, Die Situation des Steuerrechts als rechtswissenschaftliche Disziplin, NJW 1967 S. 1885 ff.
[10] Die Jahre 1927 bis 1933 werden als Blütezeit der Steuerrechtswissenschaft bezeichnet, hierzu *Kruse*, Steuerrecht, I. Allgemeiner Teil, 2. Aufl. 1969, S. 2.
[11] Systemdenken und Systembegriff in der Jurisprudenz, entwickelt am Beispiel des deutschen Privatrechts, Berlin 1969.
[12] Die übrigen von *Canaris*, ebd. S. 19 ff. erörterten Systembegriffe werden in dieser Arbeit nicht verwertet. Die Unterscheidung des äußeren und inneren Systems geht auf Heck zurück, vgl. hierzu *Larenz*, Methodenlehre der Rechtswissenschaft, 2. Aufl. 1969, S. 59.
[13] Begriffsbildung und Interessenjurisprudenz, 1932, S. 61 ff.

gestaltung durch eine Darstellung, die hauptsächlich der Übersicht, aber auch der leichteren Auffassung dient". Die sich daraus ergebenden *Ordnungsbegriffe* seien gewissermaßen „Formeln" oder „Integrale" des Rechtsstoffes. Ordnungsbegriffe seien deskriptive[14] Begriffe, die auch den reinen Beobachtungswissenschaften bekannt seien. Am deutlichsten träten die Ordnungsbegriffe bei den sog. beschreibenden Naturwissenschaften (Zoologie, Botanik usw.) hervor.

Bei der Fortbildung des Rechts wäre das so beschriebene äußere System ohne Wirkkraft, wenn es nur der klaren und übersichtlichen Darstellung und Gliederung des Stoffes[15], im wesentlichen pädagogischen Zwecken diente. Rechtsfortbildende Bedeutung erlangt der Gedanke des sog. äußeren Systems erst, wenn der Gesetzgeber die Ergebnisse der rechtswissenschaftlichen Systematisierung auswertet und damit die Gesetzestechnik, den Aufbau und terminologischen Inhalt der Rechtsnormen verbessert. Die Ordnungsbegriffe der Rechtswissenschaft werden durch die reformierende Geltungsanordnung des Gesetzgebers wieder zu neuen Sollbegriffen, z. B. Legaldefinitionen, welche die Rechtsinstitute klarer und für die Rechtsanwendung praktikabler als bisher „determinativ"[16] oder „typisch"[16] bestimmen. Das ist die rechtstechnische Bedeutung des sog. äußeren Systems.

Wenngleich *Canaris*[17] darauf hingewiesen hat, daß das äußere System für die Praktikabilität der Rechtsanwendung und mittelbar auch für die Rechtssicherheit im Sinne der Vorhersehbarkeit der Entscheidung von großer Bedeutung sei, so verwundert es nicht, daß die Zivilrechtswissenschaft dem äußeren System nur einen sekundären Rang einräumt[18]. Das hat zwei Gründe. Erstens ist der Zivilrechtsstoff, wie jeder Jurist, der eine Digestenexegese angefertigt hat, weiß, auf Grund einer Jahrtausendtradition[19] rechtspositivistisch abgeklärt. Zweitens ist der Privatrechtler in der Lage, gesetzestechnische Mängel durch die sog. offene Rechtsfortbildung[20] weitgehend auszugleichen.

---

[14] Im Gegensatz zu den Interessen- und Meinungsbegriffen, aus denen Heck das innere System in der Jurisprudenz bildet.
[15] *Canaris*, ebd. (Fußnote 11) S. 19.
[16] *Heck*, S. 63.
[17] Ebd. (Fußnote 11) S. 19.
[18] Hierzu *Larenz*, Methodenlehre der Rechtswissenschaft, 2. Aufl. 1969 S. 60 ff., S. 450 ff.
[19] Die entscheidenden Stationen dieser Tradition für das deutsche Privatrecht sind die Rezeption des römischen Rechts durch die Glossatoren (Vorrezeption) und Postglossatoren (Hauptrezeption) sowie die „Historische Rechtsschule" Savignys. Hierzu *Wieacker*, Privatrechtsgeschichte der Neuzeit, 2. Aufl. 1967; *Mitteis/Lieberich*, Deutsche Rechtsgeschichte, 12. Aufl. 1971.
[20] Nach *Larenz*, S. 350 ff. besteht die offene Rechtsfortbildung in der Ausfüllung von Gesetzeslücken (Rechtsfortbildung praeter legem) und Umbildung gesetzlicher Regelungen bzw. Ausbildung neuer Rechtsinstitute (Rechtsfortbildung „extra legem", aber „intra jus").

Anders liegt es im öffentlichen Eingriffsrecht. Der Gedanke des äußeren Systems erfährt dort seine erstrangige Bedeutung, weil dort die Rechtsanwendung wegen des sog. Analogieverbotes, das man genauer als Verbot der offenen Rechtsfortbildung bezeichnen sollte, an die positivistische Rechtsnorm angebunden ist. Das bedeutet, daß mangelnde Gesetzestechnik, die unzureichende Vorbereitung der gesetzlichen Sollbegriffe durch rechtswissenschaftliche Ordnungsbegriffe nur beschränkt ausgeglichen werden kann, mithin die Teleologie eines Gesetzes bei der Rechtsanwendung ganz empfindlich durch mangelnde Gesetzestechnik gestört, wenn nicht gar vereitelt wird.

Ein eindrucksvolles Beispiel für den Nutzen des äußeren Systems für das Eingriffsrecht bietet das Strafrecht. Das Strafrecht, traditionell geprägt von den Grundsätzen „nullum crimen sine lege" und „nulla poena sine lege"[21], lebt von einem sowohl dogmatisch klar aufgebauten als auch in seinen einzelnen Elementen terminologisch präzisierten Tatbestand. Wie sehr die Vorstellungen von einem terminologisch richtigen Strafrecht mit der äußeren Tatbestandsgliederung zusammenhängen, belegt der wohlbekannte Streit in der Strafrechtsdogmatik zwischen der finalen und kausalen Handlungslehre.

2. Das *innere System*, so wie es von *Tipke*[22] in die Steuerrechtswissenschaft eingeführt wurde und der Systematisierungsaufgabe dieser Arbeit zugrundegelegt wird, ist, wie bereits erwähnt, von *Canaris* entwickelt worden. Es stellt sich wie folgt dar:

Das innere System wird charakterisiert durch die Merkmale der *Ordnung* und *Einheit*. Bei *Canaris* bedeutet dies, daß die Ordnung des Rechts nicht in eine Vielzahl unzusammenhängender Einzelwertungen zerfällt, sondern sich auf verhältnismäßig wenige allgemeine Kriterien zurückführen läßt[23]. Die so entstehende *Einheit des Rechts* wird verwirklicht durch die *folgerichtige* Konkretisierung einiger weniger Prinzipien (Primär- oder Grundwertungen, Grundprinzipien, Sachgesetzlichkeiten im Sinne der Terminologie des Bundesverfassungsgerichts). Die Einheit und damit also die Folgerichtigkeit des Rechts sind Emanationen und Postulate der Rechtsidee, die eng mit dem Gleichheitssatz verknüpft ist. Die Einheit wird gestört, wenn Einzelwertungen oder Sekundärprinzipien der höheren Primär- oder Grundwertung widersprechen. Ein besonderer Störfaktor ist die der Rechtsidee ebenfalls immanente individualisierende Tendenz der Gerechtigkeit, die dem auf

---

[21] Diese Grundsätze sind normiert in Art. 7 der Menschenrechtskonvention, Ges. vom 7. 8. 1952, BGBl. II S. 689, Art. 103 Absatz 2 GG, § 2 StGB.
[22] Steuerrecht — Chaos, Konglomerat oder System StuW 71 S. 2 ff. Im Hinblick auf diesen Aufsatz wird hier auf eine eingehende Beschreibung des von Canaris beschriebenen inneren Systems verzichtet. Hierzu auch *Tipke*, Steuerrechtswissenschaft und Steuersystem, S. 213/214.
[23] Ebd. (Fußnote 11) S. 17.

der generalisierenden Tendenz beruhenden Systemgedanken entgegenwirkt[24]. Nach alledem ist das innere System eine *teleologische Ordnung allgemeiner Rechtsprinzipien.*

3. Zusammenfassend ist festzustellen, daß das äußere System die deskriptive oder besser rechtspositivistische, das innere System die normative Seite der Systematisierung darstellt. Die rechtspositivistische Seite der Systematisierung in bezug auf das Eingriffsrecht,. das dem Verbot offener Rechtsfortbildung unterworfen ist, hat die Bedeutung einer unabdingbaren Voraussetzung für die Verwirklichung innerer Systemhaftigkeit, da gesetzestechnische Mängel sich durch teleologische offene Rechtsfortbildung nicht beheben lassen.

IV. Die *Arbeit* versucht nun dem äußeren wie inneren Systemgedanken gerecht zu werden. Ein rationales Steuersystem ist hingegen nicht aufzuzeigen. Im Gegensatz zur finanzwissenschaftlichen Betrachtungsweise ist die rechtswissenschaftliche doch primär dem de facto vorhandenen Rechtsstoff gewidmet, d. h. die rechtswissenschaftliche Aufgabe setzt sich in erster Linie mit der vorhandenen Rechtsordnung auseinander, erst dann kann das Denken de lege lata durch ein Denken de lege ferenda ergänzt werden. Die Vorstellungen *Hallers*[25], *Hedtkamps*[26] und *Neumarks*[27] von einem ökonomisch rationalen Steuersystem bergen gewiß wichtige Erkenntnisse über die Grundprinzipien der Besteuerung, an denen die vorliegende Arbeit nicht vorbeigehen will und auch nicht vorbeigeht. Die Grenze ihrer Verwendbarkeit liegt jedoch dort, wo das Gesetz den Juristen bindet. Daß die Finanzwissenschaft nicht den von ihr erstrebten Einfluß erzielt hat, mag daran liegen, daß sie zu wenig vom Boden des geltenden Rechts aus argumentiert, mithin einen zu großen Teil des Rechtsstoffes verwirft. Die große Schwierigkeit nämlich, Steuerrecht zu systematisieren, besteht darin, daß die individualisierenden Tendenzen der Gerechtigkeit die generalisierenden bei weitem übertreffen. Dies zu berücksichtigen, ist im Gegensatz zu einer finanzwissenschaftlichen Untersuchung die entscheidende Aufgabe und das entscheidende Problem der rechtswissenschaftlichen Systematisierung.

---

[24] So *Canaris*, S. 112.
[25] Die Steuern, Grundlinien eines rationalen Systems öffentlicher Abgaben, Tübingen 1964; Zur Problematik eines rationalen Steuersystems, Kiel 1965.
[26] Lehrbuch der Finanzwissenschaft, Neuwied und Berlin 1968, S. 239: Hedtkamp weist darauf hin, daß Beispiele für eine ökonomisch unreflektierte Steuerfindung in fast allen Ländern anzutreffen seien.
[27] Grundsätze gerechter und ökonomisch rationaler Steuerpolitik, Tübingen 1970, hier die bedeutendste Monographie. Besonders die Abhandlung der Gerechtigkeitspostulate (S. 67 ff.) und der steuerrechtlichen und steuertechnischen Grundsätze (S. 334 ff.) sind der juristischen Systematisierung eine wertvolle Stütze.

V. Der *erste Teil* versucht, eine Grundlagenterminologie des Steuertatbestandes und der Steuervergünstigungen zu entwickeln. Bei der Bearbeitung des Themas hat sich nämlich herausgestellt, daß sich das Phänomen der Steuervergünstigung und seiner Arten nicht ohne grundlegende Untersuchung des Steuertatbestandes als solchen darstellen läßt.

Somit sind zunächst die den Steueranspruch begründenden Tatbestandselemente, der positive Entstehungstatbestand der Steuerschuld erörtert. Dieser Teil der Untersuchung soll einen Beitrag zur äußeren Systematisierung des Steuertatbestandes leisten. Die Aufgabe besteht darin, die Ordnungsbegriffe der einzelnen Tatbestandselemente und ihre logische Verknüpfung in einem Tatbestandsaufbau (Grundtatbestand und Berechnungstatbestand) aufzuzeigen. Eine besondere Problematik äußerer Systemwidrigkeit ist die Überschneidung und Überlagerung von Steuern bei Gleichheit oder Ähnlichkeit von Steuerobjekt und Steuerbemessungsgrundlage[28]. Die Rechtslehre[29] unterscheidet hier Doppelbesteuerung einerseits und steuerliche Mehrfachbelastung andererseits. Doppelbesteuerung setze im Gegensatz zur sonstigen steuerlichen Mehrfachbelastung Identität des Steuerrechtssubjektes und des Zeitraumes voraus. Diese bisher unbestrittene Voraussetzung der Doppelbesteuerung, daß der Steuerschuldner im Falle der steuerlichen Mehrfachbelastung identisch sei, führt im Hinblick auf die vielfältige Ausgestaltung der Rechtssubjekte im Steuerrecht dazu, daß der *Rechtsbegriff* nur einen Teil der wirtschaftlich nachweisbaren steuerlichen Mehrfachbelastungen erfaßt. *Spitaler*[30] versucht die Frage, wann die Einheit des Abgabensubjektes gegeben sei, mit der wirtschaftlichen Betrachtungsweise zu lösen. *Geyler*[31] klammert dieses Problem bewußt aus, „um die Kompliziertheit der Materie nicht noch mehr zu steigern". In Wirklichkeit ist aber der gebräuchliche Begriff der Doppelbesteuerung als einen Seinszustand beschreibender Ordnungsbegriff untauglich. Denn im Hinblick auf die Vielfalt der Rechtssubjekte und die Bedeutungslosigkeit des Zeitraumes für die steuerliche Mehrfachbelastung ist es mehr oder weniger ein Zufall, ob diese vom herrschenden Begriff der Doppelbesteuerung erfaßt ist oder nicht. Es wird daher ein Begriff der Doppelbesteuerung als Phänomen der Konkurrenz von

---

[28] So ein konkreter Kritikpunkt am Steuersystem im Gutachten der Steuerreformkommission, I, Tz. 19.

[29] Literaturhinweise unten 1. Teil, 2. Kapitel, 2.3. (Konkurrenz der Steueransprüche).

[30] Das Doppelbesteuerungssystem bei den direkten Steuern, 2. Aufl., fotomechanischer Nachdruck 1967 der 1. Aufl. 1936, S. 170.

[31] Steuerliche Mehrfachbelastungen und ihre normative Abwehr, Band I: Mehrfachbesteuerung (Doppelbesteuerung) im Rechtssinne, 1931, S. 171 Fußnote 2.

Steueransprüchen zu entwickeln sein, der *allein* dem Tatbestandselement (Ordnungsbegriff) des Steuergegenstandes zuzuordnen ist[32].

Der negative Entstehungstatbestand ist die Gesamtheit der Steuervergünstigungen, die den positiven Entstehungstatbestand der Steuerschuld einschränken. Dieser Teil der Untersuchung befaßt sich nunmehr auf der Grundlage des inneren Systemgedankens mit dem Phänomen der Ausnahmevorschrift, insbesondere der Steuervergünstigung. Das Ergebnis ist der Begriff der Steuervergünstigung und die Abgrenzung der Steuervergünstigung zu verwandten Tatbeständen.

VI. Der *zweite Teil* gliedert sich ebenfalls in eine äußere und innere Systematisierung. Die Systematisierung der Steuervergünstigung nach der Stellung im Steuertatbestand ist rechtspositivistisch, die funktionelle Systematisierung teleologisch.

VII. Der *dritte Teil* befaßt sich schließlich mit der systemwidrigen Steuervergünstigung, dem Steuerprivileg. Hier lag dem Verfasser besonders daran, nachzuweisen, daß es bei dem schrittweisen Abbau ungerechtfertigter Steuervergünstigungen[33] nicht in erster Linie um das Streichen etwa der Steuervergünstigung der Vollblutzuchtbetriebe (§ 82c EStDV)[34], sondern vor allem um den Abbau jener Steuervergünstigungen gehen sollte, die der Verfasser als verdeckte Steuerprivilegien bezeichnet.

---

[32] Näheres unten 1. Teil, 2. Kapitel, 2.3.
[33] So eine Ankündigung in der Regierungserklärung des Bundeskanzlers 1973, Bulletin Nr. 6/1973 S. 45 ff.
[34] So die Beschlüsse der Bundesregierung in BMWF-Dokumentation Nr. F/11 vom 22. 11. 1971, S. 12.

ERSTER TEIL

Entstehungstatbestand der Steuerschuld und Steuervergünstigung

Erstes Kapitel

Ausgang für die Begriffsbildung

1. Die Steuervergünstigung als Bestandteil des Entstehungstatbestandes

1.1. Tatbestandsmäßigkeit der Steuervergünstigungen

Der Grundsatz der Tatbestandsmäßigkeit der Besteuerung als Ausfluß des rechtsstaatlichen Prinzips der Gesetzmäßigkeit der vollziehenden Gewalt (Artikel 20 Absatz 3 GG)[1] ist für das Steuerrecht im Steuerbegriff (§ 1 Absatz 1 AO) und in § 3 Absatz 1 StAnpG besonders normiert. Der Grundsatz der Tatbestandsmäßigkeit bedeutet die vollständige gesetzliche Regelung des Steuerschuldverhältnisses in positiver wie negativer Hinsicht. In § 1 Absatz 1 AO wird durch den Wortlaut „allen auferlegt werden" hervorgehoben, daß der Grundsatz der Tatbestandsmäßigkeit zugleich auch den Grundsatz der Gleichmäßigkeit der Besteuerung gewährleistet[2], demzufolge eine Privilegierung außerhalb des gesetzlichen Tatbestandes verbietet. Steuervergünstigungen, die sich nicht auf eine Rechtsnorm[3] zurückführen ließen, bewirkten zwangsläufig, daß die Besteuerung persönlich und sachlich nicht abschließend gesetzlich geregelt, die Steuer eben nicht „allen" auferlegt wäre, bei denen der gesetzliche Tatbestand der Besteuerung zutrifft[4]. Die Interdependenz zwischen Gleichheitssatz und Tatbestandsmäßigkeit als zusätzliche Garantie für die Gleichmäßigkeit der Besteuerung ist bereits

---

[1] BVerfGE 19, 253 (267).
[2] *Tipke/Kruse*, AO, 2.—4. Aufl. 1965/69 § 1 Anmerkung 14; *Becker* selbst (Komm. zur Reichsabgabenordnung, 6. Aufl. 1928, § 1 Anmerkung 9) hält das Wort „allen" für überflüssig; der Grundsatz der Allgemeinheit der Besteuerung klinge wie etwas Selbstverständliches durch.
[3] Gesetz i. S. der §§ 1 Absatz 1 AO, 3 Absatz 1 StAnpG ist jede Rechtsnorm (§ 2 Absatz 1 AO).
[4] Die Gefahr von Steuervergünstigungen, die sich nicht auf eine Rechtsnorm zurückführen lassen, besteht insbesondere bei Anweisungen in Richtlinien, vgl. hierzu Bericht der Einkommensteuerkommission S. 61/62, 64 ff.

von *Hensel*[5] grundlegend geschildert worden. Sie führt dazu, daß jede Steuervergünstigung *per definitionem* tatbestandsmäßig sein muß.

1.2. Die Elemente des Entstehungstatbestandes als Grundlagen der Begriffsbildung

1.2.1. Begriffsvielfalt in den Steuergesetzen

Mit termini technici für Rechtsnormen, die als Steuervergünstigungen angesehen werden, geht das Steuerrecht nicht gerade sparsam um. Neben dem Begriff der persönlichen oder sachlichen Steuerbefreiung werden die Begriffe steuerfreie Einnahmen usw., nicht steuerpflichtiger Arbeitslohn usw., Freibetrag, Freigrenze, Bewertungsfreiheit, Steuerfreiheit, erhöhte oder Sonderabsetzungen, Sonderausgaben als Sonderabsetzungen innerhalb des Einkommensbegriffs, außergewöhnliche Belastungen als Sonderabsetzungen vor Anwendung des Einkommensteuertarifs, Kürzungsansprüche des Berliner und westdeutschen Unternehmers (§§ 1 und 2 BerlFG) als Berlin-Umsatzsteuervergünstigung verwandt. Eine durchgehend einheitliche Verwendung dieser Begriffe, soweit sie sich nicht auf ein einziges Steuergesetz beziehen, läßt sich nicht feststellen. Allein der Blick auf das EStG zeigt, daß die nicht auf allgemeinen Gesichtspunkten beruhende Begriffsvielfalt auch zu erheblichen Fehlstellungen der Steuervergünstigungsnormen führt[6]. Evident ist die terminologische Vermengung der Begriffe Steuerbefreiung, Freibetrag und Besteuerungsgrenze in den §§ 16—18 ErbStG.

1.2.2. Der Zusammenhang positiver und negativer Tatbestandsvoraussetzungen für die Entstehung der Steuerschuld

Sucht man nun nach gemeinsamen terminologischen Ordnungsmerkmalen, so reicht der Vergleich der Ausnahmevorschriften, die zu verschieden ausgestaltet sind, nicht aus. Die Terminologie der Steuervergünstigungen kann vielmehr nur an einem Entstehungstatbestand orientiert sein, dessen Struktur über das einzelne Steuergesetz hinaus Gültigkeit besitzt. Da die Steuervergünstigungen nicht isoliert neben dem Entstehungstatbestand stehen, sondern negative Voraussetzungen der Steuerschuldentstehung sind, stellen die positiven, d. h. steuerbegründenden Tatbestandselemente, auf die sich die Ausnahmevorschriften beziehen, wesentliche Grundlagen der Begriffsbildung dar. Der logische Zusammenhang zwischen Regel und Ausnahme, hier zwischen negativen und positiven Tatbestandsvoraussetzungen der Steuerschuldentstehung bewirkt, daß das Fehlen allgemeiner Ordnungs-

---
[5] Die Abänderung des Steuertatbestandes durch freies Ermessen und der Grundsatz der Gleichheit vor dem Gesetz, VJSchrStuFR 1927, 39 ff.
[6] *Tipke*, Steuerrecht — Chaos, Konglomerat oder System, StuW 1971, 2 (12 ff.).

merkmale für den Entstehungstatbestand jeder Steuerart entsprechend eine allgemein gültige Terminologie der Steuervergünstigungen hindert. Von besonderer Bedeutung ist daher zunächst die Untersuchung des positiven Entstehungstatbestandes der Steuerschuld auf Tatbestandselemente hin, die bei jeder Steuerart prinzipiell festgestellt werden können. Erst dann sind die Grundlagen geschaffen, an denen sich die Terminologie der Steuervergünstigungen entwickeln läßt. Es ist das Verdienst von *Hensel*[7], auf diesen Zusammenhang hingewiesen zu haben. Er führt aus, daß „tatbestandsmäßige Befreiungen" bei sämtlichen Tatbestandselementen denkbar seien. Dann unterscheidet er persönliche und sachliche Steuerbefreiungen, Befreiungen durch Steuersatz. Diese Gliederung entspricht genau seiner Einteilung des Tatbestandes in eine persönliche und sachliche Seite[8], den Steuermaßstab und Steuersatz[9].

1.2.3. Die Steuervergünstigung als Oberbegriff

Die Ausführungen *Hensels* werfen die Frage auf, ob sich die Steuerbefreiung tatsächlich auf sämtliche Tatbestandselemente beziehen kann. Die Begriffe Steuerbefreiung und Steuervergünstigung wären damit gleichbedeutend. Einen positivrechtlichen Anhaltspunkt dafür, wie das Steuerrecht diese Begriffe versteht, bietet § 4 Absatz 1 StAnpG. Dort ist zum Ausdruck gebracht, daß der Begriff der Steuerbefreiung als Unterbegriff zur Steuervergünstigung steht. Aber auch die Befreiungskataloge in den Steuergesetzen lassen erkennen, daß die Steuerbefreiungen in einem engeren Sinne aufgefaßt werden, nämlich nur als persönliche und sachliche Steuerbefreiungen. Dazu im Gegensatz stehen insbesondere die bereits erwähnten Begriffe Freibetrag, Sonderabsetzung, Steuerermäßigung. Der Begriff der Steuervergünstigung hingegen wird allgemein als Oberbegriff verwendet. Davon geht auch § 12 Absatz 3 StabG aus, der eine Übersicht der Steuervergünstigungen, nicht etwa der Steuerbefreiungen verlangt. Es erscheint daher als richtig, wenn *allein* der Begriff der Steuervergünstigungen als Ober- oder Sammelbegriff, der Begriff der Steuerbefreiung als Unterbegriff verwendet wird.

2. Negative Geltungsanordnungen und negativer Entstehungstatbestand der Steuerschuld

Im Steuerrecht treten sich zwei Forderungen der Rechtsgestaltung gegenüber: die der Gerechtigkeit und die der Einfachheit der Besteuerung.

---

[7] Steuerrecht, Lehrbuch, 3. Aufl. 1933, S. 60/61.
[8] Ebd. S. 58/59.
[9] Ebd. S. 59/60.

1. Kap.: Ausgang für die Begriffsbildung

Die Gerechtigkeit der Besteuerung gebietet eine den zu besteuernden Sachverhalten entsprechend differenzierende Gestaltung des steuerlichen Tatbestandes, die Einfachheit der Besteuerung das Abstellen auf möglichst wenige, überschaubare und allgemein verständlich formulierte Tatbestände. Das entwickelte Bewußtsein des Bürgers, in einem Rechtsstaat zu leben, einerseits, die ständig komplizierter werdenden Lebensverhältnisse andererseits haben den Konflikt zwischen beiden Zielen der Rechtsgestaltung verschärft. Der Bericht der Einkommensteuerkommission[10] stellt dieses Problem, das nur durch einen Kompromiß zwischen Gerechtigkeit und Einfachheit der Besteuerung gelöst werden könne[11] anschaulich dar. Eine nur grob ausgestaltete, auf wenige Tatbestände beschränkte Steuer entspräche nicht mehr den geltenden Vorstellungen. Ebensowenig befriedige eine subtile Verfeinerung des Steuerrechts, um dem Ideal der Gerechtigkeit näherzukommen. Spezialregelungen seien bei Begünstigten und Nichtbegünstigten Anlaß zu neuen Forderungen und weiteren Verfeinerungen des Gesetzes. Mit der zunehmenden Zahl nicht mehr überschaubarer steuerlicher Sonderbestimmungen, nicht mehr wahrnehmbarer legaler Steuervorteile habe sich die Unzufriedenheit im Sinn von summa ius — summa iniuria eher erhöht als vermindert[12]. Im Mittelpunkt des Konflikts stehe danach die steuerliche Ausnahmevorschrift, deren Vermeidung sachliche Vereinfachung des Steuerrechts bedeute[13].

Hensel[14] hingegen sieht es gerade umgekehrt: er leitet aus den rechtstechnischen Anforderungen an das Steuerrecht die Bedeutung der Rechtsfigur ab, die er als Steuerbefreiung bezeichnet. Nach der Aufstellung eines allgemeinen Steuertatbestandes, der den typischen Normalfall erfasse, habe der Gesetzgeber durch Aufstellung befreiender Tatbestände jenes Maß an steuerlicher Gerechtigkeit zu verwirklichen, das sich mit den Geboten vereinfachender Steuertechnik noch eben vereinigen läßt[15]. Stützt man die Bedeutung der Steuervergünstigung allein auf die Bedürfnisse der Tatbestandstechnik, so ist die Steuervergünstigung gleichgestellt mit der steuerlichen Ausnahmevorschrift schlechthin, und zwar innerhalb des Schemas von Regel und

---
[10] S. 28 ff.
[11] Bericht der Einkommensteuerkommission, S. 30; ebenso das Gutachten der Steuerreformkommission 1971, I Tz. 35, das allerdings der Entscheidung des Politikers überlassen will, welchem Ziel im Einzelfall der Vorrang gegeben wird.
[12] Bericht der Einkommensteuerkommission, S. 29/30 (gekürzt).
[13] Ebd. S. 28.
[14] Verfassungsrechtliche Bindungen des Steuergesetzgebers, VJSchrStuFR 1930, 475.
[15] *Hensel*, ebd.; vgl. hierzu auch die Ausführungen Hensels in Steuerrecht, S. 60: dort wird die Bedeutung der Steuerbefreiung ebenfalls damit begründet, die Tatbestandsumschreibung durch möglichst einfache Formeln zu vollziehen.

Ausnahme. In der Tat ist der Ausnahmecharakter der Steuervergünstigung (Steuerbefreiung) der gemeinsame Ausgangspunkt in den systematischen Darstellungen des Steuerschuldrechts. *Von Myrbach-Rheinfeld*[16] bezeichnet die Steuerbefreiungen als die Ausnahmen von der gesetzlichen Abgabenpflicht. *Merk* sieht die persönliche Steuerbefreiung als Ausnahme von der Besteuerung[17], die sachliche Steuerbefreiung als Ausnahme vom Entstehungstatbestand an[18]. *Blumenstein*[19] unterscheidet Ausnahmen von der subjektiven Steuerpflicht[20] und der objektiven Steuerpflicht[21]. Der befreienden Tatbestandsabgrenzung stellt er die Tatbestandserweiterung gegenüber[22].

Verlegt man diese Deutung der Steuervergünstigung (Steuerbefreiung) auf eine allgemeine rechtsdogmatische Ebene, wäre die Steuervergünstigung nichts weiter als ein einschränkender Rechtssatz[23]. Da die Aufnahme aller notwendig veranlaßten einschränkenden Merkmale in einer Norm einen zu schwerfälligen, unschönen oder gar unverständlichen Satz ergeben würde, zerlegt der Gesetzgeber die Geltungsandrohung in mehrere Sätze, in eine positive und negative Geltungsanordnung[24]. So zum Beispiel wird in § 3 Absatz 1 ErbStG bestimmt, was als Schenkung im Sinne des Erbschaftssteuergesetzes gilt. In § 3 Absatz 5 ErbStG wird die Legaldefinition eingeschränkt („gelten nicht als Schenkung"). Liegt hier, wie *Becker*[25] annimmt, eine Steuerbefreiung vor?

Merk[26] erkannte — leider hat er diese Erkenntnis nur in einem Satz angedeutet —, daß sich der definitorische Gehalt der Steuerbefreiung nicht allein in seiner Natur als Ausnahme vom Entstehungstatbestand erschöpft. Er bemängelt, daß in den Abgabegesetzen das Wort Steuerbefreiung unterschiedslos verwendet würde, gleichviel ob es sich um eine negative Tatbestandsabgrenzung oder um eine Befreiung im engeren Sinne handelte, d. h. um die Ausschließung des Eintritts einer Steuerschuld in bestimmten Fällen, auf die an sich der Entstehungstatbestand zuträfe. *Merk* sieht die Steuerbefreiungen als eine Art Gegentatbestand, der die Anordnung der Rechtsfolge, die durch den Begründungstatbestand ausgelöst ist, wieder aufhebt. *Bühler/Strick-*

---

[16] Grundriß des Finanzrechts, 2. Aufl. 1916, S. 86.
[17] Steuerschuldrecht, 1926, S. 32.
[18] Ebd. S. 56.
[19] System des Steuerrechts, 1945.
[20] Ebd. S. 35.
[21] Ebd. S. 112.
[22] *Hensel*, Steuerrecht, S. 61, ebenso *Kruse*, Steuerrecht, I. Allgemeiner Teil, 2. Aufl. 1969, S. 22.
[23] *Larenz*, Methodenlehre der Rechtswissenschaft, 2. Aufl. 1969, S. 196.
[24] *Larenz*, ebd.
[25] Komm. zur Reichsabgabenordnung, 6. Aufl. 1928, § 81 Anm. 4 c.
[26] Steuerschuldrecht, S. 56.

1. Kap.: Ausgang für die Begriffsbildung

rodt[27] weist auf die Sonderstellung bestimmter, tatbestandsmäßig abgegrenzter Fälle hin, die sich als Steuerbefreiungen oder Steuerermäßigungen darstellen. Die Grenze zwischen einer „belastungspolitischen Ausnahmeregelung" und einer „definitionsmäßigen Präzisierung des ursprünglich gemeinten Besteuerungsgegenstandes" wird aber nicht gezogen. Beides könne die Gesetzestechnik als Befreiungsvorschrift ausgebildet haben. Es ließen sich für solche Vorgänge und im Rahmen der einzelnen Steuergesetze nur schwer leitende Gedanken von allgemeiner Geltung finden.

Der Kern des terminologischen Problems liegt also darin, einen Begriffsinhalt für die Steuervergünstigung zu entwickeln, der sie aus den allgemeinen Erscheinungen negativer Geltungsanordnung heraushebt, der nicht nur Ausfluß gesetzgeberischer Formulierungstechnik ist. Das Merkmal der negativen Geltungsanordnung ist nur ein äußeres der Steuervergünstigung, das zunächst ins Auge fällt. Der von *Canaris* in seiner Habilitationsschrift[28] geschilderte Systemgedanke beruht jedoch, wie bereits oben[29] ausgeführt, auf inneren Merkmalen, der wertungsmäßigen Folgerichtigkeit und inneren Einheit der Rechtsordnung. Demzufolge hat die Bildung eines systematisch brauchbaren Begriffs der Steuervergünstigung auf die Wertentscheidungen, die bei einer Steuervergünstigung getroffen werden, hinzuzielen. Mit anderen Worten ist die Teleologie der Steuervergünstigung zu untersuchen, die von der Formulierungstechnik unabhängig ist. So gesehen, stehen sich zwei Prinzipienbereiche gegenüber, deren Wertungen schließlich gemeinsam die konkrete ratio legis bilden: die Begründung des Steuerschuldverhältnisses *(positiver Entstehungstatbestand)* und seine partielle Aufhebung durch besondere Wertentscheidungen des Gesetzgebers *(negativer Entstehungstatbestand)*. Das ist hier zu untersuchen, um Begriff, Wesen und Rechtsnatur der Steuervergünstigung feststellen zu können.

---

[27] Steuerrecht, Band I, 1. Halbband, 3. Aufl. 1959, S. 379/380.
[28] Systemdenken und Systembegriff in der Jurisprudenz, 1969.
[29] Einleitung III 2.

Zweites Kapitel

Der positive Entstehungstatbestand der Steuerschuld

1. Dreiteilung des Entstehungstatbestandes

Die Steuerschuld entsteht kraft Gesetzes, d. h. durch Tatbestandsverwirklichung (§ 3 Absatz 1 StAnpG). Tatbestand im Sinne des § 3 Absatz 1 StAnpG bedeutet nicht den Sachverhalt wie in § 1 Absatz 3 StAnpG[1], sondern die Gesamtheit der in den materiellen Steuerrechtsnormen enthaltenen abstrakten Voraussetzungen, bei deren konkretem Vorliegen (Tatbestandsverwirklichung) die Steuerschuld oder der Steueranspruch[2] entsteht[3]. Der Entstehungstatbestand der Steuerschuld läßt sich kurz auch als der *Steuertatbestand* bezeichnen. Die Summe der Voraussetzungen für die Entstehung der Steuerschuld ist genauer die Summe der Voraussetzungen für die Entstehung des Steuerschuldverhältnisses. Die Besonderheit des Steuerrechts besteht gerade darin, daß die Rechtspersönlichkeit (Steuerrechtsfähigkeit) des Steuerschuldners durch den einzelnen Steuertatbestand gebildet wird. *Merk*[4] gliedert den Entstehungstatbestand des Steuerschuldverhältnisses, der nicht nur den Gegenstand, sondern auch das passive Rechtssubjekt der Rechtsbeziehung gestaltet, in 1. die Voraussetzungen für die Entstehung eines inländischen Steuerschuldverhältnisses überhaupt, 2. die persönlichen und 3. die sachlichen Voraussetzungen des Steuerschuldverhältnisses. Tatbestand im Sinne des § 81 Absatz 1 Satz 1 RAO[5] (= § 3 Absatz 1 StAnpG) seien nur die sachlichen Voraussetzungen. Dieser Ansicht kann nicht gefolgt werden. Die Voraussetzungen für die Entstehung eines inländischen Steuerschuldverhältnisses lassen sich von den übrigen persönlichen und sachlichen Voraussetzungen nicht abgrenzen. Derartige besondere, dem Steuertatbestand vorgegebene Voraussetzungen

---

[1] *Tipke/Kruse*, AO, 2.—4. Aufl. 1965/69, § 1 StAnpG Anmerkung 42.

[2] Steuerschuld und Steueranspruch sind inhaltlich gleich (vgl. hierzu AO 1974 Begr. BR-Drucksache 23/71 S. 113). Steuerschuld ist die passive, Steueranspruch die aktive Seite des Steuerschuldverhältnisses (*Kruse*, Steuerrecht, I. Allgemeiner Teil, 2. Aufl. 1969, S. 97). Der Wortlaut des § 41 Absatz 1 AO 1974 verwendet den Begriff Steueranspruch, ohne daß dadurch eine sachliche Änderung beabsichtigt ist.

[3] *Hensel*, Steuerrecht, 3. Aufl. 1933, S. 57, ihm folgend *Tipke/Kruse*, § 3 StAnpG Anmerkung 3.

[4] Steuerschuldrecht, 1926, S. 35.

[5] Zitiert ist von *Merk* die Reichsabgabenordnung vom 13. 12. 1919 (RGBl. S. 1993).

2. Kap.: Der positive Entstehungstatbestand der Steuerschuld

bestehen nicht, da die Gestaltung des Steuerschuldverhältnisses nicht an völkerrechtliche Grenzen[6] gebunden ist[7]. Der Steuergesetzgeber ist weder gehalten, nur inländische Sachverhalte oder nur inländische Steuersubjekte zu besteuern, noch ist er an bestimmte internationale Besteuerungsprinzipien gebunden, etwa nur nach dem Territorialitäts- oder dem Wohnsitzprinzip den Steueranspruch festzulegen[8]. Es steht ihm frei, den Besteuerungsumfang oder die Auswahl des Steuerschuldners auf inländische Anknüpfungsmerkmale zu beschränken[9], so daß diese Merkmale lediglich (unselbständige) Teile der Steuerobjekt- bzw. Steuersubjektbeschreibung sind. Die persönlichen Voraussetzungen können gleichfalls nicht aus dem Entstehungstatbestand im Sinne des § 3 Absatz 1 StAnpG ausgeklammert werden. Die Rechtsfolge der Steuerschuld ist ohne existentes Verpflichtungssubjekt nicht denkbar, sie kann von dem Steuerschuldverhältnis, in dem sie besteht, nicht isoliert werden. Demnach sind die Merkmale der Steuersubjekte, insbesondere die der Steuerrechtsfähigkeit, ebenso Voraussetzungen für die Entstehung der Steuerschuld wie die sachlichen Voraussetzungen. So zum Beispiel beginnt erst mit dem Entstehen der Körperschaften (§§ 1 Absatz 1 Ziffer 1—6, 3 KStG) die Körperschaftssteuerpflicht. Die Praxis, Kapitalgesellschaften bereits vor ihrer Eintragung in das Handelsregister zu besteuern, erweitert eigentlich die Körperschaftssteuerpflicht auf Personengesellschaften. Diese Folge wird in den Fällen deutlich, wo eine Eintragung in das Handelsregister unterbleibt. Die Ausdehnung der Steuerpflicht auf die nach außen tätige Vorgesellschaft ist eine zwar praktikable, die Aufstellung von Steuerbilanzen sparende, aber nicht am Körperschaftssteuertatbestand exakt orientierte Lösung[10].

---

[6] Davon zu unterscheiden ist die Bindung des Steuergesetzgebers an die allgemeinen Regeln des Völkerrechts (z. B. Steuerbefreiung der Diplomaten) gem. Art. 25 GG, siehe hierzu unten 2. Teil, 2. Kapitel, 2.2.2.2.

[7] *Hensel*, Steuerrecht, S. 17; *Spitaler*, das Doppelbesteuerungsproblem bei den direkten Steuern, 2. Aufl. 1967, Nachdruck der 1. Aufl. 1936, S. 500 f.; *Schmitz*, Kommentar zum internationalen Steuerrecht der Bundesrepublik Deutschland, 1957, Allgemeiner Teil III; *Bühler-Strickrodt*, Steuerrecht, Band I: Allgemeines Steuerrecht, 1. Halbband, 3. Aufl. von Strickrodt 1960, S. 143/145; *Kruse*, Steuerrecht, I. Allg. Teil S. 41.

[8] Vgl. hierzu *Merk*, Steuerschuldrecht, S. 12 f. und *Bühler*, Prinzipien des internationalen Steuerrechts 1964, S. 130 f.

[9] z. B. §§ 1, 2 Absatz 2 Satz 2, 49 f. EStG, 2 KStG, 2 VStG, 8 ErbStG, 2 Absatz 1 GewStG, 1 UStG 1, GrEStG, 2 und 17 KVStG.

[10] Das Schrifttum hat diese Rechtsprechung widerspruchslos hingenommen, hierzu ausführlich *Herrmann/Heuer*, Kommentar zur Einkommensteuer und Körperschaftsteuer, 15. Aufl. 1950/72, § 1 A. 70 a f.; *Blümich/Klein/Steinbring/Stutz*, Körperschaftsteuergesetz, 4. Aufl. 1965, § 1 A. 5; neuerdings *Salditt*, Die Einbringung eines Personenunternehmens in eine Kapitalgesellschaft, StuW 1972 S. 353 ff.

1. Teil: Entstehungstatbestand der Steuerschuld

Der Entstehungstatbestand der Steuerschuld, gleichbedeutend mit dem Entstehungstatbestand des Steuerschuldverhältnisses, läßt sich nunmehr wie folgt einteilen:

a) Das Gesetz bestimmt zunächst, *was* zu besteuern ist (*sachliche Seite des Steuertatbestandes*)[11]. Das Ergebnis ist der Gegenstand der Besteuerung (Steuergegenstand).

b) Das Gesetz bestimmt den *Steuergläubiger*[12] und *Steuerschuldner* (*persönliche Seite des Steuertatbestandes*). Damit wird das Steuerschuldverhältnis an sich hergestellt. Die Bestimmung des Steuergläubigers und Steuerschuldners setzt den Steuergegenstand voraus, damit dieser den Subjekten zugerechnet werden kann.

c) Das Gesetz bestimmt die Höhe der Steuerschuld (*rechnerische Seite der Steuerschuld* oder *Berechnungstatbestand*). Der Steuergegenstand wird quantifiziert, diese Größe in ein Verhältnis zu einer bestimmten Geldsumme gesetzt, den Steuerbetrag.

2. Die sachliche Seite des Steuertatbestandes

2.1. Das Besteuerungsgut als der besteuerungswürdige Sachverhalt

In jeder Gesellschaftsordnung bilden sich bestimmte Lebenssachverhalte heraus, auf die das Bedürfnis gerichtet ist, sie mit einer Steuer zu belasten. Die Ursachen dafür sind vielgestaltig in einer entwickelten Steuerordnung. Am Anfang der Entwicklung mag das Bedürfnis allein darin bestehen, die mit der Steuererhebung erstrebte Bedarfsdeckung möglichst einfach und ohne Verwaltungsaufwand zu erzielen. Das Besteuerungsgut in seiner Urform ist der Steuerschuldner selbst. Die Steuer wird pro Kopf erhoben. Bei dieser sog. Kopfsteuer vereinigen sich sämtliche Elemente des Steuertatbestandes in der Person desjenigen, der die Steuer zu entrichten hat. Die moderne Besteuerung beruht auf einer Vielzahl sich mehrender und differenzierender Besteuerungsgrundsätze, die sich nicht mehr mit wenigen oder gar einer einzigen[13] Steuer verwirklichen lassen. Die Folge ist eine Kombination der Steuerarten und damit auch eine Mehrheit der zu besteuernden Sachverhalte. Diese Sachverhalte lassen sich nicht abschließend feststellen. Sie sind Produkte der jeweils geltenden Gesellschafts- und Wirtschaftsordnung. Die zunehmende Tendenz, Steuern als Instrumente staatlicher Lenkungspolitik einzusetzen, die Einschränkung rein fiska-

---

[11] In Anlehnung an *Hensel*, Steuerrecht S. 60.
[12] z. B. §§ 1 GewStG, 1 Absatz 1 GrStG, s. unten S. 43.
[13] Vgl. hierzu *Schmölders*, Allgemeine Steuerlehre, 4. Aufl. 1965, S. 209 f. und Finanzpolitik 1965, S. 343 f., *Neumark*, Grundsätze gerechter und ökonomisch rationaler Steuerpolitik 1970, S. 4.

2. Kap.: Der positive Entstehungstatbestand der Steuerschuld

lischer Zielsetzungen[14] führt ad infinitum zu neuen, steuerwürdigen Sachverhalten. Somit gibt es, wie *Bellstedt*[15] meint, keine natürlichen Ansatzpunkte für die Besteuerung, die das Leben, reale Vorgänge und Betätigungen innerhalb des Wirtschaftslebens selbst schaffen. Der Ansatzpunkt für die Besteuerung fußt auf einem Schöpfungsakt der Steuerfindung, die einen bestimmten Sachverhalt als besteuerungswürdig erkennt. Der Sachverhalt wird dadurch zum *Besteuerungsgut*. Dieses repräsentiert eine bestimmte Wirtschaftskraft, aus der die Steuerleistung abgeleitet werden soll.

2.2. Der Steuergegenstand

Von dem Akt der Steuerfindung, die einen bestimmten Sachverhalt als Besteuerungsgut erkennt, ist der Gesetzgebungsakt zu unterscheiden, die Beschreibung des Besteuerungsgutes in einem Rechtssatz. Der Gesetzgebungsakt ist die Folge der Erkenntnis eines Sachverhaltes als Besteuerungsgut. Diese Erkenntnis zwingt aber nicht zu einer bestimmten gesetzlichen Geltungsanordnung. Der Gesetzgebungsakt beruht vielmehr auf der (weiteren) Wertentscheidung, in welcher Weise die Wirtschaftskraft eines Besteuerungsgutes zu erfassen ist. Dies geschieht durch die Transformation der rechtspolitischen Entscheidung (Steuerfindung) in einen Rechtsbegriff, den Steuergegenstand oder das Steuerobjekt.

Der Begriff „Steuergegenstand" hat seinen Ursprung in der Finanzwissenschaft[16]. Er bezog sich auf die der Steuerrechtsordnung vorgegebenen tatsächlichen Verhältnisse, auf den ökonomischen, wirtschaftlichen oder rechtspolitischen Anlaß der Besteuerung[17] und war weitgehend mit dem Begriff der Steuerquelle identisch. Dieser finanzwissenschaftlichen Deutung hat sich das ältere rechtswissenschaftliche Schrifttum angeschlossen[18]. Die jüngere finanzwissenschaftliche Theorie hat sich schließlich einer rechtlichen Betrachtungsweise zugewandt, die insbesondere darauf beruht, daß der wirtschaftlich-ökonomische Sachverhalt von dem gesetzlichen Gegenstand der Besteuerung getrennt wird. Vor allem *Gerloff*[19] und *Weddingen*[20] gelangen zu nicht rein

---

[14] Manifestiert wird diese Tendenz in § 2 Absatz 1 AO 1974: „...; die Erzielung von Einnahmen kann Nebenzweck sein."
[15] Verfassungsrechtliche Grenzen der Wirtschaftslenkung durch Steuern, 1962, S. 56.
[16] *Merk*, Steuerschuldrecht, S. 36; *Hensel*, Steuerrecht, S. 74, ausf. *Geyler*, Steuerliche Mehrbelastungen und ihre normative Abwehr, 1931, S. 62 ff.
[17] *Wagner*, Lehr- und Handbuch der politischen Ökonomie, 4. Hauptabtlg., 2. Band, 2. Aufl. 1890, S. 228.
[18] *Fleiner*, Institutionen des Deutschen Verwaltungsrechts, 8. Aufl. 1928, S. 391; *Strutz*, Grundlehren des Steuerrechts, 1922, S. 13.
[19] Steuerwirtschaftslehre, Handbuch der Finanzwissenschaft, 2. Band 1956, S. 266.

finanzwissenschaftlich orientierten Begriffsansätzen. Während man unter Quelle der Besteuerung denjenigen Gütervorrat verstehe, aus dem die Steuer entnommen oder entrichtet wird, sei Gegenstand der Besteuerung (Steuerobjekt) die Handlung, der Vorgang, das Recht oder der Geldbetrag, woran das Gesetz den Eintritt der Steuerverpflichtung knüpft. *Eheberg*[21] sieht in dem Steuergegenstand die Begründung der sachlichen Steuerleistungspflicht. *Schmölders*[22] begreift den Steuergegenstand als eine Zwischenstufe auf dem Wege von der abstrakten „Steueridee" zur konkreten Bemessungsgrundlage.

Die Steuerrechtswissenschaft hat sich bisher mit dem Begriff des Steuergegenstandes allgemein-methodisch wenig auseinandergesetzt. *Merk*[23] hält ihn gerade wegen seiner finanzwissenschaftlichen Vorbelastung als rechtlichen terminus technicus für ungeeignet. Er unterscheidet schlechthin persönliche und sachliche Voraussetzungen für die Entstehung eines Steuerschuldverhältnisses[24]. Ähnlich verfährt *Hensel*[25]. *Kruse*[26] stellt lediglich fest, daß der Steuergegenstand das wichtigste Tatbestandselement der sachlichen Seite des Steuertatbestandes sei. Wenn *Bühler*[27] ausführt, der Gegenstandsbegriff solle nicht so abstrakt gefaßt werden, daß er ganz mit dem äußeren Tatbestand zusammenfalle, an dessen Vorhandensein die Erhebung einer bestimmten Abgabe geknüpft ist, so wird damit die Unsicherheit dokumentiert, den Steuergegenstand als reinen Rechtsbegriff fortzuentwickeln.

Indes besteht hierzu ein Bedürfnis, denn der Begriff des Steuergegenstandes ist in die Begriffssprache zahlreicher Steuergesetze eingegangen[28]. Um den Steuergegenstand im Rechtssinne bestimmen zu können, bedarf es des terminologischen Unterschiedes zwischen Besteuerungsgut einerseits und Steuergegenstand andererseits. Während das Besteuerungsgut einen komplexen, eine bestimmte Wirtschaftskraft repräsentierenden Sachverhalt verkörpert, ist Steuergegenstand stets nur der unter die Steuerrechtsnorm subsumierbare Sachverhalt. Dieser Sachverhalt stellt stets nur Teilstücke des Besteuerungsgutes dar, die in ihrer Summe nie vollständig, höchstens annähernd mit dem Besteuerungsgut deckungsgleich sind. Eine gewisse Parallele läßt sich zum Strafrecht ziehen, das Straftaten nur punktuell normiert und keines-

---

[20] Allgemeine Finanzwissenschaft, 4. Aufl. 1964, S. 107.
[21] Grundriß der Finanzwissenschaft, 3. u. 4. Aufl. 1928, S. 63.
[22] Allgemeine Steuerlehre, 4. Aufl. 1966, S. 78.
[23] Steuerschuldrecht, 1926, S. 36.
[24] Ebd. S. 35.
[25] Steuerrecht, S. 58 ff.
[26] Steuerrecht I. Allgemeiner Teil, S. 21.
[27] *Bühler/Strickrodt*, Steuerrecht Band I, Allgemeines Steuerrecht, 1. Halbband, 3. Aufl. 1960, S. 70/71.
[28] z. B. Überschriften zu §§ 1 ff. ErbStG, 3 GrStG, 2 GewStG, 1 ff. UStG, 1 ff. GrEStG, 2, 17 KVStG, 1 KraftStG, 1 StraGüVerkStG.

2. Kap.: Der positive Entstehungstatbestand der Steuerschuld

wegs jede sozialschädliche, d. h. strafwürdige Handlung erfaßt[29]. Gerade aus dem Einkommensteuerrecht, das vom Universalitätsprinzip[30] beherrscht ist und danach möglichst das gesamte Besteuerungsgut Einkommen erfassen will, lassen sich Beispiele entnehmen, daß Besteuerungsgut und Steuergegenstand nicht identisch sind: Lotterie- und Spielgewinne, vom EStG nicht erfaßte Veräußerungsgewinne, insbesondere solche, die nur knapp die Voraussetzungen des § 23 EStG verfehlen, weil die gesetzlich fixierten Zeiträume zwischen Anschaffung und Veräußerung nur geringfügig überschritten werden, erhöhen wie jeder andere steuerbare Gewinn oder Überschuß die Leistungsfähigkeit des Beziehers und lassen sich daher aus dem sozialen Phänomen des Einkommens als Indikator wirtschaftlicher Leistungsfähigkeit[31] nicht herausschälen. Durch die Abstraktion des Besteuerungsgutes in einem Rechtssatz wird einerseits also eine Auswahl getroffen, andererseits bewußt ein Verlust an Besteuerungsraum hingenommen. Bei dem Begriff des Steuergegenstandes ist weiter zu beachten, daß an ihn *als solchen* die Steuer geknüpft ist. Der Steuergegenstand als Teil des Besteuerungsgutes ist abzugrenzen von jenen Sachverhalten, die den Steuergegenstand quantifizieren (Bemessungsgrundlagen)[32] und die den Steuerschuldner betreffen[33]. Wenn etwa *Blumenstein*[34] den Steuergegenstand als den äußeren Tatbestand definiert, an dessen Vorhandensein die Erhebung einer bestimmten Abgabe geknüpft ist, so ist diese Definition zu weit. Sie verwischt die Grenzen zwischen den einzelnen Elementen des Entstehungstatbestandes der Steuerschuld.

Steuergegenstand ist also *das Besteuerungsgut mit dem Inhalt und Umfang, das den Tatbestand des Steuergesetzes verwirklicht.*

Der Steuergegenstand bestimmt zugleich Art und Charakter einer Steuer. Von ihm hängt es etwa ab, ob eine Steuerlast überwälzbar ist oder nicht, d. h. eine direkte oder indirekte Steuer vorliegt. Der Steuergegenstand kann als das wichtigste Tatbestandselement angesehen werden, das auch den Inhalt der anderen Tatbestandselemente beeinflußt. Insbesondere die Bestimmung des Steuerschuldners und die Bemessungsgrundlage folgen oft zwangsläufig aus der Art des Steuergegenstandes.

---

[29] Vgl. hierzu *Baumann*, Strafrecht, Allg. Teil, 3. Aufl. 1964, S. 135.
[30] Hierzu *Tipke*, Steuerrecht — Chaos, Konglomerat oder System? StuW 71, 2 ff. (7).
[31] *Tipke*, ebd. S. 3 m. w. Nachweisen Fußnote 57.
[32] Näheres unten unter 4.
[33] Problematisch ist die Abgrenzung bei der unbeschränkten bzw. beschränkten Steuerpflicht, näheres unten unter 3.2.
[34] Die Rechtsordnung der öffentlichen Finanzwirtschaft, Handbuch der Finanzwissenschaft, Band I, S. 99 ff. (115).

2.3. Konkurrenz der Steueransprüche

Der begriffliche Unterschied zwischen Besteuerungsgut und Steuergegenstand gewinnt insbesondere dort an Bedeutung, wo mehrere Steueransprüche zusammentreffen und eine Doppelbesteuerung bewirken[35]. Doppelbesteuerung liegt nach übereinstimmender Lehre dann vor, wenn ein Steuerrechtssubjekt im gleichen Zeitraum wegen desselben Steuergegenstandes mehrfach zu einer gleichen oder gleichartigen Steuer herangezogen wird[36]. Es ist bereits früh erkannt worden, daß die Identität des Steuergegenstandes für die Gleichheit oder Gleichartigkeit von Steuern entscheidend sei[37]. Zugleich sind aber auch die Schwierigkeiten gesehen worden, die mit der Terminologie „derselbe Steuergegenstand" verbunden sind. *Dorn*[38] und *Mersmann*[39] verweisen auf die verschieden formulierten Steuertatbestände gerade im Recht der internationalen Doppelbesteuerung und ziehen daraus den Schluß, daß die Definition der Doppelbesteuerung zu eng wäre, wenn sie den Steuergegenstand im engen juristischen Sinn meine. Im Sinne der Definition sei „Steuergegenstand" als wirtschaftlicher und nicht rein rechtlicher Begriff aufzufassen, Steuergegenstände seien mithin noch dann identisch, wenn sie sich wirtschaftlich entsprechen würden. *Geyler*[40] löst sich von der Vorstellung, der Steuergegenstand sei bei der Mehrfachbesteuerung identisch und kommt zu folgendem Ergebnis: „Die Mehrfachbesteuerung setzt Identität des konkreten Sachverhältnisses und des Steuersubjektes voraus, so daß eine Mehrheit von Steueransprüchen gegen die gleiche Person zur Entstehung gelangen kann. Der Steuertatbestand ist abstrakt. Erst die Tatbestandsverwirklichung kann unter den bezeichneten Voraussetzungen eine Doppelbesteuerung hervorbringen. Die konkreten Vorgänge, die sich als Tatbestandsverwirklichung darstellen, müssen so beschaffen sein, daß sie sich unter beide (abstrakte) Steuertatbestände zugleich subsumieren lassen." Auch

---

[35] Da die Doppelbesteuerung durch Steuerbefreiungen tatbestandstechnisch vermieden wird, bedarf sie hier der Erörterung.

[36] Diese Begriffsbestimmung geht auf *Dorn*, Das Recht der internationalen Doppelbesteuerung, VJSchrStuFR 1927, S. 190 zurück. Übereinstimmend *Hensel*, Steuerrecht, S. 17; *Kruse*, Steuerrecht, I S. 41; *Schmitz*, Kommentar zum internationalen Steuerrecht der Bundesrepublik Deutschland, 1957, 1. Band S. 22; *Mersmann*, Internationale Doppelbesteuerung, Handbuch der Finanzwissenschaft, Band IV, S. 89 ff. (91); ders., die Ausgleichung und Harmonisierung der Steuersysteme, StBerJB 59/60 S. 35 ff. (38) mit weiteren Nachweisen Fußnote 1.

[37] *Wengler*, Beiträge zum Problem der internationalen Doppelbesteuerung, S. 144; *Schranil*, Besteuerungsrecht und Steueranspruch, 1925, S. 10; *Markull*, Gleichartige Steuern, VJSchrStuFR 1930, S. 535 f.

[38] Ebd. (Fußnote 36).

[39] Internationale Doppelbesteuerung a.a.O.

[40] Steuerliche Mehrfachbelastungen und ihre normative Abwehr, Band I: Mehrfachbesteuerung (Doppelbesteuerung) im Rechtssinne, 1931, S. 81.

2. Kap.: Der positive Entstehungstatbestand der Steuerschuld

Spitaler[41] kommt zu dem Ergebnis, daß die Identität der Abgabenobjekte „nicht in der Ebene der steuerrechtstheoretischen Begriffsbildungen oder gar der gesetzlichen Begriffsbildungen und -umschreibungen liegen kann". Demnach stellt sich für ihn begrifflich Doppelbesteuerung nicht als Normenidentität, sondern Normenkonkurrenz dar: „Die Doppelbesteuerung ist eine Normenkonkurrenz, die dann vorliegt, wenn Abgabengewalten der Bereiche verschiedener ursprünglicher Abgabenhoheiten dasselbe Abgabenobjekt zu Abgaben heranziehen[42]." Das Bundesverfassungsgericht[43] unterscheidet bei der Prüfung der Gleichartigkeit von Steuern den steuerbegründenden Tatbestand einerseits und die Quelle wirtschaftlicher Leistungsfähigkeit, die durch die Steuer ausgeschöpft wird, andererseits. Ausgangspunkt für die Prüfung der Gleichartigkeit sei der Vergleich der steuerbegründenden Tatbestände. Aber maßgeblich sei nicht die „formale, äußerliche Abweichung der steuerlichen Anknüpfungsmerkmale", sondern, ob die eine Steuer dieselbe Quelle wirtschaftlicher Leistungsfähigkeit ausschöpfe wie die andere.

Stellt man bei der Gleichartigkeit einer Steuer auf den Vergleich der Steuertatbestände ab, so gerät man zwangsläufig in Konflikt mit dem Rechtsbegriff des Steuergegenstandes, wie *Dorn* und *Mersmann* nachgewiesen haben. Der von diesen Autoren vorgeschlagene Lösungsweg, den Steuergegenstand als Wirtschaftsbegriff aufzufassen, steht jedoch in Widerspruch zu der Tatsache, daß der Inhalt und Umfang des Steuergegenstandes von dem gesetzlichen Tatbestand bestimmt ist, somit ein duplizitärer (rechtlicher und wirtschaftlicher) Steuergegenstandsbegriff innerhalb der rechtswissenschaftlichen Terminologie nicht denkbar ist. *Geyler* bietet den richtigen Denkansatz, der darin besteht, neben dem Steuergegenstand auf der Sachverhaltsebene eine Größe zu finden, deren Identität maßgeblich ist, eben weil die Steuergegenstände nicht identisch sein können. Die Ausführungen *Spitalers* und des Bundesverfassungsgerichts beruhen auf derselben Erkenntnis. Das „konkrete Sachverhältnis" (*Geyler*), „Abgabenobjekt" (*Spitaler*), „dieselbe Quelle wirtschaftlicher Leistungsfähigkeit" (Bundesverfassungsgericht) entsprechen dem Begriff des Besteuerungsgutes im Sinne dieser Arbeit.

Die Doppelbesteuerung ist vergleichbar mit dem Institut der Idealkonkurrenz im Strafrecht. Darauf hat *Merk* bereits hingewiesen[44]. Idealkonkurrenz liegt im Strafrecht dann vor, wenn dieselbe Handlung des

---

[41] Das Doppelbesteuerungssystem bei den direkten Steuern, 2. Aufl., fotomechanischer Nichdruck 1967 der 1. Aufl. 1936, S. 180.
[42] Ebd. S. 133.
[43] BVerfGE 7, 240 ff. (260 f.); 13, 181 (193); 16, 64 (75).
[44] Steuerschuldrecht, S. 54.

Täters mehrere Straftatbestände oder einen Straftatbestand mehrmals verletzt (§ 73 Absatz 1 StGB). Die strafrechtliche Legaldefinition stellt nicht auf die Gleichartigkeit der Straftatbestände ab. Strafrechtliche Idealkonkurrenz ist ohne Unterschied der Rechtsfolge als gleichartige (mehrfache Verletzung desselben Strafgesetzes) und ungleichartige (Verletzung mehrerer Strafgesetze) gegeben. Das Wesen strafrechtlicher Idealkonkurrenz besteht vielmehr in der Handlungseinheit, der mehrfachen Subsumtion einer Handlung im Rechtssinne unter Strafrechtsnormen. Überträgt man den Gedanken der strafrechtlichen Idealkonkurrenz auf das Steuerrecht, so erhellt daraus die Problematik der Doppelbesteuerung. Doppelbesteuerung ist die mehrfache Subsumtion eines Besteuerungsgutes im Rechtssinne unter Steuergegenstandsnormen. An die Stelle der im Strafrecht entwickelten und zum Begriff der sog. natürlichen Handlungseinheit[45] führenden natürlichen Betrachtungsweise treten die Auslegungsgrundsätze des Steuerrechts (§ 1 StAnpG), insbesondere die sog. wirtschaftliche Betrachtungsweise. Bei der Frage, ob *ein* Besteuerungsgut im Steuerrechtssinne vorliegt, sind demnach die wirtschaftlichen Umstände zu untersuchen, durch die ein Sachverhalt jene spezifische Wirtschaftskraft erhält, die dem Gesetzgeber die Möglichkeit der Steuerbelastung erschließt. Jene Umstände, die zu einer bestimmten Wirtschaftskraft führen, bilden dann die Sachverhaltseinheit, die als Besteuerungsgut bezeichnet werden kann. Es treffen mehrere Steueransprüche zusammen, weil mehrere Steuergegenstände diese Sachverhaltseinheit erfassen. Die Mehrfachbelastung desselben Besteuerungsgutes ist das entscheidende Kriterium der Doppelbesteuerung. Identität des Steuerrechtssubjektes und des Zeitraumes ist entgegen dem *Dornschen* Begriff der Doppelbesteuerung nicht erforderlich. Das zeigt sich anhand der folgenden Fälle steuerlicher Mehrfachbelastungen im deutschen Steuerrecht:

a) Doppelbesteuerung des Einkommens

Das bedeutendste Besteuerungsgut des deutschen Steuerrechts wie anderer Steuerrechtsordnungen ist das Einkommen, mehrfach belastet durch die Einkommen- und Körperschaftsteuer, die Ergänzungsabgabe, die Kirchensteuer, die Gewerbesteuer. Die wirtschaftlichen Umstände, die zur Wirtschaftskraft, hier im engeren Sinne die steuerliche Leistungsfähigkeit einer Person, führen, sind die Tätigkeiten und der Vermögenseinsatz des Einkommensbeziehers. Werden die Tätigkeiten und der Vermögenseinsatz von einer Körperschaft ausgeübt, so wird das Ergebnis der Tätigkeiten und des Vermögenseinsatzes doppelt besteuert, und zwar bei zwei verschiedenen Steuerrechtssubjekten, dem im Sinne

---

[45] Die rechtliche Handlungseinheit, die sog. fortgesetzte Handlung ist eine Besonderheit strafrechtlicher Idealkonkurrenz, die keine Vergleichsmöglichkeit zum Steuerrecht bietet.

des Körperschaftsteuergesetzes und dem im Sinne des Einkommensteuergesetzes. Zwei Steueransprüche knüpfen an ein Besteuerungsgut, weil das Einkommen der natürlichen Person in Form von Kapitaleinkünften auf denselben wirtschaftlichen Umständen beruht wie das Einkommen der Körperschaft, nämlich auf deren Aktivität. Eine weitere Besteuerung des Einkommens stellt die Gewerbeertragsteuer (§§ 7 ff. GewStG) dar. Dieser Steueranspruch richtet sich gegen den Gewerbesteuerfähigen (§§ 2, 5 GewStG, 2 ff. GewStDV), also ein drittes Steuerrechtssubjekt[46]. Die Ergänzungsabgabe knüpft an die Einkommen- und körperschaftsteuerrechtssubjekte an (§ 2 ErgAbgG), ebenso besteuert die Kirchensteuer die natürliche Person nach Maßgabe der einzelnen Landesgesetze wie die Einkommensteuer. Schließlich wird auch die Auffassung vertreten, das Besteuerungsgut Einkommen sei partiell, nämlich hinsichtlich des Vermögenseinsatzes durch die Vermögensteuer erfaßt, denn Zielsetzung sei auch eine Besteuerung des Vermögensertrages[47]. Ungeachtet einer finanzpolitischen Mehrfachbelastung liegt aber Normenkonkurrenz hier nicht vor, denn der Gegenstand des Vermögensteuergesetzes stellt allein auf den Vermögenstatbestand, nicht den Ertrag ab.

b) Doppelbesteuerung des Vermögens

Mehrfach besteuert ist das Besteuerungsgut „Vermögen". Die Wirtschaftskraft dieses Besteuerungsgutes besteht in dem Vorhandensein von Wirtschaftsgütern. Somit kann zwischen einer substantiellen und einer Ertragswirtschaftskraft des Vermögens unterschieden werden. Letztere fällt in das Besteuerungsgut „Einkommen". Das Überschneiden beider Besteuerungsgüter führt zu einer Doppelbesteuerung. Eine weitere Doppelbesteuerung ergibt sich durch die Vermögensbesteuerung der juristischen Personen und die weitere Besteuerung der Anteile an diesen Personen bei den Anteilseignern. Das Besteuerungsgut „Vermögen" wird nochmals durch das ErbStG erfaßt. Als sog. Erbanfallsteuer[48] ist die deutsche Erbschaftsteuer eine Vorsteuer (nicht Abschlußsteuer) zur laufenden Vermögensteuer, die den Zuwachs an wirtschaftlicher Leistungsfähigkeit erfaßt. Soweit das VStG mehrfach besteuert, richten sich die Steueransprüche wiederum gegen mehrere Steuerrechtssubjekte, soweit VStG und ErbStG konkurrieren, fehlt es an der Identität des Zeitraums.

c) Doppelbesteuerung des Umsatzsteuerrechts

Indem ein Besteuerungsgut mehrere Stufen unternehmerischen Leistungsaustausches überwindet, verwirklicht es mehrfach den Steuer-

---

[46] OHG, KG usw. sind z. B. gewerbesteuerfähig, aber weder einkommen- noch körperschaftsteuerfähig.
[47] Vgl. hierzu Gutachten der Steuerreformkommission, VII, Tz. 52.
[48] Gutachten der Steuerreformkommission, VII, Tz. 139, 150—155.

gegenstand des UStG. Dieser Fall entspricht der gleichartigen Idealkonkurrenz des Strafrechts. Im alten Umsatzsteuerrecht (Allphasenbrutto-Umsatzsteuer) wurde diese Doppelbesteuerung ohne Korrektur hingenommen. Das Mehrwertsteuersystem hat die Normenkonkurrenz nicht beseitigt, nur deren Ergebnis durch die Institution des Vorsteuerabzuges (§ 15 UStG) zu einer gleichen Endbelastung berichtigt. Das Wesen umsatzsteuerlicher Normenkonkurrenz besteht in der Inanspruchnahme verschiedener Steuerrechtssubjekte zu verschiedenen Zeiträumen. Die Umsatzsteuer steht ferner in Konkurrenz zu anderen Verkehrsteuern (vgl. hierzu § 4 Ziff. 8, 9 UStG), zu den Verbrauch- und Aufwandsteuern i. S. der Art. 105 Absatz 2 a, 106 Absatz 1 Ziff. 2 und Abs. 6 GG, und zu den Zöllen.

d) Doppelbesteuerung der Kraftfahrzeughaltung

Das Halten und die Nutzung eines Kraftfahrzeuges kann als ein Besteuerungsgut angesehen werden. Die Wirtschaftskraft dieses Besteuerungsgutes liegt in der Bereitschaft zu Aufwendungen für die Vorteile, über ein Kraftfahrzeug verfügen zu können. Das Halten und die Nutzung eines Kraftfahrzeuges bilden eine Sachverhaltseinheit, da die Aufwendungen für die Kraftfahrzeughaltung der Kraftfahrzeugnutzung dienen. Das Besteuerungsgut „Kraftfahrzeughaltung" oder „Kraftfahrzeugnutzung" als ein Besteuerungsgut ist somit sowohl der Kraftfahrzeugsteuer als auch der Mineralölsteuer unterworfen. Die Mineralölsteuer u. a. hat den Verbrauch von Treib- und Schmierstoffen zum Gegenstand, einer Essentiale der Kraftfahrzeugnutzung. Die Steuerreformkommission bezeichnet die Funktion der Kraftfahrzeugsteuer gegenüber der Mineralölsteuer als die einer „Grundgebühr" für das Halten eines Kraftfahrzeuges[49]. Fiskalpolitisch, im Sinne der Äquivalenztheorie gemessen an den durch den Kraftfahrzeugverkehr bedingten Ausgaben des Gemeinwesens, haben wir es hier mit einer Besteuerung zu tun, die mit verschieden strukturierten (direkten und indirekten) Steuern, durch Inanspruchnahme verschiedener Steuerrechtssubjekte zu verschiedenen Zeiträumen jenen Bedarf decken will, die *ein* wirtschaftlich-komplexer Sachverhalt verursacht.

Die angeführten Beispiele zeigen, daß die steuerliche Mehrfachbelastung in zahlreichen Erscheinungsformen auftritt. Die finanzwissenschaftliche Kategorie einer Steuerart ist gleichgültig: direkte Steuern können mit indirekten, Personen- mit Verkehr- oder Verbrauchsteuern konkurrieren etc. Die Gleichartigkeit von Steuern ist nicht Voraussetzung, sondern Folge der Doppelbesteuerung: Steuern, die auf dasselbe Besteuerungsgut gerichtet sind, sind gleichartig. Der Begriff der Doppelbesteuerung, wie *Dorn* ihn entwickelt hat, ist zu eng. Er umfaßt

---

[49] Gutachten der Steuerreformkommission, IX, Tz. 55.

2. Kap.: Der positive Entstehungstatbestand der Steuerschuld

bei weitem nicht alle Fälle steuerlicher Mehrfachbelastung, die sich im Wirtschaftsleben als solche auswirken. *Dorn* führt hierzu aus: „Wird innerhalb eines Einheitsstaates dieselbe Person und dasselbe Gut mit mehreren gleichartigen Steuern belegt, so handelt es sich nicht um echte Doppelbesteuerung, sondern um eine mehr oder minder gerechte Verteilung der Lasten auf die Schultern der verschiedenen Steuerpflichtigen[50]." Eine derartige Unterscheidung zwischen echter und unechter Doppelbesteuerung ist nicht haltbar. Aufgabe rechtlicher Begriffsbildung ist es, den faktischen Verhältnissen gerecht zu werden. Das bedeutet hier, daß das Phänomen steuerlicher Mehrfachbelastung so, wie es wirtschaftlich in Erscheinung tritt, den Rechtsbegriff „Doppelbesteuerung" prägen muß. Das ist möglich durch eine entsprechende Interpretation des Besteuerungsgutes. Doppelbesteuerung ist nichts anderes als die Idealkonkurrenz des Steuerrechts. Somit wird in Anlehnung an § 73 Absatz 1 StGB folgende Formulierung vorgeschlagen:

Doppelbesteuerung liegt vor, wenn ein Besteuerungsgut den Entstehungstatbestand mehrerer Steuern oder den Entstehungstatbestand einer Steuer mehrfach verwirklicht.

Folgende Arten der Doppelbesteuerung lassen sich unterscheiden:

a) Doppelbesteuerung desselben Steuergläubigers

aa) *Gleichartige Doppelbesteuerung:* Dasselbe Gesetz unterwirft ein Besteuerungsgut mehrfach der Besteuerung, z. B. die umsatzsteuerliche Doppelbesteuerung, die mehrfache Erfassung von Anteilen an Steuerrechtssubjekten i. S. des § 1 Absatz 1 Ziffer 2 VStG bei der Vermögensteuer.

bb) *Ungleichartige Doppelbesteuerung:* Das Besteuerungsgut verwirklicht die Steuergegenstände verschiedener Steuergesetze zugunsten des gleichen Steuergläubigers. Hauptfall: Doppelbesteuerung durch die Einkommen- und Körperschaftsteuer als Gemeinschaftsteuern des Bundes und der Länder (Art. 106 Absatz 3 Satz 1 GG).

b) Doppelbesteuerung verschiedener Steuergläubiger

aa) *Mehrberechtigte Doppelbesteuerung:* Das Besteuerungsgut verwirklicht die Steuergegenstände verschiedener Steuergesetze zugunsten verschiedener Steuergläubiger derselben Steuerrechtsordnung, z. B. die Mehrfachbesteuerung durch die Einkommen- und Körperschaftsteuer einerseits, die Kirchensteuer (Art. 140 GG iVm Art. 137 Absatz 5 WV), die Ergänzungsabgabe (Art. 106 Absatz 1 Ziffer 6 GG) und Gewerbesteuer (Art. 106 Absatz 6 Satz 1 GG) andererseits, Mineralölsteuer (Art. 106 Absatz 1 Ziffer 2 GG) und Kraftfahrzeugsteuer (Art. 106 Absatz 2 Ziffer 3 GG), Umsatzsteuer (Art. 106 Absatz 3 Satz 1 GG) und örtliche

---

[50] Ebd. (Fußnote 36).

Verbrauch- und Aufwandsteuern (Art. 106 Absatz 6 Satz 1 GG), insbes. Getränke-, Speiseeis- und Vergnügungsteuer, Vermögensteuer (Art. 106 Absatz 2 Satz 1 GG) und Grundsteuer (Art. 106 Absatz 6 Satz 1 GG).

bb) *Mehrsteuerrechtliche Doppelbesteuerung:* Das Besteuerungsgut verwirklicht die Steuergegenstände verschiedener Steuergesetze zugunsten verschiedener Steuergläubiger verschiedener Steuerrechtsordnungen. Es handelt sich also vor allem um die internationale Doppelbesteuerung, aber auch die Doppelbesteuerung verschiedener Steuerrechtsordnungen derselben Nation, z. B. die Steuerrechtsordnungen der BRD und der DDR.

Die Doppelbesteuerung wird durch besondere einschränkende Tatbestände vermieden. Einen allgemeinen Grundsatz, sie möglichst zu vermeiden, gibt es nicht. Jedoch lassen sich gewisse Tendenzen in der Entwicklung des Steuerrechts feststellen, zunächst die gleichartige, dann die ungleichartige Doppelbesteuerung zu beheben. Das klassische Beispiel der Vermeidung gleichartiger Doppelbesteuerung ist das Schachtelprivileg (§ 9 KStG). Die Umstellung der Allphasen-brutto-Umsatzsteuer auf die Mehrwertsteuer, die Einführung des Vorsteuerabzuges (§ 15 UStG) beseitigte den praktisch bedeutsamsten Fall gleichartiger Doppelbesteuerung. Erstrebt ist der Abbau der vermögensteuerlichen Doppelbelastung[51], der Doppelbesteuerung bei Einkommen- und Körperschaftsteuer durch Anrechnung der Körperschaftsteuer, die auf den ausgeschütteten Gewinn entfällt[52]. Die mehrberechtigte Doppelbesteuerung wird dagegen im allgemeinen hingenommen. Nur in ganz wenigen Einzelfällen[53] hat sich der Gesetzgeber gegen sie entschieden, obwohl sie eine häufige Erscheinung des deutschen Steuerrechts ist. Die Vermeidung mehrsteuerrechtlicher Doppelbesteuerung ist ebenfalls nicht grundsätzlich, etwa aufgrund völkerrechtlicher Normen geboten. Die zunehmende Intensität des Welthandels, der Fluktuation zwischen den einzelnen Staaten, der internationalen wirtschaftlichen und politischen Zusammenarbeit, nicht zuletzt das Eigeninteresse der Staaten[54] zwingt zur Vermeidung mehrsteuerrechtlicher Doppelbesteuerung, entweder durch eine nur schwer zu erreichende Harmonisierung übergeordneter (internationaler) Besteuerungsprinzipien oder durch Völkervertragsrecht, den sog. Doppelbesteuerungsabkommen. Die Vermeidung der Doppelbesteuerung vollzieht sich grundsätzlich entweder durch Anrechnung der konkurrierenden Steuer oder durch die Aufteilung des Besteuerungsgutes. Beide Methoden führen zu

---

[51] Gutachten zur Reform der direkten Steuern S. 65 ff., Gutachten der Steuerreformkommission, VII, Tz. 77 ff., 92—95.
[52] Gutachten zur Reform der direkten Steuern, S. 50 ff.; Gutachten der Steuerreformkommission, IV, Tz. 40 ff.
[53] z. B. § 10 Absatz 1 Ziffer 4, 5; § 4 Ziffer 9 UStG.
[54] *Kruse*, Steuerrecht, I. Allgemeiner Teil, 2. Aufl. 1969, S. 41.

2. Kap.: Der positive Entstehungstatbestand der Steuerschuld

besonderen Rechtsnormen des Entstehungstatbestandes, bei denen nunmehr zu untersuchen bleibt, ob sie als Steuervergünstigungen zu qualifizieren sind.

3. Die persönliche Seite des Steuertatbestandes

3.1. Die Bestimmung des Steuergläubigers

Steuergläubiger ist der Inhaber der Ertragshoheit, d. i. diejenige öffentlich-rechtliche Körperschaft, der das Steueraufkommen zusteht[55]. Schon aus dem Steuerbegriff des § 1 Absatz 1 AO ergibt sich, daß Steuergläubiger nur ein „öffentlich-rechtliches Gemeinwesen" sein kann. Steuergläubiger sind der Bund, die Länder, die Gemeinden und die Religionsgesellschaften, welche Körperschaften des öffentlichen Rechtes sind[56]. Die Ertragshoheit ist verfassungsrechtlich geregelt. Art. 106, 107 GG bestimmen die Ertragshoheit des Bundes, der Länder und der Gemeinden. Die §§ 1 Absatz 1 GrStG, 1 GewStG sind deklaratorische Rechtsnormen. Die Ertragshoheit der Religionsgesellschaften ergibt sich aus Art. 140 GG iVm Art. 137 Absatz 6 WV nach Maßgabe der landesrechtlichen Bestimmungen[56]. Der Begriff „Gesetz" im Sinne des § 3 Absatz 1 StAnpG (= jede Rechtsnorm gem. § 2 Absatz 1 AO) umfaßt also hinsichtlich der Steuergläubigerbestimmung auch Verfassungsrecht, denn ohne Ertragshoheit kann ein Steueranspruch nicht entstehen.

Ein weiteres Eingehen auf die Rechtsfigur des Steuergläubigers erübrigt sich, da sie bei der Systematisierung der Steuervergünstigungen weniger von Bedeutung ist. Es sei hier lediglich festgehalten, daß die persönlichen Voraussetzungen für die Enstehung des Steuerschuldverhältnisses sich nicht nur auf die des Steuerschuldners[57], sondern auch auf die hinsichtlich des Steuergläubigers beziehen.

3.2. Die Bestimmung des Steuerschuldners

3.2.1. Allgemeines

Der Begriff des Steuerschuldners ist weder gesetzlich festgelegt[58] noch läßt er sich aus § 97 Absatz 1 AO ableiten[59]. Geht man von der

---

[55] *Kruse*, Steuerrecht, I. Allgemeiner Teil, 2. Aufl. 1969, S. 92.
[56] Art. 137 Absatz 6 WV lautet: „Die Religionsgesellschaften, welche Körperschaften des öffentlichen Rechts sind, sind berechtigt, auf Grund der bürgerlichen Steuerlisten nach Maßgabe der landesrechtlichen Bestimmungen Steuern zu erheben."
[57] Irreführend *Merk*, Steuerschuldrecht, S. 35.
[58] Auch der Entwurf der AO 1974 verzichtet ausdrücklich darauf, eine allgemein geltende Definition des Begriffs „Steuerschuldner" aufzunehmen; § 46 Satz 1 AO 1974 soll vielmehr nur auf die Einzelsteuergesetze verweisen (Begr. S. 115).
[59] *Tipke/Kruse*, AO, 2.—4. Aufl. 1965/69, § 97 Anmerkung 7.

Rechtsnatur des Steuerschuldverhältnisses als einem gesetzlichen (§§ 1 Absatz 1 AO, 3 Absatz 1 StAnpG) aus, so ist Steuerschuldner derjenige, „in dessen Person die Merkmale zutreffen, an die das Gesetz die Entstehung der Steuerschuld knüpft"[60]. Steuerschuldner ist also grundsätzlich diejenige Person, die den Steuertatbestand verwirklicht[61]. Mit dieser Feststellung ist freilich noch nicht geklärt, welchen konkreten Inhalt die Rechtsfigur des Steuerschuldners hat und wie sie von den anderen Rechtsfiguren des Steuerrechts abzugrenzen ist. Abgrenzungsprobleme bestehen in mehrfacher Hinsicht: die Rechtsfigur des Steuerschuldners wird in § 97 Absatz 1 AO der des Steuerpflichtigen gleichgestellt, diese wiederum analog der des Steuerhaftenden behandelt (§ 97 Absatz 2 AO)[62]. *Bürger*[63] kommt, ausgehend von den drei Elementarfunktionen des Steuertragens, Steuerentrichtens und Steuerhaftens, zu dem Ergebnis, der Steuerschuldner sei Steuerhaftender[64]. Gleichwohl erkennt *Hensel*[65] in dem Steuerschuldner denjenigen, „welchen nach dem Gesetz die Vollstreckungsduldungspflicht trifft". Schließlich wird zwischen abstrakt entstandener und festgesetzter Steuerschuld unterschieden[66]. Daraus ergibt sich die von *Riewald*[67] entwickelte Rechtsfigur des Steuerzahlungsschuldners. Zusammengefaßt bestehen die Abgrenzungsschwierigkeiten darin, daß einerseits Tatbestände des Verfahrens mit der materiellrechtlichen Figur des Steuerschuldners verknüpft, andererseits verschiedene Institutionen des sachlichen Rechts wie Steuerschuld und Steuerhaftung in einer Überschneidung gesehen werden. Auf diese Abgrenzungsproblematik wird bei der Untersuchung der persönlichen Steuerbefreiung einzugehen sein[68]. Hier ist zunächst zu erörtern, auf welche Weise der Gesetzgeber die passiven persönlichen Voraussetzungen für die Entstehung des Steuerschuldverhältnisses erstellt.

3.2.2. Die Elemente des Steuertatbestandes hinsichtlich der Bestimmung des Steuerschuldners

Während der Steuergläubiger verfassungsrechtlich fixiert ist, wird der Steuerschuldner ausschließlich durch das einzelne Steuergesetz bestimmt[69]. Zwei Rechtsgestaltungen sind hier zu unterscheiden:

---

[60] *Merk*, Steuerschuldrecht, S. 31 unter Hinweis auf die Begründung zur RAO 1919, § 79, Verhandlungen der Nationalversammlung, Anl. zu den StenBer., Bd. 338, S. 584.
[61] *Kruse*, Steuerrecht, I. Allgemeiner Teil, 2. Aufl. 1969, S. 93.
[62] Der Steuerpflichtige i. S. des § 36 AO 1974 ist der Oberbegriff zu allen Rechtsfiguren des Steuerrechtsverhältnisses. Insoweit wird also die unglückliche Konstruktion des § 97 AO aufgegeben.
[63] Die Rechtsfigur des Steuerschuldners, VJSchrStFR 1928, S. 75 ff.
[64] So auch *Goetzeler*, die Steuerhinterziehung als Grundlage für die steuerlichen Pflichten des Hinterziehers, VJSchrStFR 1928, S. 196; Tipke/Kruse, ebd. (Fußnote 59); Begr. zur AO 1974 S. 114/115.
[65] Steuerrecht, 3. Aufl. 1933, S. 63.

2. Kap.: Der positive Entstehungstatbestand der Steuerschuld

3.2.2.1. Die Anordnung des Steuerrechtssubjektes

Die Fähigkeit, Träger von Rechten und Pflichten zu sein (Rechtsfähigkeit), wird dadurch geschaffen, daß die Rechtsordnung einem Gebilde Rechte und Pflichten zuordnet, das Gebilde damit als *Rechtssubjekt*, d. h. an einem Rechtsverhältnis aktiv oder passiv beteiligt festlegt. Rechtsfähigkeit ist nicht vorgegeben, sondern eine konkrete Geltungsanordnung des Rechts. Das gilt selbst für den Menschen, der nicht stets als Rechtssubjekt behandelt wurde. Das klassische Beispiel ist der römische Sklave; das moderne Beispiel ist die Rechtsfähigkeit des Menschen im Sinne der nationalsozialistischen Anschauung[70]. Im geltenden deutschen Recht ist jedoch die Rechtsfähigkeit grundsätzlich einheitlich geregelt, insoweit die Bestimmung der Rechtssubjekte den einzelnen Rechtsgebieten vorgegeben. Diese Einheit der Rechtsordnung wird allein vom Steuerrecht gebrochen. Die Steuerrechtssubjekte werden autonom, d. h. ohne Bezug auf die einheitlich geltenden Rechtssubjekte des sonstigen Rechts, durch die einzelnen Steuergesetze bestimmt. Deren Geltungsanordnungen haben die Zahl der Rechtssubjekte erheblich erweitert. Der sich daraus ergebende Gegensatz zwischen der Steuerrechtsfähigkeit, dem Steuerrechtssubjekt oder der Steuerrechtsperson einerseits und der Rechtsfähigkeit, dem Rechtssubjekt des sonstigen Rechts andererseits war mancher Kritik ausgesetzt[71]. *Liebisch*[72] sieht gar in der Anerkennung der steuerrechtlichen Rechtsfähigkeit für Gebilde, die sonst nicht rechtsfähig sind, einen Mißbrauch des Grundbegriffs der Rechtsfähigkeit. Selbst die Begriffssprache der Steuergesetze scheut das Postulat einer besonderen Steuerrechtsfähigkeit. Die Begriffe „steuerfähig" oder „steuerrechtsfähig", „Steuerrechtsperson" oder „juristische Person des Steuerrechts" erscheinen nirgendwo in den Steuergesetzen. Wenn an verschiedenen Stellen der Steuergesetze „rechtsfähig" oder „nichtrechtsfähig", „juristische Person" steht[73], so ist damit die Rechtsfähigkeit des sonstigen Rechts gemeint. § 3 Absatz 1 KStG formuliert an sich alogisch, wenn für nichtrechtsfähige Personenvereinigungen die Steuerpflicht ausgesprochen wird.

---

[66] *Tipke/Kruse*, Anmerkung 13.
[67] *Riewald*, Kommentar zur AO, Vorb. §§ 67 bis 158, Anm. 1.
[68] Unten 2. Teil, 1. Kapitel, 1.2.3.
[69] § 46 Satz 1 AO 1974 lautet: Die Steuergesetze bestimmen, wer eine Steuer schuldet (Steuerschuldner).
[70] Vgl. hierzu *Lehmann*, Allg. Teil des BGB, 12. Aufl. 1960, S. 381.
[71] Grundsätzlich hierzu: *Mutze*, Ist der Begriff der steuerrechtlichen Rechtsfähigkeit nötig?, Diss. Leipzig 1932; *Plotter*, Die steuerrechtliche Rechtsfähigkeit, Diss. Greifswald 1932; *Liebisch*, Steuerrecht und Privatrecht, ein Beitrag zur Förderung der Rechtseinheit, Diss. Köln 1933; *Faller*, Die Rechtsfähigkeit im Steuerrecht, Diss. Freiburg 1939.
[72] Ebd. S. 25.
[73] z. B. §§ 1 Absatz 1 Ziffer 5, 3 Absatz 1 KStG, 3 Ziffer 9 GewStG, 1 Absatz 1 Ziffer 2 e VStG, 2 Absatz 2 Ziffer 2 UStG.

Die Kritik an der Steuerrechtsfähigkeit läßt sich indessen nur mit rechtspolitischen Argumenten, etwa dem der Einheit der Rechtsordnung fundieren. Inwieweit hier die Forderung nach einem einheitlichen Grundbegriff der Rechtsfähigkeit auf einem überholten, formallogischen Systemdenken beruht[74], mag dahinstehen. Einen solchen Grundbegriff der Rechtsfähigkeit, an den sich der Gesetzgeber zu halten hätte, gibt es jedenfalls nicht. Auch im bürgerlichen Recht wird ein solches Einheitsdenken nicht verfolgt, wie etwa der Blick auf § 124 HGB ergibt. Welches Gebilde als rechtsfähig bestimmt wird, hängt von den rechtspolitischen und rechtstechnischen Bedürfnissen der jeweiligen Rechtsordnung, des jeweiligen Rechtsgebietes ab. Diese Zuordnungsautonomie des Gesetzgebers führt zu jener beim Steuertatbestand maßgeblichen Besonderheit: die Bestimmung des Steuerschuldners (Zuordnung einer steuerrechtlichen Pflicht) enthält zugleich die Anordnung einer konkreten Rechtsfähigkeit oder *Teilrechtsfähigkeit,* eben weil an vorgegebene rechtsfähige Gebilde nicht schlechthin angeknüpft wird. Die Anordnung der Steuerrechtsfähigkeit oder des Steuerrechtssubjektes kann daher als die erste, logisch vorbedingte Stufe der Bestimmung des Steuerschuldners angesehen werden.

3.2.2.2. Zurechnung des Steuerrechtssubjektes zum Steuergegenstand

Die zweite Rechtsgestaltung, die der Bestimmung des Steuerschuldners innewohnt, ist die Zurechnung des Steuerrechtssubjektes zum Steuergegenstand. Das Gesetz hat zwischen dem steuerrechtsfähigen Gebilde und dem Steuergegenstand jene Beziehungen zu normativieren, welche die Steuerleistungspflicht begründet. *Hensel*[75] formuliert treffend: „Steuerschuldnerschaft ist nur dann gegeben, wenn der objektiv verwirklichte sachliche Tatbestand der in Anspruch nehmenden Person auch zugerechnet werden kann." In welcher Weise die Zurechnung vorzunehmen sei, ergäbe sich aus der Tatbestandsfassung der Einzelsteuergesetze. Während also objektive Tatbestandsverwirklichung die Erfüllung des Steuergegenstandes ist, ist subjektive Tatbestandsverwirklichung Erfüllung eines besonderen, neben den Steuergegenstandsnormen bestehenden Zurechnungstatbestandes. Zurechnungstatbestand des Einkommen- und Körperschaftsteuergesetzes ist das Beziehen des Einkommens (§§ 2 Absatz 1 EStG, 5 ff. KStG). Bei der Gewerbesteuer wird der Steuergegenstand, der inländische stehende oder Reisegewerbebetrieb (§§ 2, 35 a GewStG) dadurch zugerechnet, daß das Gewerbe für Rechnung des Steuerrechtssubjektes (Unternehmer) betrieben wird (§ 5 Absatz 1 Satz 2 GewStG). Eine ähnliche Tätigkeitsbeziehung besteht

---

[74] Vgl. hierzu *Canaris,* Systemdenken und Systembegriff in der Jurisprudenz, 1969, S. 20 ff.
[75] Steuerrecht, S. 80.

bei der Leistung- und Eigenverbrauchumsatzsteuer (§§ 1 Absatz 1 Nr. 1 und 2, 13 Absatz 2 iVm 2 Absatz 1 UStG). Zurechnungstatbestand bei der Einfuhrumsatzsteuer ist die Zollbeteiligung (§§ 1 Absatz 1 Ziffer 3, 13 Absatz 3, 21 Absatz 2 UStG, 10 Absatz 3, 36 ZG). Weitere Zurechnungsverhältnisse im Umsatzsteuerrecht sind der Selbstverbrauch im Sinne des § 30 UStG — Steuergegenstand und Zurechnungstatbestand fallen hier zusammen — und das unberechtigte Ausstellen einer Rechnung (§ 14 Absatz 3 UStG). Dingliche Rechtsverhältnisse (Erwerb und Eigentum) und tatsächliche Sachherrschaften stehen bei der Grunderwerbsteuer, der Erbschaftsteuer, der Vermögensteuer als Zurechnungsnormen im Vordergrund (§ 15 GrEStG, § 15 ErbStG, § 4 Absatz 1 VStG). Zurechnungstatbestände können also die verschiedensten Beziehungen, Tätigkeiten und Verhältnisse tatsächlicher und rechtlicher Art sein. In der Regel ergibt sich der Zurechnungstatbestand aus der Art des Steuergegenstandes. Gerade in den erwähnten Fällen der Investitions- und der Vermögensteuer ist die Beziehung zwischen Steuergegenstand und Steuerrechtssubjekt so selbstverständlich, daß es an besonderen Zurechnungsnormen, einer Steuerschuldnerbestimmung expressis verbis fehlt. Aber auch dort, wo Steuergegenstand und Zurechnungstatbestand im Wortlaut zusammentreffen, lassen sich persönliche und sachliche Tatbestandsverwirklichung auseinanderhalten. Der Selbstverbrauch ist sachlich das Zuführen bestimmter körperlicher Wirtschaftsgüter der Verwendung oder Nutzung als Anlagevermögen (§ 30 Absatz 2 UStG). Besteuerungsgut ist die unternehmerische Investition. Mit der *Ausführung* des Selbstverbrauchs (vgl. hierzu § 30 Absatz 1 UStG) verwirklicht ein bestimmter Unternehmer den objektiv verwirklichten Steuertatbestand zugleich auch in seiner Person. Der tatbestandstechnische Unterschied zwischen sachlicher und persönlicher Tatbestandsverwirklichung tritt jedoch dann besonders hervor, wenn der Gesetzgeber den Zurechnungstatbestand unabhängig von der Art des Steuergegenstandes gestaltet hat. Das von *Tipke*[76] angezogene Beispiel des § 10 KVStG liefert hierzu einen Beleg. Nach der Art des Steuergegenstandes (Erwerb von Gesellschaftsrechten und Gesellschafterleistungen) müßte an sich der Steuergegenstand dem Gesellschafter zugerechnet werden. § 10 Absatz 1 KVStG rechnet aber den Steuergegenstand der Kapitalgesellschaft zu. Nach der gesetzlichen Geltungsanordnung verwirklicht nicht der Gesellschafter, sondern die Kapitalgesellschaft den Steuertatbestand. Man könnte hier von *atypischer* Steuergegenstandszurechnung sprechen. Der Steuerschuldner wird nach alledem entweder durch eine dem Steuergegenstand

---

[76] Zur Reform der Reichsabgabenordnung, Stellungnahme zum Reformentwurf AO 1974, FR 70 Seite 413, Fußnote 7: nach der dort vertretenen Ansicht verwirklicht der Gesellschafter den Steuertatbestand.

immanente (die Steuergegenstandsnorm ist zugleich auch Zurechnungsnorm) oder durch eine ausdrückliche gesetzliche Geltungsanordnung bestimmt. Von diesen die Steuerschuldnerschaft unmittelbar begründenden persönlichen Zurechnungsnormen sind zu unterscheiden:

a) die sachlichen und zeitlichen Zurechnungsnormen

Diese dienen dazu, den Steuergegenstand sachlich und zeitlich näher abzugrenzen. Sachliche Zurechnungsnormen sind z. B, § 24 EStG, §§ 8, 12 GewStG, 7 a KStG. § 11 EStG ist eine zeitliche Zurechnungsnorm.

b) die mittelbaren persönlichen Zurechnungsnormen

Diese stellen nicht die Beziehung zwischen einem bestimmten Steuergegenstand und einem bestimmten Steuerrechtssubjekt her, sondern beinhalten einen Zurechnungstatbestand allgemeiner Art, der bei verschiedenen Steuern anwendbar ist. Die mittelbaren persönlichen Zurechnungsnormen sind Normen des allgemeinen Steuerrechts, so die §§ 26, 34 Absatz 3 bis 7, 70 Absatz 2, 94 Absatz 1 Satz 1, 95 Absatz 1, 102, 119, 121 Absatz 2 BewG; §§ 11, 12 StAnpG.

c) die Normen der beschränkten Steuerpflicht

Das Rechtsinstitut der beschränkten Steuerpflicht (§§ 1 Absatz 2, 49 ff. EStG, 2 KStG, 2 VStG) knüpft an Eigenschaften des Steuerrechtssubjektes an, so an den ausländischen Wohnsitz, den gewöhnlichen Aufenthaltsort, die Geschäftsleitung, den Sitz, im Falle des § 2 Absatz 1 Ziffer 2 KStG an das Nichtvorliegen der in § 1 Absatz 1 KStG aufgeführten Qualifikationen. Diese Anknüpfung hat den Gesetzgeber veranlaßt, die beschränkte Steuerpflicht im Rahmen der steuerschuldnerbestimmenden Rechtssätze zu regeln. Der Regelungsinhalt der beschränkten Steuerpflicht hingegen ist nicht die Bestimmung eines weiteren Steuerrechtssubjektes, sondern die auf inländische Quellen beschränkte Besteuerung des Besteuerungsgutes Einkommen. In ständiger Rechtsprechung des Reichsfinanzhofs[77] und des Bundesfinanzhofs[78] ist immer wieder der objektsteuerähnliche Charakter dieser Besteuerung hervorgehoben worden, der nur die sog. isolierende Betrachtungsweise zuläßt, bei der die im Ausland vorliegenden, insbesondere die persönlichen Verhältnisse des ausländischen Steuerschuldners weitgehend unberücksichtigt bleiben. Dieser Regelungsinhalt der beschränkten Steuerpflicht verbietet, die beschränkte Steuerpflicht der persönlichen Seite des Steuertatbestandes zuzuordnen. Soweit die Normen der beschränkten Steuerpflicht an persönliche Merkmale des Steuerschuldners anknüpfen, liegt es nicht anders als etwa bei der Abgrenzung der Ein-

---

[77] Urteile vom 7. 2. 1929, RStBl. 1929 Seite 193, vom 12. 5. 1936, RStBl. 1936 Seite 968; vom 5. 8. 1936 RStBl. 1936 Seite 1132.
[78] Urteile vom 20. 1. 59, BStBl. 1959 III Seite 133; vom 13. 12. 61, BStBl. 1962 III Seite 85; vom 4. 3. 70, BStBl. 70 II Seite 428.

2. Kap.: Der positive Entstehungstatbestand der Steuerschuld

künfte aus selbständiger Arbeit (§ 18 EStG) von denen aus Gewerbebetrieb (§ 15 ff. EStG), wo u. a. auch die persönliche Qualifikation des Steuerschuldners maßgeblich ist.

Der gegenwärtige Aufbau der Steuergesetze ist im Hinblick auf die beschränkte Steuerpflicht denkbar unglücklich. Das gilt insbesondere für das Einkommensteuergesetz. Erstaunlicherweise haben die textkritischen und rechtssystematischen Untersuchungen der Einkommensteuerkommission[79] keine neuen Möglichkeiten aufgezeigt. § 1 Absatz 1 Satz 1 EStG ist in Anbetracht der Geltungsanordnung des § 1 Absatz 2 EStG überflüssig. Die §§ 1 Abs. 2 und 3; 2 Absatz 2 Satz 2 und die §§ 49, 50 Absatz 1 und 2 EStG gehörten in einen besonderen Abschnitt des Abschnitts II EStG. § 50 Absatz 4 und 5 gehörte in den Abschnitt III EStG, § 50 Absatz 3 in den Abschnitt IV EStG, § 50 a in den Abschnitt V EStG.

§ 1 EStG hätte demzufolge lediglich zu lauten: „Die natürliche Person ist nach diesem Gesetz mit dem Einkommen, das sie bezieht, einkommensteuerpflichtig." Dieser Rechtssatz spräche dreierlei aus: die Bestimmung der natürlichen Person als Rechtssubjekt des Einkommensteuergesetzes, das Beziehen als Zurechnungsmerkmal und den Leistungsbefehl, der das gesetzliche Schuldverhältnis erzeugt. Würde der Steuergegenstand des Einkommensteuergesetzes „Einkommen ist der Gesamtbetrag sämtlicher Einkünfte..." formuliert werden, so wäre der Grundsatz der unbeschränkten Steuerpflicht gegenüber der Ausnahme der beschränkten Steuerpflicht ohne Vermengung des persönlichen mit dem sachlichen Steuertatbestand klargestellt.

3.2.3. Begriff des Steuerschuldners

Als Ergebnis der Ausführungen zu 3.2.2. wird folgender Begriff des Steuerschuldners vorgeschlagen:

Steuerschuldner ist das Rechtssubjekt eines Steuergesetzes, dem der Steuergegenstand dieses Gesetzes kraft gesetzlicher Anordnung zugerechnet wird.

4. Der Berechnungstatbestand

4.1. Die Unterscheidung zwischen Grund und Höhe eines schuldrechtlichen Leistungsanspruches

4.1.1. Grund und Höhe einer zivilrechtlichen Forderung

Die beherrschende Begründungsart zivilrechtlicher Schuldverhältnisse[80] ist das Rechtsgeschäft. Grund und Höhe der meisten zivilrecht-

---
[79] Bericht der Einkommensteuerkommission, S. 318 ff.
[80] *Larenz*, Lehrbuch des Schuldrechts, Bd. I: Allgemeiner Teil, 10. Aufl. 1970, § 4.

lichen Forderungen beruhen auf dem übereinstimmenden Willen der an einem Rechtsgeschäft Beteiligten. *Larenz*[81] prägt den Begriff der „lex contractus", die den Inhalt der vertraglich begründeten Leistungspflicht bestimmt. Demzufolge fehlen im allgemeinen auf dem Gebiete des vertraglichen Schuldrechts, das auf dem Grundsatz der Vertragsfreiheit, d. h. Abschluß- und Typenfreiheit beruht, Gesetzesnormen, die über die Höhe einer Forderung Auskunft geben. Selbst dort, wo der Umfang einer Leistung nicht von vornherein vertraglich festgelegt ist, hilft das BGB lediglich mit Auslegungsregeln, verweist das Gesetz auf die Disposition der an dem Schuldverhältnis Beteiligten (§§ 315 ff. BGB). Bei den typisierten Schuldverhältnissen des BGB ist der vereinbarte Kaufpreis (§ 433 Absatz 2 BGB), der vereinbarte Mietzins (§ 535 Satz 2 BGB), die vereinbarte Vergütung (§§ 611 Absatz 1, 631 Absatz 1 BGB) etc. zu leisten.

Anders verhält es sich dagegen bei den gesetzlichen Anspruchsgrundlagen und Schuldverhältnissen des bürgerlichen Rechts[82]. Die gesetzlichen Anspruchsgrundlagen der Leistungsstörung (§§ 275 ff., 284 ff., 293 ff., 320 ff. BGB), die Schuldverhältnisse aus „ungerechtfertigter Bereicherung" (§§ 812 ff. BGB), „unerlaubter Handlung" (§§ 823 ff. BGB), „Geschäftsführung ohne Auftrag" (§§ 677 ff. BGB) regeln Grund und Höhe der geschuldeten Leistung rechtssystematisch getrennt. Der Umfang eines Schadensersatzanspruches ist in dem allgemeinen Normenkomplex der §§ 249 ff. BGB, der Umfang des Anspruches aus „ungerechtfertigter Bereicherung" in § 818 BGB, aus „Geschäftsführung ohne Auftrag" in den §§ 681 bis 684 BGB geregelt.

Die Trennung zwischen Grund und Höhe einer Forderung findet schließlich auch im Zivilprozeßrecht seinen Niederschlag. Ist ein Anspruch nach Grund und Betrag streitig, so kann das Gericht durch Zwischenurteil über den Grund vorab entscheiden (§ 304 ZPO). § 287 Absatz 1 Satz 1 ZPO unterscheidet zwischen dem Grund und der Höhe eines Schadens.

Nach alledem kann festgestellt werden, daß dem bürgerlichen Recht dort, wo die Parallele zum Steuerrecht gezogen werden kann, nämlich bei den gesetzlichen Schuldverhältnissen, ein gesetzestechnischer „Berechnungstatbestand" nicht unbekannt ist.

4.1.2. Grund und Höhe des Steueranspruches

Die Steuer ist eine auf gesetzlichem Tatbestand beruhende Geldleistung (§ 1 Absatz 1 AO). Das bedeutet, daß die Gesamtheit der

---

[81] BGB, Allgemeiner Teil, 1967, § 7 III.
[82] Zusammenstellung der Schuldverhältnisse aus gesetzlich normierten Tatbeständen bei *Larenz*, Fußnote 1, § 4 III.

2. Kap.: Der positive Entstehungstatbestand der Steuerschuld

Elemente des Steuertatbestandes auf eine Rechtsfolge hinzielt: den Steuerbetrag, d. h. eine bestimmte Geldsumme. Was im bürgerlichen Recht nur partiell von gesetzestechnischer Bedeutung, ist im Steuerrecht das ausnahmslose Gebot: der Steuerbegriff fordert, daß die Rechtsnormen des Steuerschuldverhältnisses bis hin zu einem bestimmten Steuerbetrag keinen gesetzesfreien Spielraum lassen.

Die hier vertretene Ansicht wird indes nicht allgemein geteilt. In der älteren Literatur der Steuerrechtslehre wird der Standpunkt eingenommen, der Steuertatbestand begründe nur die Abgabenverbindlichkeit, die konkrete Höhe der Steuerschuld werde erst durch den Abgabenbescheid festgesetzt[83]. Diese Vorstellung ist im neueren Schrifttum von *Bühler*[84] übernommen worden. Die durch Erfüllung des Tatbestandes entstandene Steuerschuld sei zunächst eine mehr abstrakte, eine nur dem Grunde nach vorhandene, vielleicht auch inhaltlich nicht genau bestimmte Schuld. Sie werde durch die Festsetzung konkretisiert, in ihrer Höhe bestimmt und meist auch fällig. Wegen des Grundes des Steueranspruches habe demnach die Veranlagung deklaratorische, hinsichtlich der festgestellten Höhe des Anspruchs habe sie konstitutive Wirkung. *Judeich*[85] stimmt dieser Meinung zu. Die Steuerschuld sei nichts weiter als die Pflicht des Steuerschuldners, die u. U. noch besonders der Höhe nach festzustellende Steuer zu zahlen.

Schon der Blick auf die Steuergesetze beweist die Unhaltbarkeit dieser Ansicht. Bedürfte es der Aufstellung von Steuersätzen, wenn die genaue Bestimmung der Höhe der Steuerschuld nicht ebenso Sache der Steuergesetze, der Tatbestandserfüllung wäre? Die strenge Tatbestandsmäßigkeit der Besteuerung (§§ 1 Absatz 1 AO, 3 Absatz 1 StAnpG) und die sich aus ihr ergebende Tatsache, daß im Steuerschuldrecht, zumindest was die *Entstehung* der Steuerschuld betrifft, keine Ermessensspielräume bestehen[86], erfordert die lückenlose Tatbestandserfüllung auch hinsichtlich der Höhe der Steuerschuld[87]. Demzufolge sind Steuerbescheide grundsätzlich feststellende Verwaltungsakte[88], die nur als rechtswidrige Verwaltungsakte auf Grund der Bestandskraft rechtsbegrün-

---

[83] *Myrbach - Rheinfeld*, Grundriß des Finanzrechts, 2. Aufl. 1916, S. 68 ff.; *Mirbt*, Grundriß des deutschen und preußischen Steuerrechts, 1926, S. 109 unterscheidet zwischen der Pflicht zur Bewirkung der geschuldeten Leistung und der Feststellung der geschuldeten Geldsumme.
[84] *Bühler/Strickrodt*, Steuerrecht, Band I: Allgemeines Steuerrecht, 1. Halbband, 3. Aufl. von Strickrodt 1960, S. 184.
[85] Kommentar zum StAnpG, Anm. 8 zu § 3.
[86] Vgl. hierzu *Kruse*, Steuerrecht, I. Allgemeiner Teil, S. 32.
[87] So auch entgegen Judeich *Tipke/Kruse*, AO, 2.—4. Aufl. 1965/69 § 97 Anmerkung 13. Bestr. ist, ob auch bei Erlöschenstatbeständen (z. B. Billigkeitserlaß) Ermessensspielraum besteht, vgl. hierzu *Tipke/Kruse*, § 131 Anmerkung 30.
[88] Vgl. hierzu *Wolff*, Verwaltungsrecht I, 7. Aufl. 1968, § 47 I c; *Tipke/Kruse*, Anmerkung 20 zu § 91.

dend wirken, wenn sie eine gesetzmäßig nicht geschuldete Steuer festsetzen[89].

Entsprechend der Einteilung der Anspruchsvoraussetzungen in die des Anspruchgrundes und die der Anspruchhöhe ist der Steuertatbestand *zweigliedrig* zu sehen:

a) Der *Grundtatbestand* bestimmt, *was* zu besteuern ist (sachliche Seite des Steuertatbestandes) und *wer* Beteiligter des Steuerschuldverhältnisses ist (persönliche Seite des Steuertatbestandes).

b) Der *Berechnungstatbestand* als die dritte (rechnerische) Seite des Steuertatbestandes ist die Gesamtheit jener Voraussetzungen, die zur Rechtsfolge die Geldleistung, den Steuerbetrag *aus* dem Steuergegenstand haben. Es handelt sich nämlich um eine Kette aneinanderknüpfender Rechtsnormen, die am Steuergegenstand, der sachlichen Seite des Steuertatbestandes, ansetzt. Bestandteile des Berechnungstatbestandes sind die *Bemessungsgrundlage* und der *Steuersatz*.

4.2. Die Steuerbemessungsgrundlage

4.2.1. Begriff und Wesen der Steuerbemessungsgrundlage

Der numerische Charakter der Steuer setzt voraus, daß das, was zu besteuern ist, in einer Zahl ausgedrückt werden kann. Die Aufgabe des Berechnungstatbestandes besteht also zunächst darin, den Steuergegenstand in eine zahlenmäßige Größe zu setzen.

Die Bezeichnung dieser Größe ist sowohl in den Steuergesetzen als auch im Schrifttum unterschiedlich. Das Vermögensteuergesetz, das Umsatzsteuergesetz und das Gesetz über den Straßengüterverkehr verwenden den Begriff „Bemessungsgrundlage", das Grundsteuergesetz den Begriff „maßgebender Wert", das Gewerbesteuergesetz, das Grunderwerbsteuergesetz, das Kraftfahrzeugsteuergesetz und das Wechselsteuergesetz den Begriff „Besteuerungsgrundlage", das Kapitalverkehrsteuergesetz den Begriff „Steuermaßstab". Viele Steuergesetze wie z. B. das Einkommensteuergesetz, das Körperschaftsteuergesetz und die Verbrauchsteuergesetze sehen überhaupt von einem besonderen Begriff für die Quantifizierung des Steuergegenstandes ab.

Der Begriff Steuerbemessungsgrundlage entstammt der Finanzwissenschaft, die darunter die Tatsache bzw. das Objekt, nach welchem die Steuer umgelegt wird[90], die Größe des Steuergegenstandes[91], eine

---

[89] *Kruse*, S. 181; *Tipke/Kruse*, Fußnote 3.
[90] *Wagner*, Lehr- und Handbuch der politischen Ökonomie, 4. Hauptabteilung: Finanzwissenschaft, 2. Band, 2. Aufl., S. 226.
[91] *Gerloff*, Steuerwirtschaftslehre in Handbuch der Finwiss., Band II, S. 267; *Weddingen*, Allg. Finanzwissenschaft, 4. Aufl. 1964, S. 107; *Eheberg*, Grundriß der Finanzwissenschaft, 3.—4. Aufl. 1928, S. 63.

2. Kap.: Der positive Entstehungstatbestand der Steuerschuld

technisch-physische oder wirtschaftlich-monetäre Größe, die der Ermittlung des Steuerbetrages zugrundegelegt wird[92], versteht. Während die Finanzwissenschaft sich an den Begriff „Steuerbemessungsgrundlage" hält, blüht in der Steuerrechtslehre entsprechend dem Sprachgebrauch in den Steuergesetzen die terminologische Vielfalt: die Begriffe Besteuerungsgrundlage, Bemessungsgrundlage, Steuermaßstab werden weitgehend gleichbedeutend verwendet[93]. *Strutz*[94] definiert die Bemessungsgrundlage als die Sache oder den Umstand, nach deren Eigenschaften sich die Höhe der Steuer bemißt, *Merk*[95] die Besteuerungsgrundlage (Bemessungsgrundlage) als die Tatsache oder den Umstand, von dem das Gesetz bei der Bestimmung der Höhe der Steuerleistung ausgeht. *Hensel*[96] bezeichnet als Steuermaßstab diejenige Größenordnung, die auf den Steuertatbestand anzuwenden ist, um diesen mit der Steuerfolge in Beziehung zu setzen. *Kruse*[97] schließlich sieht in dem Steuermaßstab das zahlenmäßige Merkmal des Steuergegenstandes.

Der kurze Überblick über die verschiedenen termini und deren Erläuterungen zeigt, daß die Bedeutungsunterschiede in der Tat nicht wesentlich sind. Eine Ausnahme macht der Begriff der Besteuerungsgrundlage, wie er in der Abgabenordnung verwendet wird[98]. Der Begriff der Besteuerungsgrundlage ist dort keineswegs eindeutig, zumindest wird er unterschiedlich zu dem der genannten Einzelsteuergesetze gebraucht. Nach h. M.[99] versteht die Abgabenordnung unter Besteuerungsgrundlage nicht ein bestimmtes Tatbestandelement, sondern die einzelnen Tatsachen, die dem Steuertatbestand unterworfen sind. Diese Interpretation mag für § 213 Absatz 1 AO zutreffen. Für die §§ 131, 217 AO ist sie jedoch schon zweifelhaft. § 131 AO berührt nicht den Grundtatbestand, sondern Tatbestandsmerkmale, „die die Steuer erhöhen", also quantitativer Art, m. a. W. sollen bestimmte Quantitäten des der Besteuerung unterworfenen Sachverhaltes gemäß § 131 Absatz 1 Satz 2 AO nicht berücksichtigt werden. Entsprechendes gilt entgegen der h. M.[100] auch für § 217 AO: der Grundtatbestand kann nicht geschätzt

---

[92] *Schmölders*, Allg. Steuerlehre, 4. Aufl. 1965, S. 97, verw. auf F. Neumark.
[93] Vgl. hierzu *Markull*, Gleichartige Steuern, VJSchrStuFR 1930, S. 600 f.; *Merk*, Steuerschuldrecht, S. 83 *Meilicke*, Steuerrecht, Allgemeiner Teil, 1965, S. 91 und *Kruse*, Steuerrecht, I. Allgemeiner Teil, 2. Aufl. 1969, S. 22.
[94] Grundlehren des Steuerrechts, 1922, S. 13.
[95] Ebd. (Fußnote 93), ebenso *von Myrbach - Rheinfeld*, Finanzrecht S. 104.
[96] Steuerrecht, S. 59.
[97] Steuerrecht, I. Allgemeiner Teil, 2. Aufl. 1969, S. 22.
[98] §§ 131, 211, 213, 217 AO.
[99] *Becker/Riewald/Koch*, Kommentar von Riewald und Koch zur Reichsabgabenordnung, 9. Aufl., Band I, 1963, Anm. 1 zu § 213; *Hübschmann/Hepp/Spitaler*, Kommentar zur Reichabgabenordnung, 1.—5. Aufl., 1951/70, Anm. 2 zu § 213; a. A. *Tipke/Kruse*, AO, 2.—4. Aufl., 1965/69, § 213 Anm. 1.
[100] *Becker/Riewald/Koch*, Anm. 1 zu § 217; *Hübschmann/Hepp/Spitaler*, Anm. 5 zu § 204.

werden[101]. Folgt man der h. M. nicht, ließe sich das Ergebnis erzielen, die Besteuerungsgrundlagen im Sinne der §§ 131, 217 AO seien die Bemessungsgrundlagen. Diese Deutung träfe aber wiederum nicht zu bei den Besteuerungsgrundlagen im Sinne des § 211 Absatz 2 Ziffer 1 AO. Damit der Steuerpflichtige erkennen kann, ob der Steuerbescheid sachlich ist, müssen mehr als nur die Bemessungsgrundlagen angegeben werden. Trotz der von *Tipke*[102] geübten Kritik an dem Begriff der Besteuerungsgrundlage hat der Regierungsentwurf der AO 1974 diesen nicht geklärt[103]. Besonders im Hinblick auf § 180 Absatz 1 AO 1974 scheint er aber die h. M. zu bestätigen[104]. Damit scheidet der Begriff der Besteuerungsgrundlage für ein bestimmtes Tatbestandselement des Steuertatbestandes aus.

Auch der Begriff „Steuermaßstab" ist sprachlich unscharf; er bildet keinen klaren Gegensatz zu dem Begriff „Steuersatz".

Die Steuerrechtslehre sollte sich wegbereitend für die Sprache der Steuergesetze auf *einen* Begriff einigen, und zwar den der *Steuerbemessungsgrundlage*. Dieser Begriff geht auf *Wagner* zurück und drückt das, was gemeint ist, am unverwechselbarsten aus. Der finanzwissenschaftliche Begriffsinhalt (Größe des Steuergegenstandes) läßt sich auch ohne weiteres in die rechtswissenschaftliche Terminologie übernehmen.

Steuerbemessungsgrundlage ist demnach die Quantifikation der sachlichen Seite des Steuertatbestandes. Demzufolge kann die Steuerbemessungsgrundlage definiert werden als *die Gesamtheit der tatbestandsmäßigen Merkmale, welche die Größe des Steuergegenstandes bestimmen*[105].

Markull hat in seiner eingehenden Untersuchung über gleichartige Steuern[106] ausgeführt, daß auch die Steuerbemessunggrundlage, „wenn-

---

[101] Überzeugend Tipke in *Tipke/Kruse*, § 217 Anm. 2; insbes. zum RegE der AO 1974 *Tipke*, Systematisierung des allgemeinen Steuerrechts, Alternativvorschlag zum RegE, StuW 71 S. 95 (106).
[102] Reformbedürftiges allgemeines Abgabenrecht, Kritik der Reichsabgabenordnung, Reformvorschläge, StbJb 1968/69 S. 69 ff. (S. 84); Fünfzig Jahre Reichsabgabenordnung, AöR, Bd. 94 (1969), S. 224 ff. (S. 238).
[103] Bezeichnend die Begr. zu § 143 AO 1974 (S. 147): Es ist davon abgesehen worden, grundlegende Änderungen gegenüber dem bisherigen Gesetzestext vorzuschlagen, um zu vermeiden, daß von der Rechtsprechung entwickelte und anerkannte Schätzungsgrundsätze in Frage gestellt werden könnten und dadurch Unruhe in die langjährige Rechtsprechung gebracht würde.
[104] § 180 Absatz 1 AO 1974 definiert die Besteuerungsgrundlagen als die tatsächlichen und rechtlichen Verhältnisse, die für die Steuerpflicht und für die Bemessung der Steuer maßgebend sind.
[105] *Tipke*, ebd. (Fußnote 101) S. 106, Fußnote 42, unterscheidet zwischen Grundtatbeständen (Besteuerungsgrundlagen) und quantifizierten Tatbestandsmerkmalen. Da nur der sachliche, nicht der persönliche Grundtatbestand quantifiziert werden kann, dürfte auch dieser Terminologie der finanzwissenschaftliche Begriffsinhalt zugrundegelegt sein.
[106] VJSchrStuFR 1930 S. 535 ff. (S. 600).

2. Kap.: Der positive Entstehungstatbestand der Steuerschuld

gleich nicht überall entscheidend", als artbegründendes Element angesehen werden kann. Auch *Bellstedt*[107] kommt bei seinem Versuch einer Lehre vom „Wesenskern" der Steuerarten zu dem Schluß, daß die Steuerbemessungsgrundlage eines der Tatbestandselemente sei, die den Steuertatbestand konstituierten. Die Steuerart würde grundlegend verändert, wollte man eines der konstituierenden Tatbestandselemente ausschalten oder modifizieren.

Diesen Erkenntnissen ist wohl im Ergebnis zuzustimmen. Es ist jedoch davon auszugehen, daß das Wesen der Steuerbemessungsgrundlage zunächst darin besteht, die in dem Steuergegenstand indizierte Größe zu bestimmen. Insoweit dient die Steuerbemessungsgrundlage als mehr steuertechnisches, steuerpolitisch neutrales Tatbestandselement, d. h. die Steuerbemessungsgrundlage prägt nicht selbst „artbegründend" den Steuertatbestand. Dieser Grundzweck der Steuerbemessungsgrundlage wird jedoch oft in zweifacher Hinsicht verändert. Erstens führen die Schwierigkeiten, die mit einer exakten Quantifikation des Steuergegenstandes verbunden sind, zu einer notwendigen Vereinfachung und Pauschalierung der Steuerbemessungsgrundlagen, um die verwaltungstechnische Durchführbarkeit einer Steuer nicht zu vereiteln. Durch diese vereinfachenden und pauschalierenden Geltungsanordnungen des Gesetzgebers wird natürlich der Charakter einer Steuer entscheidend beeinflußt[108]. Insofern ist es richtig, wenn auch diese Geltungsanordnungen als steuerartbegründend angesehen werden. Zweitens — das sei hier vorweg angemerkt — bewirken die Steuervergünstigungen bei den Steuerbemessungsgrundlagen ein weiteres Abweichen von jener Größe, die sich aus der Art des Steuergegenstandes zu ergeben hätte[109].

4.2.2. Arten der Steuerbemessungsgrundlagen

Nach der Art der Begriffe und Merkmale, die im Steuertatbestand als Größen des Steuergegenstandes festgelegt sind, lassen sich *direkte* und *indirekte* Steuerbemessungsgrundlagen unterscheiden.

4.2.2.1. Direkte Steuerbemessungsgrundlagen

Ist für den Zweck und die steuerpolitischen Ziele einer Steuerart der materielle Wert eines Steuergegenstandes im Verhältnis zu dem Verwaltungsaufwand, der mit der Bewertung des Steuergegenstandes verbunden ist, von ausschlaggebender Bedeutung, so leitet der Gesetzgeber die Bemessungsgrundlagen unmittelbar aus den Größenverhältnissen des Steuergegenstandes ab. Die als Steuerbemessungsgrund-

---

[107] Verfassungsrechtliche Grenzen der Wirtschaftslenkung durch Steuern, dargestellt am Berlin-Hilfe-Gesetz, 1962, S. 68 ff., S. 70.
[108] Beispiele dazu unten unter 4.2.2.1.
[109] Hierzu unten 2. Teil, 3. Kapitel.

lagen angeordneten Begriffe und Merkmale sind dann nichts weiter als konkrete Bewertungsanordnungen für die Größe des Steuergegenstandes. In diesem Falle ist der oben genannte Grundzweck der Steuerbemessungsgrundlage ideal verwirklicht.

Das ist zunächst bei der *Einkommensteuer* der Fall. Die Einkommensteuer zeichnet sich dadurch aus, daß sich das Prinzip der Besteuerung nach der individuellen wirtschaftlichen Leistungsfähigkeit des Steuerschuldners „wie kaum in einer anderen Steuer"[110] verwirklichen läßt. Das verdankt die Steuer ihrem Gegenstand, der allgemein, „spätestens seit A. Smith"[111], als der geeignetste Indikator wirtschaftlicher Leistungsfähigkeit angesehen wird[112]. Der Leitgedanke der Einkommensteuer, die Besteuerung nach dem Leistungsfähigkeitsprinzip, würde aber vereitelt werden, wenn die dem Einkommen immanente Größe nicht exakt der Steuerbemessung zugrunde läge. Daher ist die wertmäßige Kongruenz von Steuergegenstand und Steuerbemessunggrundlage eine unerläßliche Voraussetzung des Einkommensteuertatbestandes. Dessen Rechtsfolge, die Einkommensteuerschuld, kann nämlich nur dann der durch das Einkommen indizierten, wahren Leistungsfähigkeit entsprechen, wenn das gesamte Einkommen des Steuerschuldners steuerlich erfaßt wird. Dieses *Universalitätsprinzip*[113] als Folgeprinzip der Besteuerung nach der Leistungsfähigkeit muß in zweifacher Hinsicht verwirklicht sein, dem Grunde nach (alle Einkommensvorgänge) und der Höhe nach (alle Einkommensvorgänge mit ihrem tatsächlich zutreffenden Wert). Die wertmäßige Kongruenz von Steuergegenstand und Steuerbemessungsgrundlage nennt man das Zusammenfallen beider Tatbestandselemente[114]. *Strutz*[115] sieht die Notwendigkeit dieser wertmäßigen Identität in folgendem begründet: „Wird das Einkommen nur zum Gegenstande, nicht auch zur Bemessungsgrundlage einer Steuer gemacht, so bedeutet das nichts anderes als die Absicht des Steuergesetzgebers, auf einem Umwege das Einkommen zu treffen; ob und inwieweit diese Absicht erreicht wird, bleibt unsicher und hängt von der Wahl der Bemessungsgrundlagen ab. Das Einkommen wird dann tatsächlich nur zur gewollten Steuerquelle. Seine Eignung und Bedeu-

---

[110] So das Gutachten der Steuerreformkommission 1971, II, Tz. 3; es gibt aber in dieser Hinsicht keine geeignetere Steuer.
[111] F. *Neumark*, Grundsätze gerechter und ökonomisch rationaler Steuerpolitik, 1970, S. 135.
[112] *Tipke*, Steuerrecht — Chaos, Konglomerat oder System, StuW 1971, S. 2 ff. (S. 8) mit zahlreichen Nachw. Fußnote 57.
[113] *Tipke*, S. 7 ff.
[114] *Littmann*, Das Einkommensteuerrecht, 9. Aufl. 1969, Anm. 1 zu § 2; *Strutz*, Kommentar zum Einkommensteuergesetz, 1. Band, 1927, Einleitung II, S. 41, *Neumark*, Theorie und Praxis der modernen Einkommensbesteuerung, 1947, S. 33.
[115] Ebd. (Fußnote 114) Fußnote 1.

2. Kap.: Der positive Entstehungstatbestand der Steuerschuld

tung für die Besteuerung kann das Einkommen nur entfalten, wenn es nicht nur Gegenstand und Steuerquelle, sondern auch Bemessungsgrundlage ist."

Wenn man nun von dem Zusammenfallen des Steuergegenstandes mit der Steuerbemessungsgrundlage, der Identität beider Tatbestandselemente spricht, so ist zweierlei auseinanderzuhalten: Die *Wertgleichheit* und die *Begriffsgleichheit* beider Tatbestandselemente. Die prinzipielle Wertgleichheit von Steuergegenstand und Steuerbemessungsgrundlage entspricht dem Wesen der direkten Steuerbemessungsgrundlage. Diese ist zweifellos bei der Einkommensteuer im Hinblick auf das genannte Universalitätsprinzip erstrebt. Der elementare Unterschied zwischen Einkommensteuergegenstand und -bemessungsgrundlage besteht jedoch in der Begriffsverschiedenheit. Das maßgebliche Merkmal des Einkommensteuergegenstandes sind die Einkünfte, die Merkmale der Einkommensteuerbemessungsgrundlage sind der Gewinn bzw. der Überschuß. Schon insoweit gehen Grund- und Berechnungstatbestand des Einkommensteuergesetzes von unterschiedlichen Begriffen aus. Das geltende Einkommensteuergesetz unterscheidet im übrigen allerdings nur mangelhaft zwischen Steuergegenstand und Steuerbemessungsgrundlage. Dem oft kritisierten Wortlaut des § 2 Absatz 1 EStG wird entgegengehalten, daß das Einkommen der Steuergegenstand, nicht zugleich auch die Steuerbemessungsgrundlage sei. Steuerbemessungsgrundlage sei der zu versteuernde Einkommensbetrag im Sinne des § 32 EStG. Dieser Einwand ist grundsätzlich richtig. Der Bericht der Einkommensteuerkommission hat sich ihm angeschlossen[116]. Die Formulierungsvorschläge der Einkommensteuerkommission enthalten insoweit auch eine wesentliche Verbesserung der Systematik des Einkommensteuertatbestandes. Zu § 2 Absatz 1 EStG lautet der Formulierungsvorschlag: „Der Einkommensteuer unterliegt das Einkommen, das der Steuerpflichtige innerhalb eines Kalenderjahres bezogen hat. Sie bemißt sich nach dem zu versteuernden Einkommensbetrag[117]." Steuergegenstand und -bemessungsgrundlage sind nunmehr deutlich auseinandergehalten. Die geltende Fassung der Legaldefinition des Einkommens (§ 2 Absatz 2 Satz 1 EStG) „...nach Ausgleich mit Verlusten, die sich aus den einzelnen Einkunftsarten ergeben..." wird aufgegeben[117]: „...denn in dem Ausdruck ‚Gesamtbetrag' liegt bereits, daß es sich nicht bloß um eine Summe positiver Beträge zu handeln braucht, sondern ebensowohl eine Abgleichung mit negativen Beträgen in Betracht kommen kann[118]." Auch dieser Korrektur des geltenden Einkommensteuerrechts ist zuzustimmen. „Verlust" ist wie „Gewinn" ein rech-

---
[116] S. 48.
[117] BdE S. 55.
[118] BdE S. 49.

nerischer Begriff und gehört nicht in die Definition des Steuergegenstandes. Der systematische Fehler, dem die falsche Plazierung des Begriffs „Verlust" zugrundeliegt, scheint sich auch bei der „Gewinnermittlung" (§§ 4 ff. EStG) auswirken. Nach der Terminologie des Gesetzes gibt es wohl „Verluste", aber keine „Verlustermittlung". Auch diesem Mangel will der BdE durch eine Neufassung des § 2 Absatz 4 EStG abhelfen. Die „Einkünfte" werden dem „Gewinn" bzw. „Überschuß" begrifflich nicht mehr gleichgestellt, sondern es wird die Formulierung vorgeschlagen[119]: „Als Einkünfte sind anzusetzen... jeweils der Gesamtbetrag der Betriebsergebnisse — Gewinne oder Verluste — ... jeweils der Gesamtbetrag der Unterschiede zwischen den Einnahmen und den Werbungskosten — Einnahmeüberschüsse oder Werbungskostenüberschüsse — ..." Dieser Formulierungsvorschlag zeigt, daß selbst der Begriff „Gesamtbetrag" als rechnerischer Begriff aus der Legaldefinition des Einkommens herausgenommen werden müßte, seine Wiederholung Tautologie wäre[120]. § 2 Absatz 2 Satz 1 EStG könnte schlicht lauten: Einkommen sind sämtliche Einkünfte im Sinne der §§ ..."

Trotz der dargestellten Mängel des Einkommensteuergesetzes — Schulbeispiele für die legislative Vernachlässigung des Tatbestandaufbaus — trennt auch der geltende Einkommensteuertatbestand im Ergebnis zwischen Steuergegenstand (§§ 2, 13 ff. EStG) und Steuerbemessungsgrundlage, den zu versteuernden Einkommensbetrag im Sinne des § 32 EStG[121]. Insofern entspricht auch das EStG dem allgemeinen Aufbau des Steuertatbestandes.

Das Problem des „Zusammenfallens" von Steuergegenstand und Bemessungsgrundlage stellt sich bei allen Steuern, die nach direkten Steuerbemessungsgrundlagen bemessen werden. Das sind vor allem die Besitzsteuern, also neben der Einkommensteuer die Körperschaftsteuer, die Ergänzungsabgabe, die Kirchensteuer, die Vermögensteuer und die Erbschaftsteuer. Bei der Körperschaftsteuer gilt das für die Einkommensteuer Gesagte. Bei der Vermögensteuer ist Steuergegenstand das Vermögen, Steuerbemessungsgrundlage der Wert des Vermögens (§ 4 VStG). Entsprechendes gilt bei der Erbschaftsteuer[122]. Eine echte Ausnahme von dem allgemeinen Aufbau des Steuertatbestandes liegt nur bei der Ergänzungsabgabe — die Bemessungsgrundlage (§ 5 ErgAbG) ist *begrifflich* auch Steuergegenstand — und den Kirchensteuern vor.

---

[119] BdE S. 56.
[120] In dem Formulierungsvorschlag des BdE S. 55 ist das Wort „Gesamtbetrag" in der geltenden Legaldefinition beibehalten worden.
[121] Näheres hierzu bei der Erörterung des negativen Entstehungstatbestandes unten 2. Kapitel, insbes. im Hinblick auf die Sonderausgaben.
[122] §§ 22 ff. ErbStG.

2. Kap.: Der positive Entstehungstatbestand der Steuerschuld

Zusammenfassend ist festzuhalten, daß grundsätzlich jeder Steuertatbestand die Tatbestandselemente Steuergegenstand und -bemessungsgrundlage als gesonderte Tatbestandselemente ausweist. Das ist auch bei jenen Steuern der Fall, deren Tatbestand auf dem Prinzip der Wertgleichheit von Steuergegenstand und Steuerbemessungsgrundlage beruht. Eine Ausnahme von diesem allgemein gültigen Aufbau des Steuertatbestandes, d. h. ein echtes, tatbestandsmäßiges Zusammenfallen von Steuergegenstand und -bemessungsgrundlage ist nur dann gegeben, wenn Steuergegenstand und -bemessungsgrundlage auch *begrifflich* identisch sind.

Die Unterscheidung zwischen Steuertatbeständen mit direkten Bemessungsgrundlagen und Steuern, bei denen Steuergegenstand und -bemessungsgrundlage *ein* Tatbestandselement sind, ist nicht nur von theoretischer Bedeutung. Das Prinzip der Wertgleichheit, das die direkten Steuerbemessungsgrundlagen auszeichnet, ist nämlich ein Idealprinzip, das in den meisten Fällen nur annähernd verwirklicht ist. Dort, wo das Steuergesetz differenziert, ist auch schon die absolute Kongruenz in Frage gestellt. Der Blick etwa auf die verschiedenen Gewinnermittlungsarten, bei denen das Einkommen entsprechend verschieden quantifiziert wird, zeigt, daß nur gesetzliche Begriffsgleichheit, die bei einfach gestalteten Steuertatbeständen wie etwa des Ergänzungsabgabegesetzes anzutreffen ist, die absolute und nicht nur prinzipielle Wertgleichheit gewährleistet. Die entscheidende Wertdifferenz zwischen Steuergegenstand und den direkten Steuerbemessungsgrundlagen bewirkt der negative Entstehungstatbestand, d. h. die Gesamtheit der Steuervergünstigungen, wie noch unten zu erörtern sein wird.

4.2.2.2. Indirekte Steuerbemessungsgrundlagen

Ist der materielle Wert eines Steuergegenstandes im Verhältnis zu dem vertretbaren Verwaltungsaufwand nicht von ausschlaggebender Bedeutung, so wählt der Gesetzgeber Hilfsgrößen als Steuerbemessungsgrundlagen aus. Diese Hilfsgrößen stellen zwar nicht den tatsächlichen Wert des Steuergegenstandes dar. Sie hängen jedoch mit dem Steuergegenstand sachlich zusammen, indem sie an einzelne Merkmale des Steuergegenstandes anknüpfen. Im einzelnen bestehen folgende indirekte Steuerbemessungsgrundlagen:

a) Steuerbemessungsgrundlagen, die an den *Wert*
   eines Merkmals des Steuergegenstandes anknüpfen

Derartige Steuerbemessungsgrundlagen finden sich vornehmlich in den Verkehrsteuergesetzen. Das Prinzip der Wertgleichheit ist insofern nicht verwirklicht, als der Wert eines Merkmals des Steuergegenstandes insgesamt zwar tatsächlich entsprechen kann, von Gesetzes wegen aber nicht entsprechen muß. Das Entgelt als umsatzsteuerliche Bemessungsgrundlage bei Lieferungen und sonstigen Leistungen gem. § 1 Absatz 1 Nr. 1 UStG (§ 10 Absatz 1 UStG) kann überhöht oder untersetzt sein[123]. Entsprechendes gilt bei dem Wert der Gegenleistung gem. § 10 Absatz 1 GrEStG. Steuerbemessungsgrundlagen, die an den Wert eines Merkmals des Steuergegenstandes, nicht den Wert des Steuergegenstandes schlechthin anküpfen, enthalten die §§ 8 Ziff. 1 a und b; 23 Ziff. 1 und 4 KVStG, 5 Absatz 1 Ziff. 1 VersStG. Der Kleinverkaufspreis gem. §§ 3, 5 TabakStG ist insofern eine Hilfsgröße, da strenggenommen der Wert der Tabakerzeugnisse zum Zeitpunkt der Entfernung aus dem Herstellungsbetrieb und zu den sonstigen gem. § 5 TabakStG maßgeblichen Zeitpunkten den Wert des Steuergegenstandes darstellt. Entsprechendes gilt für den Kleinverkaufspreis, den Listengrundpreis und den Kleinhändlerpreis im Sinne des § 4 LeuchtmStG.

b) Die technischen Steuereinheiten[124]

Steuerbemessungsgrundlage ist ein mathematisches bzw. physikalisches Maß, das sich aus der Eignung des Steuergegenstandes ergibt, ihn derart zu messen. Beispiele für technische Steuereinheiten sind die Bemessungen nach der Stückzahl oder Menge (z. B. § 3 TabakStG), nach Gewichtseinheiten wie Kilogramm (z. B. §§ 2 KaffeStG, 3 SüßstoffG), Doppelzentner (§§ 3 ZuckStG, 2 SalzStG), nach dem Gesamtgewicht (§ 10 Absatz 1 Ziff. 2 KraftStG), nach Hohlmaßen wie Liter (§ 2 SchaumweinStG), Hektoliter (§ 3 BierStG), Hubraum (§ 10 Absatz 1 Ziff. 1 KraftStG), nach Tonnenkilometern (§ 3 Absatz 1 StraGüVerkStG). Gerade die Diskussion um die Kraftfahrzeugsteuer zeigt, wie erheblich die technischen Steuereinheiten von dem eigentlichen Wert des Steuergegenstandes abweichen können. Gewiß würde man auch hier eine direkte Steuerbemessungsgrundlage, etwa den Gesamtbetrag der Aufwendungen für das Halten eines Kraftfahrzeuges einschließlich dessen Abschreibung für Abnutzung als am gerechtesten empfinden. Eine derart gestaltete Kraftfahrzeugsteuer wäre nur nicht mit vertretbarem Verwaltungsaufwand zu erheben. Mit dem Ziel, den derzeitigen geschätzten Verwaltungsaufwand von über 50 Mio. DM erheblich zu senken[125], soll

---

[123] Das Umsatzsteuergesetz enthält wie andere Verkehrssteuern auch direkte Steuerbemessungsgrundlagen, so in den Fällen des Eigenverbrauchs (§ 10 Absatz 5 UStG), der Einfuhr (§ 11 UStG) und des Selbstverbrauchs (§ 30 Absatz 4 UStG). Bezeichnend ist die Verknüpfung mit einkommensteuerrechtlichen Vorschriften (§§ 10 Absatz 5 Ziff. 1, 30 Absatz 4 UStG). Direkte Steuerbemessungsgrundlagen enthalten auch die §§ 7 WStG, 8 Ziff. 1 c und 2, Ziff. 4 und 5; 23 Ziff. 2 und 3 KVStG.

[124] Hierzu *Eheberg*, Grundriß der Finanzwissenschaft, S. 63; *Merk*, Steuerschuldrecht, S. 90; *Hensel*, Steuerrecht, S. 60; *Kruse*, Steuerrecht, I. Allgemeiner Teil, S. 22.

[125] Gutachten der Steuerreformkommission 1971, IX Tz. 55 ff.

2. Kap.: Der positive Entstehungstatbestand der Steuerschuld

das Prinzip der Steuerbemessung nach Steuereinheiten beibehalten und sogar entscheidend vereinfacht werden[126], um das sog. Plakettenverfahren[127] verwirklichen zu können. Diese „Roßkur" zugunsten des Prinzips der Verwaltungspraktikabilität auf Kosten des Prinzips einer gerechten Besteuerung wäre bei Steuern mit direkten Steuerbemessungsgrundlagen nicht möglich. Dadurch ist belegt, daß die Anforderungen an eine Steuerart in bezug auf die genannten Prinzipien in der Tat durch die einmal gewählten und historisch gewachsenen Steuerbemessungsgrundlagen geprägt werden, d. h. bei einer Steuer mit traditionell indirekten Steuerbemessungsgrundlagen wird eher das Übel der Ungerechtigkeit für fiskalische Ergiebigkeit hingenommen. Insofern verdienen die Ausführungen *Bellstedts* volle Zustimmung.

c) Die rechnerischen Steuereinheiten

sind Geldbeträge (Steuermeßbeträge), die nach einem bestimmten Verhältnis (der Steuermeßzahl) aus den Steuerbemessungsgrundlagen entwickelt werden. Die rechnerische Steuereinheit gestaltet also abschließend den Tatbestand für die Bemessung der Steuer. Sie ist eine Besonderheit der Realsteuern, der Grund- und Gewerbesteuer.

4.3. Der Steuersatz

Der Steuersatz ist diejenige Größe, aus der sich der Steuerbetrag in bezug auf die Steuerbemessungsgrundlage ergibt[128]. Der Steuersatz ist entweder — meist bei technischen Steuereinheiten — ein fester Geldbetrag, bezogen auf eine bestimmte Größe der Steuerbemessungsgrundlage[129] oder — bei der Mehrheit der Steuern — ein Hundert- bzw. Tausendsatz. Die Steuergesetze bezeichnen eine Mehrheit von Steuersätzen als Steuertarif[130].

Die Bedeutung des Steuersatzes als steuerartbegründendes Tatbestandselement liegt darin, den fiskalischen Ertrag der Steuerart bzw. die steuerliche Belastung des Steuergegenstandes zu bestimmen. Bei Tarifen

---

[126] Nach den Beschlüssen der Bundesregierung vom 29.10.71 soll die geltende Hubraumbesteuerung durch eine nach der Motorleistung gestaffelte Besteuerung mit vier Steuersätzen ersetzt werden (vgl. Pressemitt. BMWF Nr. 7/14 v. 29.10.71).
[127] Gutachten der Steuerreformkommission 1971, IX Tz. 68.
[128] Hierzu *Eheberg*, ebd. (Fußnote 124); *Merk*, Steuerschuldrecht, S. 90 f.; *Hensel*, ebd. (Fußnote 124); *Gerloff*, Steuerwirtschaftslehre, ebd. (Fußnote 124) S. 267; *Kruse*, ebd. (Fußnote 124).
[129] §§ 3 TabakStG, 2 KaffeeStG, 2 TeeStG, 3 ZuckStG, 2 SalzStG, 3 BierStG, 2 SchaumweinStG, 6 Absatz 2 VersStG, 4 StraGüVerkStG.
[130] So die Überschriften zu Abschnitt IV EStG, III KStG. Die Bezeichnung ist allerdings nicht konsequent durchgeführt (vgl. hierzu § 8 VStG, § 11 ErbStG).

kommt hinzu, daß sie in erster Linie als progressive Steuertarife dem Prinzip der Besteuerung nach der individuellen wirtschaftlichen Leistungsfähigkeit dienen.

Zu dem Tatbestandselement des Steuersatzes gehört auch die bei den sog. periodischen Steuern relevante *zeitliche Abgrenzung* des Steuerschuldverhältnisses. Periodische Steuern sind solche, deren Steuergegenstand zum Zwecke der Anwendung des Steuertarifs periodisch abgegrenzt ist. Der Steuergegenstand dieser Steuern ist in der Regel dadurch charakterisiert, daß er sich fortlaufend verwirklicht, z. B. das Einkommen, so daß eine Anwendung des Steuertarifs ohne zeitliche Abgrenzung *technisch* gar nicht möglich wäre. Die Periodizität[131] ist demnach ein technisches Prinzip der Besteuerung[132].

Bei der Einkommensteuer ist der Veranlagungszeitraum (§ 25 EStG) der maßgebliche Zeitraum. Streng genommen müßte aber zwischen dem Veranlagungszeitraum als Steuerverfahrensperiode und dem *Tarifzeitraum* als der periodischen Abgrenzung des Steuergegenstandes, des Einkommens zum Zwecke der Anwendung des Steuertarifs (§ 32 a EStG) unterschieden werden. Bei der Einkommensteuer ist der Veranlagungszeitraum zugleich der Tarifzeitraum. Periodische Steuern sind auch die Körperschaftsteuer, Vermögensteuer, Gewerbesteuer, nicht aber die ebenfalls laufend veranlagte Umsatzsteuer, weil die Art der Umsatzsteuerprojekte wie bei den meisten Steuergegenständen nicht zu einer zeitlichen Abgrenzung zwingt, da die Tatbestandsverwirklichung von vorneherein zeitlich abgeschlossen und abgrenzbar erfolgt.

---

[131] Vgl. hierzu *Merk*, Steuerschuldrecht, S. 62 ff.; *Tipke*, Reformbedürftiges allgemeines Abgabenrecht, Kritik der Reichsabgabenordnung, Reformvorschläge StbJB 1968/69 S. 98.

[132] Hierzu *Tipke*, Steuerrecht — Chaos, Konglomerat oder System? StuW 71 S. 16.

Drittes Kapitel

Der negative Entstehungstatbestand der Steuerschuld

1. Der negative Entstehungstatbestand und die negative Tatbestandsabgrenzung

Der positive Entstehungstatbestand der Steuerschuld ist als die Gesamtheit jener abstrakten Voraussetzungen beschrieben worden, die die einzelnen für die Besteuerung maßgeblichen Tatbestandselemente festlegen. Dieses Festlegen der Tatbestandselemente erfolgt jedoch auch mittels sog. einschränkender Rechtssätze, sog. negativer Geltungsanordnungen im Sinne der von *Larenz*[1] verwendeten Terminologie, um sprachlich und gesetzestechnisch Schwerfälligkeit und Unverständlichkeit zu vermeiden[2]. Hierzu gehört das von *Becker*[3] als Steuerbefreiung angesehene Beispiel des § 5 Absatz 5 ErbStG². Naturgemäß findet man derartige negative Geltungsanordnungen bei umfangreichen Beschreibungen eines Tatbestandselementes, so z. B. im Bewertungsgesetz, das als allgemeines, für mehrere Steuerarten geltendes Gesetz in über hundert Paragraphen ein Tatbestandselement beschreibt, das der Steuerbemessungsgrundlage[4]. Jene negativen Geltungsanordnungen, die lediglich auf Gründen der gesetzlichen Formulierungstechnik beruhen, die Sachverhalte betreffen, die *von vornherein* nicht in den Steuertatbestand fallen sollen, d. h. *nicht steuerbar* sein sollen, sind die *negativen Tatbestandsabgrenzungen*. Von diesen negativen Geltungsanordnungen sind diejenigen negativen Geltungsanordnungen zu unterscheiden, die zwar steuerbare Sachverhalte zum Gegenstand haben, gleichwohl aber die Rechtsfolge der Steuerschuld für diese Sachverhalte nicht oder nur eingeschränkt eintreten lassen. Die Gesamtheit solcher negativer Geltungsanordnungen, die als Steuervergünstigungen anzusehen sind, ist der *negative Entstehungstatbestand der Steuerschuld*. Dessen Kriterien sind nunmehr zu untersuchen.

---

[1] Methodenlehre der Rechtswissenschaft, 2. Aufl. 1969, S. 196.
[2] Hierzu oben 1. Kapitel, 2.
[3] Komm. zur Reichsabgabenordnung, 6. Aufl. 1928, Anm. 4c zu § 181.
[4] Vgl. hierzu die §§ 12 Abs. 2, 33 Abs. 3, 45 Abs. 2, 68 Abs. 2, 101, 111 BewG.

2. Der negative Entstehungstatbestand nach dem sog. äußeren System der Steuergesetze

Das sog. äußere System des Rechts baut, wie bereits in der Einleitung erörtert, auf Ordnungsbegriffen im Sinne *Hecks*, auf einer nach terminologischen Ordnungsmerkmalen logischen und in sich schlüssigen Gliederung der Rechtsmaterie auf. Der zentrale Ordnungsbegriff, der zu einer Einteilung des Steuertatbestandes in einen positiven und negativen Entstehungstatbestand von Gesetzes wegen führte, wäre eine Legaldefinition der Steuervergünstigung. Diese fehlt dem deutschen Steuerrecht. Wohl ist ein eigener Unterabschnitt des Steueranpassungsgesetzes der „Steuerbefreiung" gewidmet (§ 9 StAnpG). Die Vorschriften sind jedoch ohne begrifflichen Inhalt, beziehen sich nur auf die Steuerbefreiung völkerrechtlichen Ursprungs und sind zudem deklaratorischer Natur[5]. Da auch an anderen Stellen des allgemeinen Steuerrechts terminologische Ansätze fehlen, bleibt die Begriffssprache der einzelnen Steuergesetze sich selbst ohne einheitliche Ordnungsmerkmale überlassen. Da die Steuervergünstigung als gesetzlicher Ordnungsbegriff fehlt, aber auch einfach wegen des historisch verschiedenen Ursprungs der Steuergesetze, stößt man auf sehr verschiedene Formulierungen des Steuergesetzgebers, wenn er steuerbare Sachverhalte von der Besteuerung ausschließen will. Die häufigsten Wortwendungen sind das „Außer Ansatz bleiben"[6] oder „Unversteuert bleiben"[7], „steuerfrei sind"[8], „sind befreit"[9], „von der Besteuerung sind ausgenommen"[10]. Schon innerhalb derselben Steuerart lassen sich Inkonsequenzen der Wortwahl feststellen. Das Lohnsteuerrecht (§§ 4 bis 6 LStDV) formuliert ohne Notwendigkeit § 3 EStG um („Zum steuerpflichtigen Arbeitslohn gehören nicht..."). Der Wortlaut des Außer-Ansatz-Bleibens wird in den verschiedensten Normen des Steuertatbestandes verwandt, sowohl bei der Bestimmung des Steuergegenstandes[11], bei sachlichen Befreiungen[12] als auch bei Steuerbemessungstatbeständen[13]. Die Untersuchung der verschiedenen Gesetzestexte führt rasch zu dem Ergebnis, daß sich aus den gesetzlichen Formulierungen keine sicheren Anhaltspunkte für das Vorliegen einer Steuervergünstigung ergeben können. Negative Tatbestandsabgrenzungen und Steuerver-

---

[5] Hierzu *Tipke/Kruse*, AO, 2.—4. Aufl. 1965/69, § 9 StAnpG Anm. 1. § 9 Ziff. 1 StAnpG ergibt sich aus Art. 25 GG, § 9 Ziff. 2 ist wegen der Spezialgesetze nach Art. 59 Absatz 2 GG überflüssig.
[6] z. B. §§ 2 Abs. 2 Satz 2, 4 Abs. 1 1. Satz EStG, 8, 9 KStG.
[7] §§ 7 SalzStG, 8 SchaumweinStG, 7 SüßstoffG.
[8] z. B. §§ 3—3 b EStG, 17, 18 ErbStG, 4 UStG.
[9] z. B. §§ 4 KStG, 3 VStG, 4 GrStG, 3 GewStG, 4 KraftStG.
[10] z. B. §§ 3, 4 GrEStG, 2 StraGüVerkStG.
[11] z. B. § 2 Absatz 2 Satz 2 EStG.
[12] z. B. §§ 8, 9 KStG.
[13] z. B. § 4 Absatz 1 letzter Satz EStG.

3. Kap.: Der negative Entstehungstatbestand der Steuerschuld

günstigungen fließen hier ineinander über. Schließlich läßt sich der Steuergesetzgeber auch auf eine spezifische Wortwahl nicht festlegen. Was vielfältig ist, kann noch vielfältiger werden. Theoretische Schranken lassen sich hier nicht aufstellen. Sie würden ohnehin nicht beachtet.

Nicht selten bringen die Steuergesetze in Abschnitts- bzw. Paragraphenüberschriften zum Ausdruck, welche Tatbestände als Steuervergünstigungen zu verstehen sind[14]. Diese äußere Gliederung wird jedoch vielfach durchbrochen. In Abschnitt II 2. EStG beispielsweise sind bei weitem nicht alle „steuerfreie Einnahmen" erfaßt. Derartige Ausnahmevorschriften sind auch im Abschnitt II 8. EStG (Die einzelnen Einkunftsarten) zu finden. Die Einteilung in allgemeine und für eine besondere Einkunftsart geltende Steuerfreiheiten ist nicht durchgeführt. Es ist z. B. kein Grund ersichtlich, weshalb der nur für Arbeitnehmer geltende Weihnachts-Freibetrag in § 3 Ziff. 17 EStG, der Arbeitnehmer-Freibetrag aber in § 19 Absatz 2 EStG geregelt ist. Ist die äußere Gliederung eines Steuergesetzes schon durchbrochen, so kommt hinzu, daß die äußere Einteilung der Steuergesetze im übrigen auch sehr verschieden ist. Hier lassen sich kaum Gemeinsamkeiten feststellen. Dann ist der gewählte Aufbau des Steuergesetzes oft unglücklich. Signifikant ist das Beispiel des Tabaksteuergesetzes, das die Steuersätze vor den Steuerbemessungsgrundlagen regelt.

Nach alledem müßte eine Systematisierung der Steuervergünstigungen nach äußeren Merkmalen der Steuergesetze, deren Begriffssprache und Aufbau, gar nach Abschnittsüberschriften[15], scheitern. Es darf nicht übersehen werden, daß die Ausarbeitung eines an Begriffszucht und Aufbau vorbildlichen Gesetzes wie des BGB immerhin zweiundzwanzig Jahre[16] in Anspruch genommen hat. Welche Steuergesetzgebung bzw. -reform könnte oder würde sich einen vergleichbaren Zeitraum leisten?

3. Der negative Entstehungstatbestand nach dem sog. inneren System der Steuergesetze

3.1. Das normativierte Besteuerungsprinzip als Gesamtheit der steuerartbegründenden Prinzipien

Eine Systematisierung der Steuervergünstigungen nach dem sog. inneren System setzt zunächst voraus, daß der Steuertatbestand selbst

---

[14] z. B. die Abschnitte II 2. EStG, II 2. KStG, I 5. ErbStG, §§ 4—9 UStG, II GrEStG und die §§-Überschriften der §§ 4 KStG, 3, 3 a, 5 VStG, 3 GewStG, 2 StraGüVerkStG, 6 WStG, 2 KraftStG.
[15] Bemerkenswert hierzu BFH-Urt. v. 22. 10. 70, BStBl. 71 II S. 212.
[16] 1874 bis 1896, näheres hierzu *Lehmann*, Allgemeiner Teil des Bürgerlichen Gesetzbuchs, 12. Aufl. 1960, § 2 II.

wenigstens in seinen wesentlichen Elementen systemhaft ist, d. h. die Wertentscheidungen, die den einzelnen Geltungsanordnungen zugrundeliegen, müssen folgerichtig in bezug auf tragende Grundprinzipien (Primärwertungen) getroffen sein. Mit dieser Forderung mag man angesichts des geltenden Steuerrechts an dem kritischen Punkt angelangt sein, die Flinte ins Korn zu werfen. Entspricht nicht der Mangel an äußerer Systemhaftigkeit dem der inneren Systemhaftigkeit? Ist eine ausgewogene, d. h. in ihren Besteuerungszielen harmonische und in sich widerspruchslose Steuerordnung, wie sie *Neumark*[17] überzeugend entworfen hat, nicht weit von der Wirklichkeit entfernte Utopie? Die Grenzen, die im Hinblick auf historisch und nicht rational gewachsene Rechtsordnungen, dem Systembegriff im Recht gesetzt sind, hat *Canaris*[18], wie eingangs zitiert, erkannt: „In der Tat muß die Ausbildung eines vollkommenen Systems einer bestimmten Rechtsordnung stets ein nie ganz zu erreichendes Ziel bleiben. Denn dem steht das Wesen des Rechts unüberwindlich entgegen, und zwar in doppelter Hinsicht. Zum einen ist nämlich eine bestimmte positive Rechtsordnung keine ‚ratio scripta‘, sondern ein historisch gewachsenes, von Menschen geschaffenes Gebilde und weist als solches notwendigerweise Widersprüche und Unzulänglichkeiten auf, die mit dem Ideal innerer Einheit und Folgerichtigkeit und damit mit dem Systemgedanken unvereinbar sind. Zum anderen aber ist auch der Rechtsidee selbst ein systemfeindliches Element immanent, und zwar die sogenannte ‚individualisierende Tendenz‘ der Gerechtigkeit, die dem — auf der ‚generalisierenden Tendenz‘ beruhenden! — Systemgedanken entgegenwirkt und die Entstehung von Normen zur Folge hat, die sich systematischer Festlegung a priori entziehen. ‚Systembrüche‘ und ‚Systemlücken‘ sind deshalb unvermeidbar." Diese Ausführungen gelten in besonderem Maße für das Steuerrecht. Der Systemgedanke darf hier nicht überspannt werden: erstens lassen sich für über fünfzig Steuerarten kaum jene Prinzipien finden, die alle Steuergesetze zu einem einheitlichen Ganzen wie etwa das bürgerliche Recht zusammenfügen[19]; Zweck und Zielsetzung der einzelnen Steuerarten differieren zu sehr. Zweitens ist der einzelne Steuertatbestand, was die Primärwertung anbetrifft, nicht von wenigen Grundwertungen, sondern in der Regel vielen, im besten Falle ineinandergreifenden und nicht gegensätzlichen Wertungsdifferenzierungen

---

[17] Grundsätze gerechter und ökonomisch rationaler Steuerpolitik, 1970, S. 382 ff., insbes. S. 390 ff.
[18] Systemdenken und Systembegriff in der Jurisprudenz, S. 112. Fußnoten des Verfassers sind in diesem Zitat außer acht gelassen.
[19] Das im Sinne des hier verwandten Systembegriffs systemlose Nebeneinander der Steuerarten hindert allerdings nicht, die Belastung durch die einzelnen Steuern abzustimmen, etwa ein bestimmtes Einnahmeverhältnis zwischen direkten und indirekten Steuern festzulegen, vgl. hierzu Gutachten der Steuerreformkommission, I Tz. 91 f.

3. Kap.: Der negative Entstehungstatbestand der Steuerschuld

beherrscht. Die Systemhaftigkeit des Steuertatbestandes, um die es hier geht, wird durch diese Einschränkungen nicht ausgeschlossen. Erstens hindert die Systemlosigkeit der Steuerarten zueinander nicht die Systemhaftigkeit des einzelnen Steuertatbestandes und zweitens sind Wertungsdifferenzierungen noch keine Wertungswidersprüche und damit Systembrüche[20].

3.1.1. Die Bedeutung der sog. allgemeinen Besteuerungsgrundsätze[21] für die Systemhaftigkeit des Steuertatbestandes

Als diejenigen Prinzipien, die zur Systemhaftigkeit des Steuertatbestandes führen können, kommen zunächst die allgemeinen Besteuerungsgrundsätze[22] in Betracht. Wer den § 1 Absatz 1 AO unbefangen liest, der entnimmt dieser Legaldefinition, daß der Primärgrundsatz der Besteuerung die „Erzielung von Einkünften" ist. In der Tat postuliert der gegenwärtig geltende Begriff der Steuer die fiskalisch-budgetären Besteuerungsgrundsätze[23] als die tragenden Prinzipien der Besteuerung. Die geltende Legaldefinition geht auf *Otto Mayer*[24] zurück: „Die Steuer ist eine Geldzahlung, welche dem Untertanen durch die öffentliche Gewalt auferlegt wird *schlechthin* zur Vermehrung der Staateinkünfte, aber nach einem allgemeinen Maßstabe." Um hier nicht mißverstanden zu werden, interpretierte *Otto Mayer* den Wortlaut der Reichsabgabenordnung vom 13. 12. 1919[25] „... zur Erzielung von Einkünften ..." als den Ausschluß von allen sonstigen besonderen Zweckzusammenhängen[24].

Die rein fiskalische Besteuerung, die ausschließlich auf die Bedürfnisse der Haushaltsfinanzierung abstellt, ist heute überholt. Sie beruht ohnehin auf einer verhältnismäßig kurzen Epoche der Wirtschaftsgeschichte: dem ökonomischen Liberalismus[26]. Die Finanzwissenschaft stand reinen Finanzsteuerordnungen stets skeptisch gegenüber. Bereits *Wagner*[27] hat auf ordnungspolitische Zwecke der Besteuerung hingewiesen. *Gerloff*[28] entwickelte das Begriffspaar Finanz- und Ordnungs-

---

[20] *Canaris*, S. 113.
[21] Dieser Abschnitt hält sich an die Terminologie Neumarks, dessen Monographie die vollständigste Darstellung allgemeiner Besteuerungsgrundsätze enthält.
[22] Gutachten der Steuerreformkommission 1971, I Tz. 34 ff. und *Neumark*, Grundsätze gerechter und ökonomisch rationaler Steuerpolitik S. 3 ff., S. 15 ff.
[23] *Neumark*, ebd. S. 47 ff.
[24] Deutsches Verwaltungsrecht, Band I, 4. Aufl. 1961 (Nachdruck der 3. Aufl. 1924), S. 331.
[25] RGBl. S. 1993.
[26] Hierzu *Gerloff*, Steuerwirtschaftslehre in Handbuch der Finanzwissenschaft, 2. Band, 1956, S. 258; *Falk*, Die Steuergesetzgebung in der öffentlichen Kritik, StBerJB 1961/62, S. 27 ff. (S. 47 ff.).
[27] Lehr- und Handbuch der politischen Ökonomie, 4. Hauptabteilung: Finanzwissenschaft, 2. Band, 2. Aufl. S. 207 ff.
[28] S. 257 ff.

steuern. Die Ordnungssteuer stelle nach ihrem Zweck einen staatlichen Lenkungseingriff dar. Es handle sich vornehmlich um Zweckverfolgungen auf dem Gebiet der Wirtschafts- und Sozialpolitik. *Schmölders*[29] lehnt sogar den dualistischen Steuerbegriff *Gerloffs* deshalb ab, weil beide Elemente in der Steuer unlösbar miteinander verbunden seien. *Falk*[26] stellt fest, daß letztlich jede Besteuerung Wirkungen über den rein fiskalischen Bereich hinaus habe. Es gäbe im Grunde genommen keine neutrale Besteuerung. Heute müßten angesichts der Empfindlichkeit des modernen Wirtschaftsablaufs sehr genau die Ausstrahlungen der Besteuerung auf Investitionstätigkeit, Preise, Konsum, Spartätigkeit, Konjunktur abgeschätzt werden. Die moderne Legislative bedient sich in zunehmendem Maße der Steuern als Lenkungsmittel der Wirtschafts- und Sozialpolitik. Dabei kann der wirtschaftsordnungspolitische Zweck den fiskalisch-budgetären vollständig verdrängen. Beispiele sind das Gesetz über Maßnahmen zur außenwirtschaftlichen Absicherung gemäß § 4 des Gesetzes zur Förderung der Stabilität und des Wachstums der Wirtschaft vom 29. 11. 1968[30] und das Gesetz über die Besteuerung des Straßengüterverkehrs vom 28. 12. 1968[31], ferner die im Programm des StabG vorgesehenen Einkommensteuererhöhungen oder -herabsetzungen (§§ 51 Abs. 3 EStG, 15 Abs. 4 StabG). Diese Gesetzgebung ist von der Rechtsprechung gebilligt worden. Das Bundesverfassungsgericht[32] hat in seiner Entscheidung zur Sonderbesteuerung des Werkfernverkehrs grundsätzlich festgestellt: „Gesetzliche Eingriffe in das Spiel der wirtschaftlichen Kräfte sind auch in der Form von Steuergesetzen nicht unzulässig. Steuern, die dem Pflichtigen ein bestimmtes wirtschaftliches Verhalten nahelegen sollen, ohne ihn dazu zu zwingen, hat es seit je gegeben. Daß ein steuerrechtlicher Eingriff vorwiegend einen wirtschaftspolitischen Zweck verfolgt, führt also nicht schon zu der Folgerung, es liege ein verfassungswidriger Formmißbrauch vor[33]." Bei der Überprüfung der Verfassungswidrigkeit des oben genannten Absicherungsgesetzes hat auch der Bundesfinanzhof[34] bekräftigt, daß „Steuern nicht nur der Erzielung von Einnahmen dienen, sondern auch ein hervorragendes Mittel der Sozial- und Wirtschaftspolitik sind". Die Abkehr von der Lehrmeinung des ökonomischen Liberalismus hat seinen Niederschlag schließlich im Steuerbegriff der AO 1974 gefunden. „In Übereinstimmung mit der Rechtsprechung des

---

[29] Finanzpolitik, 1965, S. 369.
[30] BGBl. 1968 I S. 1255.
[31] BGBl. 1968 I S. 1461.
[32] BVerfGE 16, 161.
[33] Bemerkenswert ist aber die BVerfGE 29, 402, in der ausgeführt wird, der Konjunkturzuschlag stelle deshalb keine Steuer dar, weil es an der für den Begriff der Steuer wesentlichen „Erzielung von Einkünften" fehle.
[34] Beschl. vom 12. 2. 70 (BStBl. 70 II S. 246, 248), sich stützend auf BVerfGE 19, 119.

3. Kap.: Der negative Entstehungstatbestand der Steuerschuld

Bundesverfassungsgerichts wird ausdrücklich klargestellt, daß die Einnahmeerzielung Nebenzweck sein kann"[35] (§ 2 Absatz 1 Satz 1 2. Halbsatz AO 1974)[36].

Der Gegensatz zwischen fiskalisch-budgetären und wirtschaftsordnungspolitischen Besteuerungsgrundsätzen[37] zeigt, daß erstens keines der den Steuertatbestand veranlassenden Prinzipien das gesamte Steuerrecht beherrscht und zweitens — das ist hier der entscheidende Gesichtspunkt — sich nicht von vornherein bestimmen läßt, mit welchem Umfang oder Anteil einer der genannten Grundsätze den Zwecken einer Steuer zugrundezulegen ist. Dies läßt sich erst aus der konkreten Tatbestandsgestaltung ersehen.

Das Gutachten der Steuerreformkommission 1971[38] betont als die wesentlichsten allgemeinen Besteuerungsgrundsätze die der Steuergerechtigkeit. Es sind also die ethisch-sozialpolitischen Besteuerungsgrundsätze im Sinne der Terminologie *Neumarks*[39], von der die Steuerreform insbesondere geleitet sein soll, die Allgemeinheit und Gleichmäßigkeit der Besteuerung, der Grundsatz der Besteuerung nach der persönlich-individuellen Leistungsfähigkeit[40]. Wie relativ aber die so interpretierte Steuergerechtigkeit verstanden wird, belegt der Vorschlag der Kommission, den Mehrwertsteuersatz auf 15,5 v.H. zu erhöhen, um den Steuerausfall zu decken, der durch die Reformvorschläge zu den direkten Steuern entstanden ist[41]. Der Hinweis auf die Mehrwertsteuersätze der europäischen Länder[42] läßt erkennen, daß der Grundsatz der Besteuerung nach der Leistungsfähigkeit und damit der Steuergerechtigkeit offenbar vor dem Grundsatz der Steuerharmonisierung der Europäischen Wirtschaftsgemeinschaft zurücktreten muß. Derartige, sich ganz entscheidend auswirkende Überlegungen erhellen die Situation der Steuergerechtigkeit. Wäre das Gerechtigkeitspostulat der Besteuerung nach der Leistungsfähigkeit Voraussetzung für jede Besteuerung, müßten die indirekten Steuern abgeschafft werden. Da das nicht geht, bleibt nichts anderes übrig, als die Vorstellungen über den Inhalt der „sozialen Gerechtigkeit" zu korrigieren bzw. teilweise aufzugeben[43]. Es wird dem Gesetzgeber mithin eine „sehr weitgehende

---

[35] Begr. des Entwurfs S. 98/99.
[36] Der Halbsatz geht auf den Bericht des Arbeitskreises (BMF-Schriftenreihe Heft 13 S. 52) zurück.
[37] *Neumark*, ebd. (Fußnote 22) S. 222 ff.
[38] I Tz. 39 ff.
[39] Ebd. (Fußnote 22) S. 67 ff.
[40] Das Gutachten wohl im Anschluß an *Neumark* ebd. S. 69 ff., der die Postulate der Allgemeinheit, Gleichmäßigkeit und Verhältnismäßigkeit als Teilprinzipien des Gerechtigkeitsgrundsatzes sieht.
[41] I Tz. 93.
[42] Anlage 93.
[43] Instruktiv bereits das Troeger-Gutachten, S. 82 ff.

Gestaltungsfreiheit" eingeräumt, auf welche Weise er Steuergerechtigkeit übt. Diese Formel ist durch die Rechtsprechung des Bundesverfassungsgerichts zu dem Gleichheitssatz als ein auch den Gesetzgeber bindendes Willkürverbot erhärtet worden[44].

Die Bedeutung der allgemeinen Besteuerungsgrundsätze — von denen hier nur die wichtigsten angesprochen werden konnten — für die Systemhaftigkeit des Steuertatbestandes kann sich nach alledem nur entfalten, wenn sie durch die Entscheidung des Gesetzgebers inhaltlich konkretisiert werden. Zunächst ist das eine allgemeine Erscheinung des Rechtsystems: „Die Prinzipien bedürfen schließlich zu ihrer Verwirklichung der Konkretisierung durch Unterprinzipien und Einzelwertungen mit selbständigem Sachgehalt. Sie sind nämlich keine Normen und daher der unmittelbaren Anwendung nicht fähig, sondern müssen dazu erst noch tatbestandlich verfestigt, ‚normativiert' werden[45]." Die Besonderheit des Steuerrechts liegt aber darin, daß die kraft des Steuerfindungsrechtes zu schaffende Steuerart erst auf der Ebene der konkreten Tatbestandsgestaltung, der normativen Beschreibung der einzelnen Tatbestandselemente begründet wird, mithin im Gegensatz zu einem prinzipiell gefügtem Rechtssystem wie dem Bürgerlichen Recht die systemgestaltenden Primärwertungen erst im Stadium der Normation entwickelt werden. Jene Normativierung hat in zweifacher Hinsicht zu erfolgen:

a) Der Gesetzgeber hat zu entscheiden, welche Besteuerungsgrundsätze überhaupt zum Zuge kommen sollen,

b) dann, mit welchem Inhalt und Umfang den eingreifenden Besteuerungsprinzipien entsprochen werden soll.

3.1.2. Der Begriff des normativen Besteuerungsprinzips

Während die Geltungsanordnungen der Zivilrechtsnormen von apriorischen allgemeinen Rechtsprinzipien (Privatautonomie, Grundsätze der Vertrags- und Formfreiheit, Verschuldensprinzip, Verkehrs- und Vertrauensschutz) geleitet sind, wird der Steuergesetzgeber bei jedem Steuergesetz *urschöpferisch* tätig. Darin liegt der elementare Unterschied des Zivilrechts zum Steuerschuldrecht. Die Rechtsinstitute des Zivilrechts beruhen auf soziologischen Phänomenen, d. h. typischen Lebensverhältnissen, „die, wie z. B. Ehe, Familie, Eigentum, Vertrag, Arbeitsverhältnis, Gesellschaft u. a., einen bestimmten Sinn in sich tragen, durch den sie ebensowohl in ihrem eigenen Aufbau bis zu einem gewissen Grade ‚strukturiert' wie über sich hinaus auf einen umfas-

---

[44] BVerfGE 1, 52; 3, 135; 4, 357; 9, 130; 9, 206; 9, 337; 10, 246; 12, 367; 14, 238; 15, 201. Die Auswirkungen des Gleichheitssatzes auf den Systemgedanken werden im 3. Teil dieser Arbeit behandelt.
[45] *Canaris*, Systemdenken und Systembegriff in der Jurisprudenz, S. 57.

3. Kap.: Der negative Entstehungstatbestand der Steuerschuld

senderen Sinn des sozialen Daseins bezogen sind"[46]. Demnach sind die Rechtsinstitute des Zivilrechts dem Gesetzgeber, wenn ihm auch in ihrer Ausgestaltung ein Spielraum bleibt, vorgegeben, nicht von ihm „gemacht"[46]. Jene Rechtsinstitute lassen sich sowohl deduktiv-systematisch als auch topisch[47] erfassen[48]. Dagegen fehlen im Steuerrecht die als gesellschaftliche Wirklichkeit vorgegebenen Lebensverhältnisse und Topoi. Es gibt keine Besteuerung, die auf einem apriorischen soziologischem Phänomen, auf einem „common sense"[49] beruht.

Während das Zivilrecht der gesellschaftlichen Wirklichkeit nachgebildet ist und dadurch das Bedürfnis nach Konfliktlösung befriedigt, liegt es im Steuerrecht umgekehrt: erst durch die Erschließung einer Steuerquelle, den Erlaß eines Steuergesetzes entsteht ein soziales Phänomen, das Besteuerungsgut, das nunmehr kraft eines Staatsaktes geschaffen ist und sich fortentwickeln kann. Allerdings meint *Bellstedt* im Anschluß an *G. Wacke*[50], daß eine Steuer nur auf Grund der im Grundgesetz namentlich genannten und der Steuerarten erhoben werden darf, die im Grundgesetz der Gattung nach benannt sind und bei Inkrafttreten des Grundgesetzes schon bekannt waren oder nachträglich durch verfassungsänderndes Gesetz in das Grundgesetz eingefügt worden sind[51]. Diese Auffassung, die einiges für sich hat, ändert jedoch nichts an der Tatsache, daß, wenn auch mit Hilfe eines verfassungsändernden Gesetzes, eine geradezu beliebige Vermehrung der Steuerarten prinzipiell nicht ausgeschlossen werden kann[52].

Diese durch das Steuererfindungsrecht bedingte Besonderheit des Steuerrechts verhindert zunächst die Ableitung aus allgemeinen Prinzipien und Anschauungen, d. h. die gesetzgeberische Entscheidung ist zunächst ohne den kritischen Maßstab allgemeiner Rechtsgrundsätze *hinzunehmen* als Ausübung des Steuerfindungsrechtes. Wo anders zum Beispiel ist ein Rechtsgrundsatz der Besteuerung von Körperschaften

---

[46] So *Larenz*, Methodenlehre der Rechtswissenschaft, 2. Aufl. 1969, S. 161. Diese Definition der Rechtsinstitute ist typisch für den Zivilrechtler.
[47] *Viehweg*, Topik und Jurisprudenz, 1. Aufl. 1969 S. 17 ff. definiert Topik als Techne des Problemdenkens, die ihre Ergebnisse aus allgemein anerkannten Gesichtspunkten folgert. Kritisch zu Viehweg *Diederichsen*, Topisches und systematisches Denken in der Jurisprudenz, NJW 1966, S. 697 ff.
[48] *Canaris*, Systemdenken und Systembegriff in der Jurisprudenz, S. 151 sieht die Bedeutung der Topik darin, daß topisches und systematisches Denken keine einander ausschließenden Gegensätze sind, sondern sich wechselseitig sinnvoll ergänzen.
[49] *Canaris*, ebd. S. 159 (These 20).
[50] Das Finanzwesen der Bundesrepublik, 1950, S. 10 ff.
[51] Verfassungsrechtliche Grenzen der Wirtschaftslenkung durch Steuern, dargestellt am Berlin-Hilfe-Gesetz, 1962, S. 68.
[52] Auch das Gutachten der Steuerreformkommission I Textziffer 53 ist der Neueinführung von Steuerarten nicht abgeneigt.

zu erkennen als im Körperschaftsteuergesetz selbst? Indem der Gesetzgeber dieses Gesetz schuf, setzte er auch die in ihm immanenten Prinzipien in Kraft. Die Besteuerung des Einkommens, so wie es in § 2 Absatz 2 Satz 2 EStG definiert ist, fußt nicht auf einem apriorischen Prinzip, etwa dem der Quellentheorie oder der Reinvermögenszuwachstheorie[53]. Erst durch die legislative Beschreibung der Einkunftsarten wird *originär* die geltende Einkommensbesteuerung postuliert. Wenn nun aber dem Gesetzgeber kraft seines Steuererfindungsrechtes eine sehr weitgehende Gestaltungsfreiheit eingeräumt wird[54], wo sind dann die Grenzen zu gesetzgeberischer Willkür? Der Vergleich mit dem Grundsatz der Vertragsfreiheit veranschaulicht die Problemlage. *Larenz*[55] bestimmt den Grundsatz der Vertragsfreiheit als die Befugnis eines Rechtssubjektes, gleichsam rechtsschöpferisch seine Rechtsbeziehungen zu einem anderen Rechtssubjekt zu gestalten. Die Bedeutung der Vertragsfreiheit sieht *Larenz* in folgendem: indem beide Beteiligte sich aus eigenem, freien Willen über bestimmte Leistungen und Verpflichtungen miteinander vereinigen, ist keiner nur von der Willkür des anderen abhängig und jeder in der Lage, sein eigenes Interesse dabei zu wahren. Es besteht kein Anlaß, diese durch schöpferische Tätigkeit entstandene Gebundenheit an ein bestimmtes Verhalten auch im Bereich der Gesetzgebung zu erkennen. Mit dem Erlaß eines Gesetzes offenbart nämlich der Gesetzgeber zugleich auch die Prinzipien und Motive seiner gesetzgeberischen Entscheidung. Mit dem Erlaß eines Steuergesetzes, das einen bestimmten Steuertatbestand formuliert, füllt der Gesetzgeber, da er urschöpferisch tätig wird, einen bisher wertfreien Raum mit bestimmten Prinzipien aus. Es ist Aufgabe der Rechtsanwendung, diese Prinzipien aus der Gesamtheit der erlassenen Vorschriften und den Gesetzesmaterialien abzuleiten, denn oft lassen sich derartige Prinzipien nur aus einem Komplex von Einzelvorschriften erkennen. Ein Beispiel dafür ist die bereits erwähnte Definition des Einkommens. Wie ausgeführt, hat sich der Gesetzgeber hierbei nicht von apriorisch vorhandenen Prinzipien leiten lassen. Er hat nicht in einer umfassenden Generalklausel[56] ein Prinzip expressis verbis verkündet. Er entschloß sich, wie *Tipke*[57] hervorhebt, zu einer pragmatischen, technisch orientierten Fassung des Einkommensbegriffs, dessen wirklicher Inhalt sich nur ausmessen läßt, wenn man das ganze Gesetz mit allen Detail-

---

[53] Zur Rechtsentwicklung *Herrmann/Heuer*, Kommentar zur Einkommensteuer und Körperschaftsteuer, 15. Aufl. 1950/72, A 1 zu § 2 EStG.
[54] Vgl. hierzu *Leibholz/Rinck*, Grundgesetz, Kommentar an Hand der Rechtsprechung des Bundesverfassungsgerichts, Anm. 3 vor Art. 105.
[55] Lehrbuch des Schuldrechts, 1. Band, Allgemeiner Teil, § 5.
[56] Eine derartige Generalklausel könnte etwa lauten: Einkommen ist der Ertrag aus den Tätigkeiten und dem Vermögen einer natürlichen Person einschließlich der Veräußerungsgewinne.
[57] Steuerrecht — Chaos, Konglomerat oder System? StuW 71, S. 8.

3. Kap.: Der negative Entstehungstatbestand der Steuerschuld

regelungen einbezieht. Wenn nun, wie *Tipke*[58] nachweist, dieser Normenkomplex keineswegs ein Prinzip folgerichtig durchführt, so läßt sich gleichwohl der Wille des Gesetzgebers erkennen, dem Prinzip, daß alle natürlichen Personen ihr gesamtes Einkommen versteuern sollen (Universalitätsprinzip)[59] zu entsprechen. Daß eine pragmatische, geradezu kasuistische Beschreibung des Einkommens hier versagen muß, ist eine andere Frage, nämlich die auf die Frage nach dem Prinzip folgende, ob der Gesetzgeber das von ihm erwählte Prinzip auch folgerichtig durchgeführt hat. Ein anderes Beispiel bietet das Umsatzsteuergesetz. Erst das Zusammenwirken zahlreicher, technisch orientierter (Vorsteuerverfahren) Einzelvorschriften ergibt ein — überraschend geschlossenes — Prinzip, die gleichmäßige, wettbewerbsneutrale Steuerbelastung der Wertschöpfung (des Mehrwertes), auf dem das sog. Mehrwertsteuersystem beruht. Die Vorliebe des Steuergesetzgebers für die Detailvorschrift beruht wohl auf der Intention, eine möglichst konkrete Rechtsgrundlage für den Eingriffsverwaltungsakt zu schaffen. Sie birgt andererseits die Gefahr, daß der Steuergesetzgeber die Besteuerungsprinzipien, zu denen er sich entschlossen hat, *unvollständig* postuliert. Das unvollständige Postulat eines Prinzips durch den Gesetzestatbestand ist aber der Kern einer Systemlosigkeit, mit der der Gesetzgeber die Grenzen seiner zur Sachgerechtigkeit verpflichtenden Gestaltungsfreiheit, die Grenzen zur Willkür überschreitet. Denn dies ist die Inkonsequenz, die der Bürger mit Recht als Privilegierung, als ungleichmäßige Besteuerung empfindet, wenn der Steuergesetzgeber von seinen Primärentscheidungen für bestimmte Sachverhalte wieder abgeht.

Mithin sind aus dem — positiven — Steuertatbestand jene Prinzipien abzuleiten, die sich aus der Gesamtheit seiner Rechtsnormen ergeben und die einzelnen Tatbestandselemente prägen. Unvollständige beziehungsweise lückenhafte Prinzipienpostulate sind nicht einfach als vorgegebene Modifikationen eines Prinzips hinzunehmen, sondern es ist zweierlei zu untersuchen: zum einen ist das Prinzip mit dem Inhalt zu erkennen, wie es grundsätzlich das Wesen der Steuerart ausmacht, zum andern ist zu prüfen, wo der Gesetzgeber dieses Prinzip aufgegeben hat. Jene Primärwertungen, die das Wesen der Steuer bestimmen, nenne ich im Anschluß an *Bellstedt*[60] die steuerartbegründenden Prinzipien. Die Gesamtheit der zusammenwirkenden steuerartbegründenden Prinzipien ist dann als Oberbegriff das *normativierte Besteuerungsprinzip*, die Summe der Primärwertungen, an denen die Systemhaftigkeit des Steuertatbestandes zu messen ist.

---
[58] Ebd. S. 8 ff.
[59] Ebd. S. 7.
[60] Verfassungsrechtliche Grenzen der Wirtschaftslenkung durch Steuern, dargestellt am Berlin-Hilfe-Gesetz, 1962, S. 68 ff.

3.2. Der Begriff der Steuervergünstigung

Der Begriff der Steuervergünstigung ist zunächst *formal* bestimmt. Die formalen Merkmale der Steuervergünstigung sind ihr Charakter als Ausnahmevorschrift und ihre Wirkung. Der Stand der Steuerrechtsliteratur in dieser Frage ist bereits oben dargestellt worden[61]. An die dort vertretene formale Betrachtungsweise knüpft auch die Rechtsprechung des Bundesfinanzhofs an. Das Urteil vom 22. 10. 1970[62], das sich mit der Frage auseinandersetzt, ob der Kürzungsanspruch nach § 7 Absatz 2 BGH eine Befreiungsvorschrift[63] sei, stellt in erster Linie darauf ab, ob eine Vorschrift nach ihrer „formalen Gestaltung und technischen Einordnung" als Befreiungsvorschrift zu charakterisieren sei. Dann sei die Wirkung der Vorschrift entscheidend: Während eine Befreiungsvorschrift regelmäßig sofort zur Anwendung komme und sich bereits in dem Voranmeldungszeitraum auswirke[64], in dem der Umsatz ausgeführt werde, sei dies bei dem Kürzungsanspruch nach § 7 Absatz 2 BHG unter bestimmten Voraussetzungen nicht der Fall. Das terminologische Problem der Steuervergünstigung ist insbesondere auf subventionsrechtlichem Gebiet durch § 12 Absatz 3 StabG aktualisiert worden. Die Bundesregierung als der gesetzlich vorgesehene Berichterstatter definiert in dem Subventionsbericht 1970[65] die Steuervergünstigungen lapidar als spezielle Ausnahmeregelungen von der allgemeinen Steuernorm, die für die öffentliche Hand zu einer Steuerminderung führen. *Zeitel*[66] läßt die praktische Abgrenzung der verdeckten Subventionen in Gestalt von Steuervergünstigungen davon abhängen, was einerseits als allgemeine Steuernorm und andererseits als spezifische Ausnahmeregelung gilt. Erst *Bayer*[67] entwickelt über den formalen Begriff der Steuerbefreiung hinaus die funktionalen Begriffe der Ausgrenzungsbefreiung und Lenkungsbefreiung. Darauf wird noch einzugehen sein[68]. Zunächst ist festzustellen, daß die vielfach beschriebenen formalen Merkmale der Steuervergünstigung auch hier übernommen werden:

Die Steuervergünstigung ist eine Ausnahmevorschrift, die die Rechtsfolge der Steuerschuld für bestimmte steuerbare, d. h. vom Tatbestandselement Steuergegenstand erfaßte Sachverhalte *(sachliche Steuerver-*

---

[61] 1. Teil, 1. Kapitel, 2.
[62] BStBl 71 Teil II S. 212.
[63] Die Ausführungen lassen sich auf den Begriff der Steuervergünstigung übertragen.
[64] Gemeint sind Befreiungsvorschriften des Umsatzsteuerrechts.
[65] BT-Drucksache VI/391.
[66] Über einige Kriterien zur Beurteilung staatlicher Subventionen, Finanzarchiv 1968, Bd. 27, S. 187 (189).
[67] Die verfassungsrechtlichen Grundlagen der Wirtschaftslenkung durch Steuerbefreiungen, StuW 1972 Seite 149 ff. (151).
[68] Siehe unten 2. Teil, 2. Kapitel, 1.3.

3. Kap.: Der negative Entstehungstatbestand der Steuerschuld

günstigung)[69] oder für bestimmte Steuerrechtssubjekte *(persönliche Steuervergünstigung)*[70] nicht oder nur eingeschränkt eintreten läßt *(formale Seite des Begriffs der Steuervergünstigung).*

Die formale Seite des Begriffs der Steuervergünstigung reicht jedoch nicht aus, insbesondere die sachlichen Steuervergünstigungen von den negativen Tatbestandsabgrenzungen zu unterscheiden. Bayer[71] bezeichnet Vorschriften, die aus formulierungstechnischen Gründen geschaffen wurden, um den Steuertatbestand einzuschränken, als *Ausgrenzungsbefreiungen*. Er kommt hingegen zu der Erkenntnis, daß eine derartige Befreiungsvorschrift grundsätzlich keine andere Funktion als der Grundtatbestand selbst habe. Dem ist zuzustimmen.

Daher bedarf es eines zusätzlichen Merkmals, das die Steuervergünstigung aus den allgemeinen Erscheinungen negativer Geltungsanordnung heraushebt[72]. Dieses notwendig *materielle* Merkmal, das nun der Gedanke des sog. inneren Systems anbietet, bezieht sich auf die teleologische Begründung der Steuervergünstigung. Ist das normativierte Besteuerungsprinzip mit allen seinen Primärwertungen gefunden, der Steuertatbestand danach formuliert, so ist damit die Tätigkeit des Gesetzgebers noch nicht abgeschlossen. Vielmehr drängen sich nun in dessen Blickfeld jene Beweggründe, die mit dem normativierten Besteuerungsprinzip kollidieren können. In einem zweiten Gestaltungsprozeß stellt nunmehr der Gesetzgeber die Kollisionsfälle fest und entscheidet, wo das normativierte Besteuerungsprinzip zu weichen hat. Das Ergebnis ist die Steuervergünstigung. Nun bedeutet die Existenz einer Steuervergünstigung keineswegs stets eine Durchbrechung des normativierten Besteuerungsprinzips. Die Steuervergünstigung kann durchaus auf einem Prinzip, einer Primärwertung beruhen, die die Primärwertungen des normativierten Besteuerungsprinzips ergänzt oder deren immanente Schranken aufzeigt. Ja es ist sogar durchaus der Fall, daß sowohl die Primärwertungen des normativierten Besteuerungsprinzips als auch der Steuervergünstigungen auf demselben Oberprinzip beruhen. Ein Beispiel dafür bietet das Einkommensteuerrecht. Oberster Besteuerungsgrundsatz für diese Steuer ist die Besteuerung nach der individuellen Leistungsfähigkeit. Von diesem Besteuerungsgrundsatz ist der positive Entstehungstatbestand im Hinblick auf den Steuergegenstand und Steuertarif geprägt. Nun aber gewährleisten die steuerartbegründenden Prinzipien der Einkommensteuer infolge ihrer spezifischen Konkretisierung nicht durchweg die

---
[69] Sie bezieht sich auf sämtliche Tatbestandselemente mit Ausnahme der persönlichen Seite des Steuertatbestandes.
[70] Sie bezieht sich auf die persönliche Seite des Steuertatbestandes.
[71] Ebd. (Fußnote 67) S. 151.
[72] Auf diesen Kern des terminologischen Problems ist bereits oben 1. Teil, 1. Kapitel, 2. hingewiesen worden.

Besteuerung nach der individuellen Leistungsfähigkeit. Dies verhindert insbesondere die Ausgestaltung des Nettoprinzips[73] im Einkommensteuergesetz. Dieses Nettoprinzip fußt auf zwei Grundsätzen: dem Grundsatz der Gewinn- und Überschußbesteuerung (Berücksichtigung der Betriebsausgaben und Werbungskosten) und dem Grundsatz, daß Aufwendungen, die die Einkommensverwendung, insbesondere die Lebensführung betreffen, nicht abgezogen werden können. Dieser letztere Grundsatz, der das Nettoprinzip *einschränkend* konkretisiert, kommt allgemein in § 12 EStG zum Ausdruck, durchzieht aber das ganze Einkommensteuerrecht. Die den Gewinn bestimmenden Tatbestände der Einlage, der Entnahme, die Nichtabzugsfähigkeit des Kapitaleinsatzes selbst bei den Kapitaleinkünften oder Einkünften aus Vermietung und Verpachtung[74], schließlich die Fiktion des § 4 Abs. 5 EStG, der die dort genannten Aufwendungen als Einkommensverwendung unterstellt, belegen den genannten einschränkenden Grundsatz des im Einkommensteuergesetz ausgestalteten Nettoprinzips. Nun aber, und das wird von diesem Nettoprinzip nicht berücksichtigt, ist auch die Art der Einkommensverwendung ein wesentlicher Indikator für die steuerliche Leistungsfähigkeit. Die Einkommensverwendung zerfällt nämlich in zwei Arten, die notwendige und zwangsläufige (indisponible) und die disponible Einkommensverwendung. Die indisponible Einkommensverwendung besteht zunächst, wie *von Bockelberg*[75] hervorhebt, in der Bestreitung des notwendigen Lebensunterhaltes und der Alters- und Krankenvorsorge (Zukunftssicherung), umfaßt aber auch außergewöhnliche zwangsläufige Belastungen im Sinne des § 33 EStG. Bezieht man den Umfang der indisponiblen Einkommensverwendung verfassungskonform auf Art. 1 Absatz 1 Satz 1 GG, so handelt es sich um alle Aufwendungen, die notwendig sind, um dem einzelnen eine menschenwürdige Existenz zu ermöglichen. Wesentlicher Faktor einer menschenwürdigen Existenz ist auch eine angemessene Zukunftssicherung. Die disponible Einkommensverwendung ist durch die Befriedigung nicht notwendiger und nicht zwangsläufiger Lebensbedürfnisse gekennzeichnet. Sie umfaßt alle Aufwendungen auf den nicht notwendigen Lebensunterhalt und die Sicherung des Wohlstandes. Hier setzt die eigentliche individuelle Leistungsfähigkeit ein, wird die Entrichtung der Einkommensteuer zumutbar. Daraus folgt, daß nur ein Nettoprinzip, das auch den Abzug indisponibler Einkommensverwendung einschließt, dem Prinzip der Besteuerung nach der individuellen Leistungsfähigkeit

---

[73] Bei den nachfolgenden Erläuterungen des Nettoprinzips wird von den Überlegungen Tipkes in StuW 71 Seite 14 ausgegangen.
[74] Diese Einkünfte sind eigentlich auch „Kapitaleinkünfte".
[75] Der Anfang vom Ende der progressiven Besteuerung nach der Leistungsfähigkeit, BB 1971 S. 925 ff. (S. 926).

3. Kap.: Der negative Entstehungstatbestand der Steuerschuld

gerecht werden würde. Das in diesem Zusammenhang von *Tipke*[76] erkannte Prinzip, daß „private Aufwendungen die Steuerbemessungsgrundlage (nur) insoweit beeinflussen sollen, als sie existentiell notwendig oder sonst zwangsläufig sind", mithin ein konkretisierendes Unterprinzip des Nettoprinzips ist leider kein steuerartbegründendes Prinzip des geltenden Einkommensteuerrechts. Wäre dies der Fall, müßte das Einkommensteuergesetz ganz anders aufgebaut sein: durch eine Generalklausel müßte der im Sinne des Art. 1 Absatz 1 Satz 1 GG existentiell notwendige[77] Lebensunterhalt, angemessene Aufwendungen[78] auf die Zukunftssicherung und die außergewöhnlichen Belastungen im Sinne des § 33 EStG als abzugsfähig anerkannt werden[79]. Steuergegenstand wäre damit das Einkommen nach Abzug der indisponiblen Einkommensverwendung[80]. Stattdessen ist das oben genannte, von *Tipke* erkannte Prinzip „nur sehr unvollkommen verwirklicht"[81]. Darin liegt nun der wesentliche Unterschied zwischen steuerbegründenden und anderen Prinzipien. Ein Prinzip, das eine Steuer nur partiell, sozusagen korrigierend gestaltet, ist nicht steuerartbegründend. Daraus folgt das materielle Merkmal der Steuervergünstigung. Die Steuervergünstigung beruht, und das hebt sie von anderen negativen Tatbestandsabgrenzungen aus formulierungstechnischen Gründen ab, auf einer Überlegung des Gesetzgebers, die er nur in einem Einzelfall, also unvollständig durchgreifen läßt. Es besteht somit ein Mißverhältnis zwischen dem gedachten Umfang der Normierung. Dem formalen Charakter der Steuervergünstigung als Ausnahmevorschrift entspricht der materielle, daß die Steuerver-

---

[76] Steuerrecht — Chaos, Konglomerat oder System?, StuW 71 S. 16.

[77] Was hier als existentiell notwendig zu gelten hat, könnte durch Rechtsverordnung geregelt werden, die die jeweiligen Bedingungen der Lebenshaltung zugrundelegt. Das unrealistische Freibetragswesen müßte durch eine am Lebenshaltungsindex gemessene Regelung ersetzt werden: Grundpauschale pro erwachsene Person und pro Kind, Ortszuschlag, Pauschalen bei dauernder Krankheit oder Körperbehinderung, Erreichung eines bestimmten Alters. Die Pauschalen müßten bei Steigerung der Lebenshaltungskosten pro Veranlagungszeitraum erhöht werden, damit die Regelung der Rechtsverordnung mit der Generalklausel des EStG vereinbar bleibt.

[78] Hier könnte an die staatlich geförderte Vermögensbildung angeknüpft werden.

[79] Die Einwände gegen eine derartige Generalklausel wären natürlich fiskalischer Art. Jedoch ist zu bedenken, daß das Einkommen der allermeisten Haushalte über dem Existenzminimum liegt, der Steuertarif mithin entsprechend angeglichen werden könnte. Die Härten der geltenden Einkommensbesteuerung liegen vor allem darin, daß die sog. Preis-Lohn-Spirale sich nur zugunsten des Fiskus dreht, das familiäre Freibetragswesen stets unrealistischer wird.

[80] Der Abzug der indisponiblen Einkommensverwendung könnte bei steigendem Einkommen progressiv eingeschränkt und schließlich ganz ausgeschlossen werden.

[81] Ebd. (Fußnote 76).

günstigung auf einem unvollkommen anerkannten Prinzip der Besteuerung beruht. Dabei macht es keinen Unterschied, ob die Steuervergünstigung letztlich auf einen allgemeinen Besteuerungsgrundsatz zurückzuführen ist. Die Frage, ob ein Prinzip nur unvollkommen verwirklicht ist, ist jeweils auf der letzten konkretisierten Stufe, d. h. auf der Ebene der Konkretisierung im positiven Entstehungstatbestand der Steuerschuld, also ohne die Steuervergünstigungsvorschriften, zu untersuchen. Ein absoluter Maßstab ohne die Relativierungen des konkreten Steuertatbestandes wäre hier unbrauchbar, denn es kann hier nur um die Entscheidung der Frage gehen, welche Primärentscheidungen den Steuertatbestand grundsätzlich tragen. Im Falle der Einkommensteuer bedeutet das, daß das Prinzip, das sich auf die indisponible Einkommensverwendung bezieht, im geltenden Recht nur in Form eines Kataloges von Steuervergünstigungen zur Geltung gelangt. Das Prinzip ist daher ein typisches Steuervergünstigungsprinzip des Einkommensteuerrechts.

Nun aber, und das ist die crux der Steuervergünstigungen, gehört das Beruhen auf einem Prinzip keineswegs zum notwendigen Begriffsinhalt der Steuervergünstigung. Jene Steuervergünstigungen, die auf einem Prinzip, zumal letztlich auf einem allgemeinen Besteuerungsgrundsatz beruhen, sind lediglich die systemgerechten Steuervergünstigungen, die den positiven Entstehungstatbestand der Steuerschuld ohne Wertungswiderspruch ergänzen. Daneben gibt es noch eine Fülle von Steuervergünstigungen, die nicht auf einem Prinzip, sondern auf einer Einzelüberlegung des Gesetzgebers beruhen. Dabei ist u. a. an den Befreiungskatalog des § 4 UStG zu denken, der auf den verschiedensten sozialen, kulturellen, gesundheitspolitischen und sonstigen subventiven Erwägungen des Gesetzgebers gründet. Diese Art der Steuervergünstigungen muß nicht schlechthin systemwidrig sein. Sie sind es nicht, wenn auch sie letztlich auf tragende Besteuerungsgrundsätze oder gar Verfassungsprinzipien wie das Sozialstaatsprinzip des Art. 20 Absatz 1 GG zurückgeführt werden können. Doch auch die systemwidrige Steuervergünstigung ist begrifflich eine Steuervergünstigung. Wann sie vorliegt, soll im letzten Abschnitt dieser Arbeit untersucht werden. Im Hinblick auf die vielfachen Motivationen des Gesetzgebers bei Steuervergünstigungen läßt sich das materielle Merkmal der Steuervergünstigung somit nur negativ ausdrücken, daß nämlich die Steuervergünstigung *nicht* auf einem steuerbegründenden Prinzip beruht.

Daher ist *die Steuervergünstigung ein Rechtssatz, der nicht auf einem steuerartbegründenden Prinzip beruht und die Rechtsfolge der Steuerschuld für bestimmte Steuerrechtssubjekte oder für bestimmte steuerbare Sachverhalte nicht oder nur eingeschränkt eintreten läßt.*

4. Die Abgrenzung der Steuervergünstigungen zu verwandten Tatbeständen

4.1. Steuerbelastende Ausnahmevorschriften

Ausnahmevorschriften, die nicht auf einem steuerartbegründenden Prinzip beruhen, sind nicht stets Steuervergünstigungen. Es gibt auch Rechtssätze, die den positiven Entstehungstatbestand der Steuerschuld in Einschränkung eines steuerartbegründenden Prinzips ergänzen. Über den sich aus dem steuerartbegründenden Prinzip ergebenden Umfang hinaus erwächst dem Steuerschuldner beziehungsweise Steuerträger eine zusätzliche Steuerbelastung. Im Hinblick auf die Formulierungstechnik des Steuergesetzgebers, bei der Aufstellung des Steuertatbestandes einen erheblich größeren Umfang an Lebenssachverhalten zu erfassen, als er erfassen darf und auch erfassen will[82], sind steuerbelastende Ausnahmevorschriften selten notwendig. Daher kommen sie in den Steuergesetzen auch nur vereinzelt vor.

Ein instruktives Beispiel für eine steuerbelastende Ausnahmevorschrift ist § 9 Absatz 1 Ziffer 4 EStG. Ihr Kernstück, eine unter dem tatsächlichen Aufwand liegende Kilometer-Pauschale, wird als sowohl systematische[83] wie gesetzespolitische[84] Fehlleistung des Gesetzgebers angesehen. Das Niedersächsische Finanzgericht[85] hielt die Herabsetzung der Kilometer-Pauschale von 0,5 DM auf 0,36 DM durch das Steueränderungsgesetz 1966 vom 23. 12. 66[86] für verfassungswidrig. Die Herabsetzung der Pauschale sei in doppelter Weise systemwidrig. Das Gericht erblickt in ihr sowohl einen Verstoß gegen das Nettoprinzip als auch gegen den Grundsatz der Besteuerung nach der individuellen Leistungsfähigkeit[87]. Das Bundesverfassungsgericht[88] entschied, die Abweichung von der „Sachgesetzlichkeit der Nettobesteuerung"[89] sei nicht verfassungswidrig, da sie sachlich einleuchtend begründet sei. Der Gesetzgeber rechtfertigte die Kürzung der Kilometer-Pauschale mit allgemeinen

---

[82] So *Hensel*, Verfassungsrechtliche Bindungen des Steuergesetzgebers. Besteuerung nach der Leistungsfähigkeit — Gleichheit vor dem Gesetz, VJSchrStuFR 1930, S. 441 ff. (S. 475).
[83] *Herrmann/Heuer*, Kommentar zur Einkommensteuer und Körperschaftsteuer, Anm. 32 e (5) zu § 9 und die dort angegeb. Literatur.
[84] So *Littmann*, Das Einkommensteuerrecht, Komm., Anm. 65 a zu § 9.
[85] Vorlagebeschluß vom 26. 6. 68, EFG S. 416.
[86] BGBl I S. 702; BStBl 67 I S. 2.
[87] Da das Nettoprinzip die Besteuerung nach der individuellen Leistungsfähigkeit konkretisiert, ist der Verstoß gegen das Oberprinzip dem gegen das Unterprinzip immanent.
[88] BVerfGE 27, 58.
[89] Ob dem geltenden Einkommensteuerrecht eine solche Sachgesetzlichkeit innewohnt, läßt das BVerfG allerdings dahingestellt.

verkehrspolitischen[90], finanzpolitischen[91] und steuertechnischen[92] Erwägungen. Es ist der Entscheidung des Bundesverfassungsgerichtes einzuräumen, daß die Lenkungsfunktion des Steuerrechts die Einschränkung des Nettoprinzips hier rechtfertigt. Die Ausführungen des Bundesverfassungsgerichts zu der finanzpolitischen Begründung können aber nicht hingenommen werden. Das Gericht führt aus: „Der Gesetzgeber ... hat eine weitgehende Gestaltungsfreiheit, wenn es darum geht, neue Steuerquellen zu erschließen oder bestehende Steuersätze zu erhöhen. Das gleiche muß auch bei dem Abbau einer Steuervergünstigung gelten, insbesondere wenn diese Maßnahme in den Rahmen eines Gesamtprogramms eingefügt ist, dessen Ziel die Herstellung eines ausgeglichenen Haushalts ist. Die Mehreinnahmen für die Jahre 1967 bis 1971 wurden auf 290 bis 540 Millionen DM geschätzt." Abgesehen davon, daß eine Steuervergünstigung nicht abgebaut wird, sondern ein den tatsächlichen Aufwendungen entsprechender Pauschbetrag gekürzt wurde, ist hier im Kern ein echter Freibrief ausgestellt worden. Die finanzpolitische Argumentation zieht bei steuerbelastenden Ausnahmevorschriften immer. Da bei derartigen Rechtsnormen die Notwendigkeit besonders intensiv hervortritt, der Gestaltungsfreiheit des Gesetzgebers konkrete Grenzen zu setzen, bei Steuervergünstigungen Willkür des Gesetzgebers von den Betroffenen gerne hingenommen, mithin um die Aufhebung einer Steuervergünstigung nur in selten konstellierten Fällen prozessiert wird, ist m. E. bei der Entscheidung über die Kürzung der Kilometer-Pauschale eine wichtige Gelegenheit verloren gegangen, die Grenzen legislativer Gestaltungsfreiheit verfassungsgerichtlich zu bestimmen.

4.2. Steuererleichterungen, die auf die entstandene Steuerschuld einwirken

Die Wirkung der Steuervergünstigungen besteht per definitionem darin, daß sie den Eintritt der Steuerschuldrechtsfolge, soweit ihr Tatbestand eingreift, hindern. In welchem Umfang, kann nur nach ihrem Sinn und Zweck im einzelnen, nach ihrer Stellung im Steuertatbestand entschieden werden[93]. Doch allgemein ist die Steuervergünstigung terminologisch von jenen Steuererleichterungen abzugrenzen, die auf die Steuerschuld nach ihrem Entstehen einwirken. Folgende Steuererleichterungen sind voneinander zu unterscheiden:

4.2.1. Steuererlaß

Der Steuererlaß ist die gänzliche oder teilweise Aufhebung einer Steuerschuld durch einseitigen Verzicht des Steuergläubigers[94]. Er bringt

---

[90] BT-Drucksache IV/2661; V/1068 S. 23.
[91] BT-Drucksache V/1068 S. 23 ff.
[92] Entlastung der Finanzverwaltung in etwa 600 000 Fällen.

3. Kap.: Der negative Entstehungstatbestand der Steuerschuld

die *entstandene* Steuerschuld zum Erlöschen[95]. Der wichtigste Erlaßtatbestand ist der Billigkeitserlaß gemäß § 131 AO. Er umfaßt den Erlaß von Steuern und sonstigen Geldleistungen. Aber auch in den einzelnen Steuergesetzen bestehen besondere Erlaßvorschriften, so z. B. § 50 Absatz 5 EStG, § 9 Absatz 4 VStG, § 9 Absatz 3 AbsichG, § 54 des Gesetzes über den Lastenausgleich[96], § 26 a GrStG[97], § 3 KraftStG, § 17, 20 GrEStG Baden-Württemberg[98].

Während der Erlaß gemäß § 131 AO sich als Billigkeitsmaßnahme klar von den tatbestandsmäßigen, d. h. kraft Gesetzes wirkenden Steuervergünstigungen abgrenzt, unterscheidet der Gesetzgeber in den Einzelsteuergesetzen nicht immer zwischen Steuervergünstigung einerseits und Steuererlaß andererseits. Die Abschnittsüberschriften des Grunderwerbsteuergesetzes Baden-Württemberg bezeichnen die Erlasse der §§ 17, 20 als „Vergünstigungen". Auch der Erlaß gemäß § 3 KraftStG ist nach dem Wortlaut der Vorschrift (§ 3 Absatz 2 KraftStG) eine „Steuervergünstigung". Die Steuervergünstigung im Sinne des § 12 Absatz 3 StabG umfaßt schließlich, und dem haben die bisherigen Subventionsberichte entsprochen, die Erlaßtatbestände der Einzelsteuergesetze, da nach dem Zweck dieser Vorschrift alle steuerlichen Mindereinnahmen festgestellt werden sollen.

Angesichts dieser Wortwahl des Gesetzgebers scheint der Begriff der Steuervergünstigung als Bestandteil des Entstehungstatbestandes der Steuerschuld zunächst nicht haltbar. Bei eingehender Auseinandersetzung mit dem Problem der Benennung jenes Rechtsinstituts, das hier als Steuervergünstigung definiert wird, zeigt sich jedoch, daß der Gesetzgeber keinen Begriff sonst anbietet, der hinreichend systematisierbar und bestimmbar wäre. Dies beruht auf der Tatsache, daß dem Gesetzgeber kein wissenschaftliches Material zur Verfügung stand, das ihn zu einer präzise feststehenden, allgemeingültigen Benennung veranlaßt hätte. Die Aufgabe dieser Arbeit liegt aber gerade darin, hier eine terminologische Lösung anzubieten, die den Eigenheiten der Rechtsinstitute gerecht wird. Der Unterschied zwischen der Steuervergünstigung im hier definierten Sinne, die von der Wortwahl des § 4 Absatz 1 StAnpG[99] ausgeht[100] und dem Steuererlaß ist elementar: der Steuer-

---

[93] Hierzu unten 2. Teil, 1. Kapitel.
[94] So *Otto Mayer*, Deutsches Verwaltungsrecht, 3. Aufl., S. 335, *Fleiner*, Institutionen des Deutschen Verwaltungsrecht, 1928, S. 129; *Merk*, Steuerschuldrecht, S. 150.
[95] *Tipke/Kruse*, AO, 2.—4. Aufl. 1965/69, § 131 AO Anm. 15 a; der dem § 131 entsprechende § 208 AO 1974 ist in die Erlöschenstatbestände eingereiht.
[96] IdF vom 1. 10. 69, BGBl I S. 1909.
[97] Vgl. hierzu *Michel*, Erlaß von Grundsteuer, NWB Fach 11 S. 275 ff.
[98] Vom 2. 8. 66 GBl S. 165; BStBl II S. 200.
[99] Nach dieser Vorschrift ist die Steuervergünstigung Bestandteil des Entstehungstatbestandes der Steuerschuld.

6 Lang

erlaß ist seiner Natur nach ein rechtsgestaltender Verwaltungsakt[101], die Steuervergünstigung ein Tatbestand, der seine Wirkungen kraft Gesetzes im Sinne des § 3 Absatz 1 StAnpG entfaltet. Weiter hat die These, im Steuerschuldrecht bestünden keine Ermessensspielräume, in bezug auf den Steuererlaß wie andere Steuererleichterungen außerhalb des Entstehungstatbestandes keine grundsätzliche Geltung mehr. Ermessensspielraum ist jedoch keineswegs ein notwendiges Begriffsmerkmal des Erlaßaktes, auch wenn die Ausgestaltung der Erlaßvorschriften als Kann-Bestimmungen dies zunächst vermuten läßt. § 3 KraftStG z. B. läßt keinen Ermessensspielraum. Auch § 131 AO läßt praktisch keine Ermessensentscheidung[102] zu.

4.2.2. Niederschlagung (§ 130 AO)

Die Niederschlagung hat an sich keine Wirkung auf die bestehende Steuerschuld. Sie bedeutet einen einstweiligen Verzicht auf die Einziehung ohne Verzicht auf den Anspruch selbst.

Nun wird die Auffassung vertreten, daß eine bekanntgegebene Niederschlagung in eine Stundung (§ 127 AO) umzudeuten sei[103]. *Stier*[104] kommt im Hinblick auf die besondere Gestaltung des § 130 AO mit Recht zu dem Ergebnis, daß weder nach der Willens- noch der Erklärungstheorie eine Umdeutung möglich sei. Das hindert jedoch nicht, aus dem Wesen der Niederschlagung selbst ein Hinausschieben der Fälligkeit im Sinne des § 99 AO abzuleiten[105]. Der Verzicht auf die Beitreibung bedeutet inhaltlich nichts anderes als die verwaltungsökonomisch veranlaßte Einräumung einer Zahlungsfrist bis zum erneuten Tätigwerden der Verwaltung auf Grund einer erfolgversprechenden Beitreibungslage. Anders jedenfalls läßt sich die Nichterhebung von Säumniszuschlägen[106] wegen der Voraussetzungen des § 1 StSäumG nicht rechtfertigen. Die Bekanntgabe ist m. E. kein Kriterium, da auch der Steuerbürger wissen muß, daß § 130 AO und nicht § 127 AO angewendet wird. Eine sachgerechte Lösung, die verhindert, daß die Zahlungsverpflichtungen des Steuerpflichtigen durch jahrelanges Liegenlassen des Falles ins Gigantische wachsen können, läßt sich m. E. nur durch eine entsprechend teleologische Auslegung des § 130 AO erzielen.

---

[100] Siehe oben 1. Teil, 1. Kapitel, 1.2.3.
[101] *Merk* Ebd. (Fußnote 94); *Otto Mayer* Ebd. (Fußnote 94) S. 339.
[102] *Tipke/Kruse*, AO, 2.—4. Aufl. 1965/69, § 131 Anm. 30 und ausführlich mit Nachweisen Anm. 4.
[103] Hierzu ausführlich *Stier*, Folgen der Bekanntgabe einer Niederschlagung, DStR 1968 S. 111 ff.
[104] Ebd.
[105] So, allerdings ohne Begründung, *Koch/Orlopp*, Stundung von Steuern, NWB Fach 2, Seite 2325 (S. 2328).
[106] So *Tipke/Kruse*, AO, § 130 Anm. 3 unter Berufung auf VG Berlin StZBl Bln 58 S. 223.

3. Kap.: Der negative Entstehungstatbestand der Steuerschuld

Nach der hier vertretenen Auffassung schiebt also die Niederschlagung die Fälligkeit der Steuerschuld mit der Folge hinaus, daß Säumniszuschläge nicht erhoben werden können. Das Hinausschieben der Fälligkeit ist ein Fall des nachträglichen Einwirkens auf die Steuerschuld, ohne daß dadurch der Bestand oder der Entstehungszeitpunkt der Steuerschuld beeinflußt würde.

4.2.3. Stundung und Zahlungsaufschub

Weitere Tatbestände, die das Hinausschieben der Fälligkeit bewirken, sind die Stundung (§ 127 AO) und der Zahlungsaufschub (§§ 129 AO, 37 ZG).

4.3. Vorsteuerabzug (§ 15 UStG)

„Das System der neuen Umsatzsteuer beruht in seinem Kern auf dem Vorsteuerabzug. Durch ihn wird die auf der Vorumsatzstufe eingetretene umsatzsteuerliche Belastung rückgängig gemacht[107]." Als dem Mehrwertsteuersystem immanenter Bestandteil scheidet der Vorsteuerabzug als Ausnahmevorschrift und damit auch als Steuererleichterung aus. Der Vorsteuerabzug ist auch kein Tatbestandselement des Entstehungstatbestandes der Umsatzsteuer. Er unterscheidet sich von der negativen Tatbestandsabgrenzung dadurch, daß seine Verwirklichung zu einer Steuererstattung führen kann. Somit beruht das Mehrwertsteuersystem auf zwei Arten von Ansprüchen, dem Steueranspruch einerseits und dem Vorsteuerabzugsanspruch andererseits. Die Unselbständigkeit des Vorsteueranspruches besteht lediglich in formeller Hinsicht. Er kann nicht beliebig geltend gemacht werden, sondern nur im Umsatzsteuerveranlagungsverfahren (§ 18, insbesondere § 18 Absatz 2 Satz 4 ff. UStG).

4.4. Tatbestände des Steuerverfahrens, die den Steuerpflichtigen begünstigen

Von den Steuervergünstigungen sind schließlich die Tatbestände des Steuerverfahrens zu unterscheiden, die den Steuerpflichtigen begünstigen. Die *Aussetzung der Vollziehung* gemäß § 242 Absatz 2 AO und § 69 Absatz 2 FGO bezieht sich auf eine Eigenschaft des Steuerverwaltungsaktes, nämlich dessen Vollziehbarkeit. Der *Vollstreckungsaufschub* (§ 333 AO) betrifft die einstweilige Einstellung der Zwangsvollstreckung oder die Aufhebung von Vollstreckungsmaßnahmen aus Gründen der Zweckmäßigkeit und der Billigkeit. Während sich die Niederschlagung (§ 130 AO) hinsichtlich der Fälligkeit noch auf die Steuerschuld auswirkt, ist der Vollstreckungsaufschub reine Beitrei-

---

[107] BdF-Erlaß IV A/3 — S 7300 — 48/69 vom 28. 6. 1969 BStBl. 1969 I S. 349.

bungsmaßnahme. Die Behörde erklärt durch eine Maßnahme nach § 333 AO nur, daß sie von Vollstreckungsmaßnahmen absehen will; an der Fälligkeit der Steuerschuld ändert sich nichts[108].

4.5. Grenzfälle

Der Begriff der Steuervergünstigung, wie er in dieser Arbeit bestimmt wurde, schließt Mischtatbestände grundsätzlich aus. Nach ihm sind nur zwei Alternativen denkbar: entweder greift der Rechtssatz bei dem Entstehen der Steuerschuld mit seiner Rechtsfolge unmittelbar ein oder er setzt eine entstandene Steuerschuld voraus. Grenzfälle können aber entstehen, wenn das Gesetz, etwa auf Grund eines unklaren Wortlautes, nicht eindeutig Aufschluß darüber gibt, ob oder wann eine Steuerschuld entstanden ist.

4.5.1. Der Kürzungsanspruch nach dem Gesetz zur Förderung der Berliner Wirtschaft (BerlinFG)[109]

Dieses Gesetz berechtigt den Berliner und den westdeutschen Unternehmer, die von ihm geschuldete Umsatzsteuer um einen bestimmten Betrag zu kürzen (§§ 1, 1 a, 2, 13 BerlinFG). Zu der im Jahre 1956 geltenden Fassung des § 7 Absatz 2 BHG hatte der Bundesfinanzhof[110] festgestellt, daß der dort geregelte Kürzungsanspruch trotz der mißverständlichen Legalüberschrift „Steuerbefreiung" keine solche sei. In der Tat ergibt schon der Wortlaut des Gesetzes „die von ihm geschuldete Umsatzsteuer", der vom BHG übernommen wurde, daß der Unternehmer mit der *entstandenen* Umsatzsteuer einen Subventionsanspruch verrechnen kann. Darüber hinaus ist der Kürzungsanspruch nicht nur ein unselbständiger Verrechnungsanspruch und damit ein Fall der negativen Tatbestandsabgrenzung, sondern ein dem Vorsteueranspruch ähnlicher Anspruch: § 11 BerlinFG regelt das Verfahren für den Kürzungsanspruch dahin, daß die Kürzungsbeträge mit der Umsatzsteuer zu verrechnen und die Erstattungsvorschriften des § 18 UStG anzuwenden sind. Das Kürzungsverfahren ist also ein Teil des Umsatzsteuerveranlagungsverfahrens[111]. Sachlich ist aber der Kürzungsanspruch ein selbständiger Subventionsanspruch. Somit ergibt nicht nur der Wortlaut, sondern auch die dem Vorsteueranspruch formell wie materiell ähnliche Struktur, daß der Kürzungsanspruch die entstandene Umsatzsteuerschuld voraussetzt. Was den Kürzungsanspruch allerdings deutlich von dem Vorsteueranspruch abhebt, ist sein Charakter als subventive Steuererleichterung.

---

[108] So *Koch/Orlopp*, Stundung von Steuern, NWB Fach 2 S. 2328, a. A. *Tipke/Kruse*, AO, § 1 StSäumG Anm. 1.
[109] IdF vom 29. 10. 1970 (BGBl. 1970 I S. 1482).
[110] Urteil vom 22. 10. 1970 (BStBl. 71 II S. 212).
[111] Hierzu ausführlich BFH-Urteil vom 27. 5. 71 (BStBl. 71 II S. 649).

4.5.2. Die Investitionsprämie nach § 32 KohleG[112] und die Investitionszulagen nach dem Investitionszulagengesetz[113] und § 19 BerlinFG[114]

§ 32 KohleG gestattet den Steuerpflichtigen einen Abzug von der Einkommen- oder Körperschaftsteuer bis zur Höhe von 10 vom Hundert der Anschaffungs- oder Herstellungskosten bestimmter förderungswürdiger Wirtschaftsgüter. Diese sog. Investitionsprämie wird nur auf Antrag und nur unter der Voraussetzung gewährt, daß der Bundesbeauftragte für den Steinkohlenbergbau und die Steinkohlenbergbaugebiete (§ 1 Absatz 1 KohleG) im Benehmen mit der von der Landesregierung bestimmten Stelle die Förderungswürdigkeit bescheinigt hat.

Die Investitionsprämie nach § 32 KohleG ähnelt insofern einer Steuerermäßigung, als sie einen Steuerbetrag voraussetzt. Die hier entscheidende Frage aber, ob die Investitionsprämie im Gegensatz zu einer Steuerermäßigung auf eine entstandene Steuerschuld einwirkt oder ihre Entstehung hindert, läßt sich nicht ohne weiteres beantworten. Der Wortlaut „Abzug von der Einkommensteuer" läßt auch die Auslegung zu, daß der Steuerpflichtige von vorneherein nur die geminderte Einkommensteuer schuldet. Auch § 34 c EStG etwa enthält als Steuerermäßigungsvorschrift eine „Anrechnung" auf die deutsche Einkommensteuer. Die wortsinngemäße Auslegung führt also zu keinem sicheren Ergebnis. Dann entfällt hier das entscheidende Kriterium der sachlichen Unabhängigkeit von dem Entstehungstatbestand der Steuerschuld, der Auszahlungsanspruch des Steuerpflichtigen bei Nichtbestehen der Steuerschuld. Übersteigt der von der Einkommensteuer oder Körperschaftsteuer abzugsfähige Betrag die für den Veranlagungszeitraum geschuldete Einkommensteuer oder Körperschaftsteuer, so kann zwar der übersteigende Betrag von der Einkommensteuer oder Körperschaftsteuer für die vier darauf folgenden Veranlagungszeiträume abgezogen werden (§ 32 Absatz 4 Satz 5 KohleG). Diese Vortragsfähigkeit ist aber auch bei der Steuervergünstigung des § 10 d EStG anzutreffen.

Gleichwohl läßt die Rechtsentwicklung, die im Steueränderungsgesetz 1969[115] ihren Niederschlag gefunden hat, erkennen, daß die

---
[112] Gesetz zur Anpassung und Gesundung des deutschen Steinkohlenbergbaus und der deutschen Steinkohlenbergbaugebiete vom 15. 5. 1968 (BGBl I S. 365; BStBl I S. 939).
[113] Gesetz über die Gewährung von Investitionszulagen im Zonenrandgebiet und in anderen förderungsbedürftigen Gebieten sowie für Forschungs- und Entwicklungsinvestitionen vom 18. 8. 1969 (BGBl I S. 1211; BStBl. I S. 477).
[114] IdF des Artikels 6 des Steueränderungsgesetzes 1969 (BGBl I S. 1211; BStBl. I S. 477).
[115] BGBl I S. 1211; BStBl. I S. 477.

Investitionsprämie nach § 32 KohleG ihrem Wesen nach der Investitionszulage nach dem Investitionszulagengesetz und § 19 BerlinFG gleichzusetzen ist. Der Gesetzgeber hat insbesondere durch das Kumulationsverbot des § 3 Absatz 1 Investitionszulagengesetz die Gleichartigkeit der Förderungsmaßnahmen zum Ausdruck gebracht[116]. Der Gesetzgeber hat die Investitionszulage nach dem Investitionszulagengesetz lediglich präziser geregelt und die formellen[117] und materiellen[118] Mängel des § 32 KohleG nicht übernommen.

Die Investitionszulage nach dem Investitionszulagengesetz und § 19 BerlinFG ist unzweifelhaft[119] Förderungsmaßnahme außerhalb des Entstehungstatbestandes der Steuerschuld. Im Hinblick auf die Gleichartigkeit der Voraussetzungen und das Kumulationsverbot trifft dies für die Investitionsprämie nach § 32 KohleG ebenfalls zu. Investitionszulage und Investitionsprämie unterscheiden sich im wesentlichen damit verfahrensrechtlich: während § 3 Investitionszulagengesetz ein besonderes Verfahren festlegt, ist das Investitionsprämienverfahren Bestandteil der Einkommensteuerveranlagung. Dies hindert eine sachliche Wesensgleichheit nicht.

4.5.3. Zu den Befreiungsvorschriften des Grunderwerbsteuerrechtes

Besondere Abgrenzungsschwierigkeiten bereiten schließlich die Befreiungsvorschriften des Grunderwerbsteuerrechtes. Wohl kein Steuertatbestand ist so von Befreiungstatbeständen aus den verschiedensten Gründen durchbrochen wie der der Grunderwerbsteuer[120].

Einmal könnte aus dem Erfordernis eines *Antrages* bei Befreiungstatbeständen[121] geschlossen werden, erst dessen Stattgabe beseitige die

---

[116] Hierzu *Bock,* Zweifelsfragen zu § 32 KohleG, DB 71 S. 2183, der dort S. 2184 gezogene Analogieschluß ist allerdings zweifelhaft.
[117] Unklar ist insbesondere das Aufteilungsverfahren, hierzu *Lammerding,* Steuerfragen zum KohleG, NWB Fach 3 S. 3317.
[118] Die Investitionsprämie setzt Gewinnerzielung voraus. Außerdem sind die begünstigten Wirtschaftsgüter lückenhaft geregelt.
[119] Bedeutend in diesem Zusammenhang ist, daß die Zulage auch persönlich befreiten Körperschaften gewährt wird (BdF-Schreiben vom 12. 2. 70, BStBl. I S. 226 Abschnitt 2 Absatz 1). Die Zulage ist lediglich aus den Einnahmen an Einkommensteuer oder Körperschaftsteuer zu bestreiten (§ 3 Absatz 3 Investitionszulagengesetz).
[120] Eine Übersicht über die landesrechtlichen Befreiungsvorschriften enthält der Anhang zum GrEStG in der Textsammlung „Steuergesetze" des Verlages C. H. Beck.
[121] So die folgenden Vorschriften: *Baden-Württemberg:* §§ 6, 14, 16 GrEStG; § 1 G. über GrEStbefreiung bei Änderung der Unternehmensform v. 12. 5. 70, BStBl. I S. 752; *Berlin:* §§ 4, 5, 6, 13, 14 GrEStG v. 18. 7. 69, GVBl. S. 1034; *Bremen:* § 1 G. über GrEStbefreiung bei Änderung d. Unternehmensform v. 16. 12. 69, GBl. S. 159; *Hamburg:* §§ 5, 6, 7, 8, 14 GrEStG v. 24. 4. 66 BStBl. II S. 113; § 1 G. über GrEStb. b. Ändg. d. Untern. f. v. 1. 12. 69, BStBl. 70 I S. 5; *Hessen:* § 1 G. über GrEStb. b. Ändg. d. Untern. f. v. 4. 2. 70, BStBl. I S. 236; *Niedersachsen:* §§ 1 der Gesetze v. 25. 3. 1959, GVBl. S. 57 und v. 19. 3.

3. Kap.: Der negative Entstehungstatbestand der Steuerschuld 87

Grunderwerbsteuerpflicht, bringe also die kraft Gesetzes entstandene (§ 3 Absatz 1 StAnpG) Steuerschuld zum Erlöschen. Wenn etwa § 6 Absatz 4 GrEStG Baden-Württemberg[122] anordnet, der Antrag auf Steuerbefreiung sei spätestens bis zur Rechtskraft des Steuerbescheides zu stellen, so könnte diese Steuerbefreiung als ein Erlaß gedeutet werden, der die nicht nur entstandene, sondern bereits festgesetzte Steuerschuld aufhebe.

Zum anderen verleiten die zahlreichen *Nacherhebungstatbestände*[123] zu der Annahme, der Gesetzgeber habe zeitlich die Verwirklichung des Steuertatbestandes (Grunderwerb), mithin die Entstehung der Steuerschuld vor dem Eintritt der Steuerentrichtungspflicht (Wegfall des steuerbegünstigten Zweckes) getrennt. Die Erhebung einer Steuer nämlich ist dem Wortsinne nach eine Tätigkeit auf der Seite des Steuergläubigers, der das Steuerentrichten auf der Seite des Steuerschuldners entspricht, ist ein administrativer Vorgang.

So gesehen könnte man aus dem Wortlaut des § 9 GrEStG etwa folgern, die Vorschrift spreche ein besonderes gesetzliches Erhebungsverbot für eine entstandene Steuerschuld aus, das im Fall der Nacherhebung gemäß § 9 Absatz 2 GrEStG entfällt.

Der Bundesfinanzhof[124] hat diese Betrachtungsweise ausdrücklich abgelehnt. Maßgeblich für die Entstehung der Steuerschuld sei nicht der Zeitpunkt des grunderwerbsteuerbaren, sondern auch des grunderwerbsteuerpflichtigen Erwerbs. Der Ansicht des Bundesfinanzhofs, daß die Steuerschuld erst mit Eintritt des Nacherhebungstatbestandes (Wegfall des steuerbegünstigten Zweckes) entsteht, ist beizupflichten. Das Beispiel der Nacherhebungstatbestände im Grunderwerbsteuerrecht zeigt, daß die Verwirklichung des negativen Entstehungstatbestandes ein der Verwirklichung des positiven Entstehungstatbestandes gleichbedeutender Faktor für die Entstehung der Steuerschuld ist und das Ent-

---

70 BStBl. I S. 982; *Nordrhein-Westfalen:* §§ 1 der Gesetze v. 29. 3. 66, BStBl. II S. 122, v. 14. 7. 64, BStBl. II S. 130, v. 24. 11. 69, GVBl. S. 878 und v. 5. 5. 70, BStBl. I S. 779; *Rheinland-Pfalz:* §§ 7, 8, 9, 13 GrEStG v. 1. 6. 70, GVBl. S. 166; § 1 Landesges. üb. GrEStb. b. Ändg. d. Unt.form v. 22. 4. 70 BStBl. I S. 746; *Saarland:* § 2 GrEStG v. 3. 3. 70 Amtsbl. S. 158, Gesetz Nr. 720, idF. v. 3. 3. 70 Amtsbl. S. 155; § 1 des G. Nr. 902 v. 25. 2. 70, Amtsbl. S. 154; *Schleswig-Holstein:* § 1 G. üb. Befr. v. d. GrESt. bei Ändg. d. Unt.form v. 25. 3. 70 GVOBl. S. 86.

[122] Vom 25. 5. 70, BStBl. I S. 951.

[123] *Baden-Württemberg:* §§ 11, 15 GrEStG; § 3 G. vom 12. 5. 70; *Bayern:* Art. 4 GrEStG v. 16. 7. 69, GVBl. S. 170; *Bremen:* § 3 G. vom 16. 12. 69; *Hamburg:* § 3 G. v. 1. 12. 69; *Niedersachsen:* § 3 G. v. 19. 3. 70; *Nordrhein-Westfalen:* §§ 3 d. Gesetze v. 14. 7. 64 und v. 5. 5. 70; *Rheinland-Pfalz:* § 16 GrEStG; § 3 G. v. 22. 4. 70; *Saarland:* § 3 G. v. 25. 2. 70; *Schleswig-Holstein:* § 3 G. v. 25. 3. 70 *und* § 9 Absatz 2 GrEStG v. 29. 3. 40 (RGBl. I S. 585).

[124] Urteil vom 5. 3. 1968 (BStBl. 1968 II S. 418) und die dort angeführte Rechtsprechung.

stehen der Steuerschuld dann problematisch wird, wenn beide Faktoren zeitlich auseinanderfallen. Hierbei ist die *noch nicht abgeschlossene* Tatbestandsverwirklichung und der spätere *Wegfall* der Tatbestandsverwirklichung scharf auseinanderzuhalten. Solange die Erfüllung einer Voraussetzung des positiven oder negativen Entstehungstatbestandes der Steuerschuld nicht feststeht, ist auch die Entstehung der Steuerschuld *an sich* offen. Es liegt somit kein Wegfall einer Steuerschuld vor, wenn die Voraussetzungen einer Steuervergünstigung erst nach der Verwirklichung des positiven Entstehungstatbestandes erfüllt sind, wie zum Beispiel bei den Steuerbefreiungen auf Antrag. In vorgenannten Falle des § 6 GrEstG Baden-Württemberg ist der Antrag Teil des gesetzlichen Befreiungstatbestandes. Solange er nicht gestellt ist, ist die Tatbestandsverwirklichung im Sinne des § 3 Absatz 1 StAnpG nicht abgeschlossen. Erst mit Ablauf der Ausschlußfrist des § 6 Absatz 4 steht fest, daß der Befreiungstatbestand nicht verwirklicht ist, die Steuerschuld mit Verwirklichung des positiven Entstehungstatbestandes entstanden ist. Der ergangene Steuerbescheid erhält damit seine endgültige Berechtigung. In ihm ist nicht eine Steuerschuld festgesetzt, die erst mit seiner Rechtskraft entsteht.

Die Nacherhebungstatbestände des Grunderwerbsteuerrechtes stellen hingegen Beispiele für den Wegfall der Verwirklichung von Befreiungstatbeständen dar. Positiver und negativer Entstehungstatbestand sind hier zunächst mit der Folge verwirklicht, daß die Steuerschuld *nicht* entsteht. Mit dem Wegfall des steuerbegünstigten Zweckes ist die Verwirklichung des Befreiungstatbestandes und folglich auch dessen Rechtsfolge aufgehoben. Die Rechtsfolge der Verwirklichung des positiven Entstehungstatbestandes tritt nunmehr ungehindert ein. Die Steuerschuld entsteht[125].

5. Nicht tatbestandsmäßige Steuererleichterungen

Die Steuervergünstigung ist als zum Entstehungstatbestand der Steuerschuld gehörend bestimmt worden. Sie ist *per definitionem* tatbestandsmäßig[126]. Als Steuervergünstigungen scheiden daher Steuererleichterungen ohne ausreichende Rechtsgrundlage aus. In der Hauptsache sind das Steuererleichterungen, die nur in einer durch eine gesetzliche Ermächtigung nicht gedeckten Verordnung oder nur in Verwaltungsvorschriften (Richtlinien) geregelt sind. Der Bericht der Einkommensteuerkommission[127] hat sich bereits mit dieser Problematik aus-

---

[125] Zur Problematik der bedingten Steuervergünstigungen siehe unten 2. Teil, 1. Kapitel, 4.
[126] Oben 1. Kapitel, 1.
[127] S. 61 ff.

3. Kap.: Der negative Entstehungstatbestand der Steuerschuld

einandergesetzt und empfohlen, die Steuervergünstigungen im Interesse der Rechtssicherheit in das Gesetz selbst aufzunehmen. Es versteht sich aber von selbst, daß jede in einer Verwaltungsvorschrift geregelte Steuervergünstigung eine gesetzliche Grundlage haben muß, um rechtswirksam zu sein, d. h. die Verwaltungsvorschrift muß ein Fall richtiger Rechtsanwendung sein. Dabei kann die Verwaltungsvorschrift Lücken, d. h. planwidrige Unvollständigkeiten[128] des Gesetzes im Wege der Rechtsfindung praeter legem ausfüllen. Das ist im Falle der Regelung einer Steuervergünstigung möglich, da das sog. Analogieverbot[129] nur für die Erweiterung, nicht hingegen für die Einschränkung des Steuertatbestandes gilt[130].

Andererseits kann die Verwaltungsvorschrift gerade deshalb eine Steuererleichterung gewähren, weil die steuerschärfende Ausfüllung einer Gesetzeslücke unzulässig wäre. Einen instruktiven Fall enthält Abschnitt 227 der Einkommensteuerrichtlinien. Bei dem Übergang von der beschränkten zur unbeschränkten Steuerpflicht und umgekehrt entstehen in einem Veranlagungszeitraum wegen der Verwirklichung verschiedener Steuergegenstände zwei Steuerschuldverhältnisse. Die Folge ist, daß die bezogenen Einkünfte nicht zu einem Jahreseinkommen zusammengefaßt werden dürfen und auch zwei Veranlagungen durchzuführen sind[131]. Nun bestimmt Abschnitt 227 der Einkommensteuerrichtlinien, daß bei beiden Veranlagungen jeweils die Einkommensteuerjahrestabelle zugrundezulegen ist. Diese Lösung läuft dem Sinn und Zweck des geltenden Einkommensteuertarifs zuwider, weil das Teiljahreseinkommen nicht mit dem an sich vorgesehenen Steuersatz belastet wird. Gleichwohl müßte eine andere Lösung — Berücksichtigung des Jahreseinkommens bei Anwendung des Steuertarifs — ähnlich den Progressionsvorbehalten in Doppelbesteuerungsabkommen gesetzlich geregelt sein. Wir begegnen hier einer teleologischen Regelungslücke[132], die nur steuerschärfend ausgefüllt werden könnte, demnach nicht im Wege der Rechtsfortbildung ausgefüllt werden darf[133].

---

[128] *Canaris*, Die Feststellung von Lücken im Gesetz, S. 16.
[129] Das sog. Analogieverbot ist ein an sich unzutreffendes Schlagwort für die unzulässige Rechtsfindung praeter legem. Die Problematik dieser Rechtsfortbildung umfaßt keineswegs nur die Analogie, sondern alle juristischen Argumentationsverfahren.
[130] *Flume*, Der gesetzliche Steuertatbestand und die Grenztatbestände in Steuerrecht und Steuerpraxis, StBerJB 67/68 S. 65 ff.; *Thiel*, Gedanken zur Methode der steuerlichen Rechtsfindung, StBerJB 63/64 S. 163 ff. (S. 179 ff.); *Tipke/Kruse*, AO, Anm. 33 § 1 StAnpG; *Tipke*, Zur Reform der Reichsabgabenordnung, FR 70 S. 384.
[131] *Herrmann/Heuer*, Kommentar zur Einkommensteuer und Körperschaftsteuer, Anm. 34 zu § 25.
[132] Nach *Canaris* ebd. (Fußnote 128) liegt eine solche Lücke vor, wenn die Teleologie des Gesetzes die Rechtsfortbildung fordert.
[133] *Tipke*, ebd. (Fußnote 130) schlägt die Aufnahme des Verbotes der steuerschaffenden Analogie wie folgt vor: „Durch Analogie dürfen die ge-

Daraus resultiert im Ergebnis eine nicht tatbestandsmäßige Steuererleichterung, die dennoch rechtswirksam ist.

Schließlich kann der Grundsatz von *Treu und Glauben* zur Rechtswirksamkeit nicht tatbestandsmäßiger Steuererleichterungen führen. Der Bundesfinanzhof[134] hat hierzu entschieden, daß mangels gesetzlicher Ermächtigung nicht gültige Steuerbefreiungen dem Steuerpflichtigen bis zu ihrer Aufhebung zugute kommen. Im Widerspruch zu der nicht tatbestandsmäßigen Steuererleichterung stehende Steuerforderungen könnten nach Treu und Glauben nicht geltend gemacht werden.

---

setzlichen Steuertatbestände nicht erweitert werden." Der vorliegende Fall zeigt, daß die entsprechende AO-Vorschrift besser lautete: „Durch die Anwendung der Steuergesetze dürfen die gesetzlichen Steuertatbestände nicht erweitert werden." Damit ist jede Form der steuerschärfenden Rechtsfindung praeter legem untersagt.

[134] Urteile vom 10. 8. 66 (BStBl. 66 III S. 663) und vom 10. 8. 66 (BStBl. 66 III S. 664).

ZWEITER TEIL

Die Arten der Steuervergünstigungen

Erstes Kapitel

Systematisierung der Steuervergünstigungen nach ihrer Stellung im Steuertatbestand

1. Die persönlichen Steuerbefreiungen

1.1. Der Begriff der persönlichen Steuerbefreiung

Ein klar abgrenzbarer Begriff der persönlichen Steuerbefreiung ist bisher noch nicht entwickelt worden. Die Definitionen reichen von der Aufhebung der Steuerpflicht schlechthin[1] bis zu einem sehr weitgehenden Begriff der persönlichen Steuerbefreiung, der sowohl die allgemeine als auch die nur für bestimmte Verhältnisse oder Vorgänge des Steuerrechtssubjektes geltende Befreiungsvorschrift umfaßt[2]. Die Abgrenzungsproblematik besteht in zweifacher Hinsicht. Einmal ist zu klären, welche subjektive Rechtsstellung im Steuerrecht berührt wird, zum anderen, worin der Unterschied zu den sachlichen Steuervergünstigungen liegt. Am präzisesten definiert *Hensel*[3] die persönliche Steuerbefreiung: sie sei eine Norm, die anordne, daß die Folge der Tatbestandsverwirklichung, die Steuerschuld, für bestimmte Steuerschuldner nicht eintrete. Diese Definition ist richtig. Die persönliche Steuerbefreiung, das ist der Ausgangspunkt, entspricht der persönlichen Seite des Steuertatbestandes[4]. Der Bestimmung der Person des Steuerschuldners steht gegenüber die Bestimmung der Personen, die von der Besteuerung ausgenommen werden[5].

Untersucht man nun die Elemente des Steuertatbestandes hinsichtlich der Bestimmung des Steuerschuldners[6] daraufhin, wo die persönliche Steuerbefreiung eingreift, so ergibt sich folgendes:

---

[1] So *Blumenstein*, System des Steuerrechts, S. 35.
[2] So schon von *Myrbach-Rheinfeld*, Grundriß des Finanzrechts, S. 87; *Merk*, Steuerschuldrecht, S. 34 teilt demzufolge die persönlichen Steuerbefreiungen in unbeschränkte und in beschränkte auf.
[3] Steuerrecht, S. 68.
[4] s. oben 1. Teil, 1. Kapitel 3.
[5] So *Merk*, ebd. (Fußnote 2) S. 32.
[6] s. oben 1. Teil, 1. Kapitel, 3.2.2.

a) Das Merkmal „*persönlich*" bezieht sich auf die Steuerrechtsperson, das Rechtssubjekt im steuerrechtlichen Sinne. Damit knüpft das Merkmal an das erste Element der persönlichen Seite des Steuertatbestandes, die *Anordnung des Steuerrechtssubjektes* an. Unter einer persönlichen Steuerbefreiung ist die Freistellung eines jeden nach den Steuergesetzen steuerrechtsfähigen Gebildes zu verstehen. Mithin ist auch die Steuerbefreiung einer Vermögensmasse (§§ 4 Absatz 1 Ziff. 6 KStG, 3 Absatz 1 Ziff. 6 VStG) eine persönliche Steuerbefreiung.

Gleichwohl hat die persönliche Steuerbefreiung keine Auswirkung auf die gesetzliche Anordnung der Steuerrechtsfähigkeit. Auch das steuerbefreite Steuerrechtssubjekt *bleibt* Steuerrechtssubjekt. Eine andere Ansicht hätte untragbare Folgerungen. Die Steuerrechtsfähigkeit wird zwar im Rahmen des Steuerschuldverhältnisses angeordnet, hat aber ihre Bedeutung für das gesamte Steuerrechtsverhältnis, also insbesondere auch für das Steuerverfahren. Eine steuerbefreite Steuerrechtsperson ist aber insbesondere im Freistellungsverfahren Träger von Verfahrensrechten und -pflichten.

b) Mithin greift die persönliche Steuerbefreiung dort ein, wo *das Steuerrechtssubjekt dem Steuergegenstande zugerechnet wird*[7]. Das Tatbestandselement der Zurechnung begründet die Steuerleistungspflicht[7]. Die persönliche Steuerbefreiung hebt die Zurechnung mit der Folge auf, daß die Steuerschuldnerschaft, die Steuerleistungspflicht für ein Steuerrechtssubjekt schlechthin entfällt. Von diesem Aufhebungstatbestand sind die Nebenwirkungen sachlicher Zurechnungsnormen zu unterscheiden. Wenn etwa das Einkommen der Organgesellschaft dem Organträger gemäß § 7 a KStG zugerechnet wird, so ist damit nicht die Organgesellschaft persönlich befreit. Die persönliche Steuerbefreiung als die umfassendste Steuervergünstigung verhindert ein bestimmtes, nach dem positiven Entstehungstatbestand der Steuerschuld an sich gegebenes Steuerschuldverhältnis überhaupt. Sie vernichtet sozusagen die Wirkung der die Steuerschuldnerschaft unmittelbar begründenden persönlichen Zurechnungsnorm.

Es wird folgender Begriff der persönlichen Steuerbefreiung vorgeschlagen:

Die persönliche Steuerbefreiung ist ein Rechtssatz, der die Bestimmung eines Steuerrechtssubjektes als Steuerschuldner aufhebt und damit die Rechtsfolge der Steuerschuld für dieses Steuerrechtssubjekt nicht eintreten läßt.

---

[7] s. oben 1. Teil, 1. Kapitel, 3.2.2.2.

1.2. Die Bedeutung der persönlichen Steuerbefreiung für andere subjektive Rechtsstellungen (Rechtsfiguren des Steuerrechts)

Das Steuerrecht hat eine ganze Reihe sich zum Teil überschneidender Rechtsfiguren entwickelt, die ein Verpflichtet- bzw. ein Berechtigtsein der Steuerrechtssubjekte und damit eine besondere Stellung im Steuerrechtsverhältnis zum Ausdruck bringen. § 97 AO spiegelt die Vielfalt jener Rechtsfiguren wider, indem er vier Rechtsfiguren miteinander verbindet, gegen die sich der Steueranspruch richten kann: den Steuerschuldner, den Steuerhaftenden, den Steuerpflichtigen und den Steuerentrichtungspflichtigen. Schließlich ist noch die von *Riewald*[8] entwickelte Rechtsfigur des Steuerzahlungsschuldners, auf die bereits oben[9] hingewiesen wurde, zu erwähnen. Es ist nunmehr zu erörtern, welche Bedeutung die persönliche Steuerbefreiung für diese Rechtsfiguren und die von ihnen repräsentierten Rechtsstellungen hat.

1.2.1. Der Steuerpflichtige

Die Rechtsfigur des Steuerpflichtigen ist in § 97 Absatz 1 AO der Rechtsfigur des Steuerschuldners gleichgestellt. Diese Legaldefinition des Steuerpflichtigen unterstützen manche Einzelsteuergesetze, indem sie den Steuerschuldner als steuerpflichtig bezeichnen. Indes besteht Einigkeit darüber, daß die Legaldefinition des § 97 Absatz 1 AO mißglückt und zu eng ist[10]. Der Begriff des Steuerpflichtigen wird eigentlich wortsinngemäß verstanden: Steuerpflichtiger ist jeder, dem durch ein Steuergesetz irgendwelche Pflichten auferlegt worden sind[11]. Eine einheitliche Bedeutung der persönlichen Steuerbefreiung für die Rechtsfigur des Steuerpflichtigen läßt sich somit nicht feststellen. Der Aussagewert der Rechtsfigur ist zu allgemein. Hinsichtlich der Stellung des Steuerpflichtigen im Steuerverfahren ist aber zu bemerken, daß dessen Verfahrensrechte und -pflichten durch eine in Betracht kommende Steuerbefreiung grundsätzlich nicht beeinflußt sein dürfen. Sowohl der Umfang der Ermittlungspflicht des Finanzamts (§ 204 AO) als auch der Mitwirkungs- und Nachweispflichten des Steuerpflichtigen (§§ 160—174 AO) sind bei der Ermittlung der tatsächlichen Voraussetzungen einer Steuerbefreiung nicht eingeschränkt. Die gerechte und objektive Ermittlung, die § 204 Absatz 1 Satz 2 AO ausdrücklich anordnet, gebietet, daß

---
[8] Kommentar zur AO, Bd. I, Vorb. §§ 67 bis 158 Anm. 1.
[9] 1. Teil, 1. Kapitel, 3.2.1.
[10] *Bühler/Strickrodt*, Lehrbuch, Bd. I, S. 22; *Bürger*, Die Rechtsfigur des Steuerschuldners, VJSchrStuFR 1928 S. 75 ff. (S. 147); *Kruse*, Steuerrecht, S. 140; *Lauter*, Die Gesamtschuld im Steuerrecht, Diss. Köln 1966, S. 8 ff.; *Hübschmann/Hepp/Spitaler*, AO, § 97 A. 5; *Tipke*, Reformbedürftiges allgemeines Abgabenrecht, StbJB 1968/69 S. 69 ff.; ders., Fünfzig Jahre Reichsabgabenordnung, AöR Bd. 94 S. 224 ff. (235 ff., 236 ff.).
[11] So die Legaldefinition nach der VO vom 17.8.1940 (RStBl. 40 S. 772), die im wesentlichen § 36 AO 1974 übernimmt.

die Grenze des Zumutbaren nicht danach differenziert werden darf, ob der zu ermittelnde Sachverhalt eine Befreiungsvorschrift betrifft oder nicht[12]. Die prozessuale Bedeutung der persönlichen Steuerbefreiung wie aller Steuervergünstigungen für den Steuerpflichtigen besteht daher allein in der Verteilung der Beweislast: während der Steuergläubiger die objektive Beweislast für die tatsächlichen Voraussetzungen des positiven Entstehungstatbestandes der Steuerschuld hat, trägt der Steuerpflichtige sie für die tatsächlichen Voraussetzungen des negativen Entstehungstatbestandes[13].

1.2.2. Der Steuerzahlungsschuldner

von Myrbach-Rheinfeld[14] unterscheidet das Rechtsverhältnis der Abgabenpflicht oder Abgabenverbindlichkeit, das entstehe, wenn die in einem konkreten Falle vom Gesetz bestimmten Voraussetzungen eingetreten seien, von jenem Rechtsverhältnis der Abgabenschuld oder Zahlungspflicht, das dann entstehe, wenn das zuständige Verwaltungsorgan kraft seines Amtes festgestellt habe, daß die die Verbindlichkeit begründenden Tatsachen in einem bestimmten Maße bei einer bestimmten Person eingetreten seien.

Der Begriff der Steuerzahlungsschuld als der durch die Steuerbehörde festgesetzten Steuerschuld im Gegensatz zu der kraft Gesetzes entstandenen Steuerschuld geht auf diese Unterscheidung zurück. Er ist in der Literatur weitgehend auf Ablehnung gestoßen[15].

Die Kritik ist nur zum Teil überzeugend. Mit Recht hebt *Kruse*[16] hervor, daß die Bedeutung der Unterscheidung *Riewalds* schon darin liege, daß die nach dem Gesetz entstandene und die festgesetzte Steuerschuld nur in einem sehr selten erreichten Idealfall nicht auseinanderklaffe. *Kruse* hat aber auch zutreffend auf die Grenzen der Bedeutung hingewiesen, die der Begriff der Steuerzahlungsschuld für sich in Anspruch nehmen darf: solange das Gesetz selbst die Unterscheidung zwischen Steueranspruch und Steuerzahlungsanspruch nicht mache, sei die Unterscheidung als Prämisse für materiell- rechtliche Folgerungen ungeeignet.

In der Tat erscheint es als überflüssig, neben der Rechtsstellung des Steuerschuldners eine zweite materiell-rechtliche des Steuerzahlungs-

---

[12] *Tipke/Kruse*, AO, § 204 AO Anm. 3, *Hübschmann/Hepp/Spitaler*, AO, § 1 StAnpG, Anm. 16 sieht die so verstandene objektive Ermittlung auch im Zusammenhang mit dem Grundsatz von Treu und Glauben.
[12] *Tipke/Kruse*, AO, § 204 AO Anm. 3, *Hübschmann/Hepp/Spitaler*, AO, § 1
[14] Grundriß des Finanzrechts, S. 69/69.
[15] *Bühler*, Steuerrecht, Bd. I, S. 214; *Hübschmann/Hepp/Spitaler*, AO, § 97 Anm. 6; *Lauter*, Die Gesamtschuld im Steuerrecht, S. 4/5; *Judeich/Felix*, Komm. zum StAnpG, § 3 Anm. 7; Riewald zustimmend *Giese/Plath*, Kommentar zur Reichsabgabenordnung, § 97 Anm. 2.
[16] *Tipke/Kruse*, AO, § 97 Anm. 13 und Lehrbuch S. 98/99.

schuldners zu konstruieren, solange das Gesetz dies nicht gebietet. Der Begriff des Steuerzahlungsschuldners als brauchbarer terminus technicus bezeichnet vielmehr jene Rechtsstellung des Steuerleistungspflichtigen, die das Ergebnis *materieller wie formeller* Rechtsfolgen ist. Die festgesetzte Steuerschuld beruht zum einen auf dem sachlichen Recht, sofern der Steuerbescheid die Geltungsanordnungen der Steuergesetze zutreffend wiedergibt. Sie beruht aber auch auf der dem Steuerbescheid eigenen steuerverfahrensrechtlichen Anordnungsautorität, die schließlich die Bestandskraft des Steuerverwaltungsaktes erzeugt. Die von *Bühler*[17] angesprochene Konkretisierung ist eine verfahrensrechtliche Konkretisierung der Steuerschuld. Die Entstehung der Steuerzahlungsschuld durch Verwaltungsakt, wenn eine in Wahrheit nicht entstandene Steuerschuld festgesetzt wird[18], ist ein verfahrensrechtlicher Vorgang, Rechtsfolge eben jener Anordnungsautorität. Die Steuerzahlungsschuld läßt sich mithin mit der titulierten Schuld des Zivilrechts vergleichen, deren Gläubiger eine durch eine richterliche Entscheidung oder durch sonst einen Verfahrensakt gefestigte Stellung bezogen hat.

Als Bestandteil des negativen Entstehungstatbestandes der Steuerschuld hat die persönliche Steuerbefreiung keinen verfahrensrechtlichen Inhalt. Die Freistellung des Steuerpflichtigen in einem Steuerbescheid (sog. Freistellungsbescheid) ist keine persönliche Steuerbefreiung. Somit läßt sich zwischen der Rechtsstellung des Steuerzahlungsschuldners im hier spezifizierten Sinne und der persönlichen Steuerbefreiung keine terminologische Beziehung knüpfen.

1.2.3. Der Steuerentrichtungspflichtige und der Steuerhaftende

1.2.3.1. Der Steuerentrichtungspflichtige

Der Steuerentrichtungspflichtige ist der Steuerpflichtige im materiellen Sinne. Er ist einmal der Steuerschuldner (§ 97 Absatz 1 AO), zum anderen der Steuerhaftende (§ 97 Absatz 2 AO) und schließlich auch derjenige, der eine Steuer für Rechnung eines Dritten einzubehalten und abzuführen hat[19]. Die Tatbestände der Steuerentrichtungspflicht, mit Ausnahme des Entstehungstatbestandes der Steuerschuld selbst, haben das Ziel, das Steueraufkommen zu sichern. Dies wird erreicht, indem

---

[17] Steuerrecht, Bd. I, S. 214: „... die durch die Erfüllung des Tatbestandes entstandene Steuerschuld ist zunächst eine mehr abstrakte, eine nur dem Grunde nach vorhandene, vielleicht auch inhaltlich nicht genau bestimmte Schuld, sie wird durch die Festsetzung konkretisiert, in ihrer Höhe bestimmt und meist auch fällig."
[18] So *Kruse*, Steuerrecht, I. Allgemeiner Teil, S. 99.
[19] Vgl. hierzu § 36 AO 1974; der Steuerpflichtige im formellen Sinne ist der am Steuerverfahren Beteiligte, und zwar unabhängig davon, ob eine Steuerentrichtungspflicht besteht oder nicht (vgl. hierzu *Becker/Riewald/ Koch*, Reichsabgabenordnung, § 97 Anm. 1 und 3).

der Kreis derjenigen, die eine Steuer zu entrichten haben, auch Personen einschließt, welche die Steuer *nicht* schulden. Man spricht somit auch von einer Ausdehnung des Steuerschuldverhältnisses[20], der persönlichen Steuerpflicht[21] oder von einer persönlichen Bestärkung[22] der Steuerschuld[23].

Aus dem Sicherungszweck der neben dem Steuertatbestand bestehenden Steuerentrichtungstatbestände folgt deren Abhängigkeit (Akzessorietät) gegenüber der Steuerschuld. Die entstandene Steuerschuld ist Tatbestandsvoraussetzung. Das bedeutet insbesondere für das Rechtsbehelfsverfahren, daß der Steuerentrichtungspflichtige, auch wenn er nicht Steuerschuldner und der an den Steuerschuldner gerichtete Bescheid unanfechtbar geworden ist, einwenden kann, die Steuerschuld sei nicht oder nicht in der geltend gemachten Höhe entstanden[24].

Die Akzessorietät ergibt die allgemeine Bedeutung der persönlichen Steuerbefreiung für die Rechtsstellung des Steuerentrichtungspflichtigen: beim Vorliegen einer persönlichen Steuerbefreiung kann *kein* Steuerentrichtungspflichttatbestand verwirklicht sein und jeder Steuerentrichtungspflichtige kann das Vorliegen einer persönlichen Steuerbefreiung geltend machen.

1.2.3.2. Der Steuerhaftende

Im Besonderen ist nunmehr das Verhältnis der persönlichen Steuerbefreiung zur Steuerhaftung zu untersuchen:

1.2.3.2.1. Die Gleichstellung von Schuld und Haftung nach der sog. deutschrechtlichen Theorie

Nach deutschrechtlicher Auffassung steht dem Leistensollen (Schuld im deutschrechtlichen Sinne) das Leistenmüssen (Haftung im deutschrechtlichen Sinne) gegenüber. Von dieser Terminologie gehen die meisten Untersuchungen zur Steuerhaftung aus[25]. *Bürger*[26], der sich bisher am eingehendsten mit der Rechtsfigur des Steuerschuldners befaßt

---

[20] *Kruse*, Steuerrecht, I. Allgemeiner Teil S. 102.
[21] *Hensel*, Steuerrecht, S. 69 ff.
[22] Von der hier zu erörternden persönlichen Bestärkung der Steuerschuld ist die sachliche in Form der sog. Sachhaftung (§ 121 AO) zu unterscheiden.
[23] *Merk*, Steuerschuldrecht, S. 110 ff.; so auch der Gliederungsvorschlag *Tipkes* in Reformbedürftiges allgemeines Abgabenrecht, StBJB 68/69 S. 69 ff., der allerdings in Systematisierung des allgemeinen Steuerrechts, StuW 71, S. 95 ff. nicht mehr übernommen ist.
[24] Das ist für das Steuerhaftungsverfahren nicht selbstverständlich, ergibt sich aber aus § 229 Ziff. 5 AO, hierzu *Tipke/Kruse*, AO, Anm. 7 zu § 118. Ausnahme: § 119 AO.
[25] *Bürger*, Die Rechtsfigur des Steuerschuldners, VJSchrStuFR 1928, S. 75 ff.; *Goetzeler*, Die Steuerhinterziehung als Rechtsgrundlage für die steuerliche Pflicht des Hinterziehers, VJSchrStuFR 1928 S. 198 ff.; *Merk*, Steuerschuldrecht, S. 75 ff. mit zahlr. Nachweisen der zivilrechtstheoretischen Literatur; *von Myrbach - Rheinfeld*, Grundriß des Finanzrechts, S. 73.
[26] Ebd. Anm. 1.

hat, stellt drei Elementarfunktionen, die für die Steuerschuldnerschaft in Betracht kommen, heraus: das Steuertragen, das Steuerentrichten und das Steuerhaften. *Bürger* kommt dann zu dem Ergebnis, Steuerschuldner sei der für die Steuer unmittelbar Haftende[27].

Diese auf der deutschrechtlichen Theorie beruhende Gleichstellung von Schuld und Haftung läßt nur den Schluß zu, daß die deutschrechtlichen Begriffskategorien für das Steuerrecht unbrauchbar sind. Die Unterscheidung zwischen Schuld und Haftung im deutschrechtlichen Sinne besitzt schon im Zivilrecht geringe praktische Bedeutung[28]. Auch dort fallen Leistensollen und Leistenmüssen nur selten, z. B. bei der Naturalobligation auseinander. Im Steuerrecht fallen hingegen Schuld und Haftung im deutschrechtlichen Sinne *stets* zusammen. Unter diesem Blickwinkel ist das Ergebnis Bürgers zu sehen.

1.2.3.2.2. Der Tatbestand der Steuerhaftung

Arens[29] hat in seiner grundlegenden und oft zitierten Untersuchung zum Begriff der Haftung im Steuerrecht diese als ein eigenes, vom Steuerschuldverhältnis verschiedenes Rechtsinstitut entwickelt. Sie sei ein besonderes Sicherungsmittel für die Forderung gegen den Steuerschuldner[30] und mit Rücksicht auf ihre Eigenart als eine besondere Obligation des Steuerrechts anzusehen. Sie habe einen eigenen Tatbestand, sei aber als Sicherungsrechtsverhältnis von der Steuerschuld abhängig und nehme daher im System des Steuerrechts eine ähnliche Stellung ein wie die Bürgschaft im Zivilrecht[31]. Der deutschrechtliche Begriff der Haftung wird im Hinblick auf die terminologische Eigenständigkeit der Steuerhaftung ausdrücklich abgelehnt[32].

Schuld und Haftung im Steuerrecht, das ist von *Arens* überzeugend erarbeitet worden, unterscheiden sich also nicht in ihrer Wirkung oder Rechtsfolge (Leistensollen und -müssen einer Steuer), sondern in ihren

---

[27] Ebd. S. 171: „Steuerschuldner ist, wer nach den Steuergesetzen auf Grund unmittelbarer Tatbestandsverwirklichung haftet." So auch *Goetzeler*, ebd.; *Hensel*, Steuerrecht, S. 64 folgt im Ergebnis Bürger, wählt aber den besonderen Begrif der Vollstreckungsduldungspflicht.
[28] So *Dankelmann* in Palandt, Bürgerliches Gesetzbuch, Anm. 3 Einleitung vor § 241, der zudem auf den schwankenden Sprachgebrauch hinweist.
[29] Zum Begriff der Haftung im geltenden Steuerrecht, VJSchrStuFR 1927, S. 567 f.
[30] *Arens*, ebd. S. 576.
[31] *Arens*, ebd. S. 589, siehe hierzu auch *Liebisch*, Steuerrecht und Privatrecht, S. 29; *von Myrbach-Rheinfeld*, Grundriß des Finanzrechts, S. 93: „Man könnte die persönliche Haftung als öffentlich-rechtliche auf das Gesetz gegründete Bürgschaft bezeichnen." Dagegen *Kruse*, Steuerrecht, I. Allg. T., S. 106.
[32] Im Anschluß an Arens auch *Hensel*, Steuerrecht, S. 71 (Anm. 1); *Liebisch*, ebd. „Nebenhaftung ist demnach ein selbständiger technischer Begriff des Steuerrechts. Andererseits ist ohne weiteres zu erkennen, daß ... das Haftungsverhältnis ... ein eigenes Leistensollen, eine Schuld begründet."

Tatbestandsvoraussetzungen. Während die Tatbestandsvoraussetzungen der Steuerschuld die Steuerentrichtungspflicht originär begründen, knüpft die Steuerhaftung an das Vorhandensein einer Steuerentrichtungspflicht, einer Steuerschuld *und* an Tatbestandsvoraussetzungen an, die der Gesetzgeber als geeignet angesehen hat, die Steuerschuld zu sichern oder zu bestärken.

Aus dieser Unterscheidung ergibt sich der Gegensatz zwischen der Rechtsfigur des Steuerschuldners und des Steuerhaftenden: während dem Steuerschuldner das Kernstück des Steuertatbestandes, der Steuergegenstand zugerechnet wird, wird dem Steuerhaftenden die Rechtsfolge des Steuertatbestandes, die Steuerschuld als *eigene* Steuerentrichtungspflicht zugerechnet.

In diesem Zusammenhang ist das Rechtsinstitut der sog. Gesamtschuld (§ 7 StAnpG; § 47 AO 1974) zu erwähnen, das sich mit der Kumulation mehrerer Steuerentrichtungspflichtiger befaßt. Der Ausdruck „Gesamtschuld"[33] ist ungenau. Hält man an einer Unterscheidung der Steuerschuld von der Steuerhaftung konsequent fest, so müßte die Gesamtschuld als Gesamtentrichtungspflicht bezeichnet sein, die die Gleichrangigkeit und Selbständigkeit der kumulierenden Steuerentrichtungspflichten statuiert[34].

1.2.3.2.3. Persönliche Steuerhaftung[35] und persönliche Steuerbefreiung

§ 97 Absatz 2 AO unterscheidet zwei Arten der persönlichen Steuerhaftung, die Haftung neben dem Steuerschuldner (Nebenhaftung) und die Haftung an Stelle des Steuerschuldners (Ersatzhaftung). Bei der Nebenhaftung tritt zu dem Steuerschuldner ein weiterer Steuerentrichtungspflichtiger hinzu. Die Bestärkung der Steuerschuld besteht in der Vermehrung der Steuerentrichtungspflichtigen. Hier gilt das allgemein zum Steuerentrichtungspflichtigen Gesagte. Beim Vorliegen einer persönlichen Steuerbefreiung wirkt sich die Akzessorietät der Nebenhaftung aus: So wenig wie die Steuerschuld kann auch eine Nebenhaftung entstehen. Bei der sog. Ersatzhaftung ist kraft Gesetzes die Steuerentrichtungspflicht von dem Steuerschuldner auf eine andere Person übertragen, gewissermaßen verlagert. Ersatzhaftungstatbestände sind insbesondere bei der sog. Besteuerung an der Quelle anzutreffen. Der Arbeitgeber zum Beispiel haftet für die Einbehaltung und Abführung der Lohnsteuer (§ 38 Absatz 3 Satz 2 EStG). Der Arbeitnehmer

---

[33] Der Entwurf der AO 1974 hält an ihm fest und verweist auf die Rechtsprechung des Bundesfinanzhofs, der das Verhältnis zwischen Steuerschuldner und Haftenden als unechte Gesamtschuld bezeichnet habe (Begründung S. 115).
[34] Hierzu *Lauter*, die Gesamtschuld im Steuerrecht, S. 11 ff.
[35] Die sog. Sachhaftung bedarf hier nicht der Erörterung.

dagegen wird nur unter bestimmten Voraussetzungen in Anspruch genommen (§ 38 Absatz 3 Satz 3 EStG), d. h. er ist im übrigen von der Steuerentrichtungspflicht freigestellt. Es fragt sich, ob darin eine persönliche Steuerbefreiung zu erblicken ist. Der Fall der Ersatzhaftung zeigt, daß die Aufhebung der Steuerschuldnerschaft als terminologisches Merkmal erforderlich ist, um die persönliche Steuerbefreiung von anderen Tatbeständen abzugrenzen, die Freistellungen von der Steuerentrichtungspflicht zum Inhalt haben. § 38 Absatz 4 Satz 1 EStG bestimmt ausdrücklich, daß der Arbeitnehmer beim Steuerabzug vom Arbeitslohn Steuerschuldner bleibt. Daher ist die Auffassung Bühlers, der Arbeitgeber sei Steuerschuldner[36], nicht vertretbar. Jedoch enthält § 38 Absatz 4 Satz 1 EStG keine Fiktion, er deklariert vielmehr jene Eigenart der Ersatzhaftung, die das Wesen der Steuerschuldnerschaft gegenüber der Haftung verdeutlicht. Der Steuergegenstand, hier als dessen Teilstück die Einkünfte aus nichtselbständiger Arbeit, bleibt trotz des Überganges der Steuerentrichtungspflicht dem Arbeitnehmer zugerechnet, als Teil seines Einkommens, des Gesamtbetrages sämtlicher Einkünfte des Arbeitnehmers im Sinne des § 2 Absatz 3 EStG. Wäre dem nicht so, könnte z. B. der Arbeitnehmer Verluste aus Vermietung und Verpachtung wegen der § 7 b-Abschreibung nicht mit seinen Einkünften aus nichtselbständiger Arbeit ausgleichen. Da somit die Steuerschuldnerschaft des Arbeitnehmers nicht aufgehoben ist, kann von einer persönlichen Steuerbefreiung nicht die Rede sein.

Was für die Abgrenzung der Steuerschuld zur Steuerhaftung gilt, muß entsprechend auch für die Abgrenzung der persönlichen Steuerbefreiung zu anderen Freistellungen von der Steuerentrichtungspflicht gelten: nicht die Folge der Tatbestandsverwirklichung, sondern die Art des Tatbestandselementes, das durch die freistellende Vorschrift aufgehoben wird, gibt darüber Auskunft, ob die freistellende Vorschrift als persönliche Steuerbefreiung qualifiziert werden kann.

1.3. Das Verhältnis der persönlichen Steuerbefreiung zu anderen Steuervergünstigungen

Merk[37] unterscheidet nach dem Umfange der persönlichen Steuerbefreiung *unbeschränkte*, d. h. überhaupt für eine bestimmte Steuer, und *beschränkte*, d. h. nur für bestimmte Verhältnisse oder Vorgänge, nicht aber im übrigen und allgemein für eine bestimmte Steuer geltende Steuerbefreiungen. Im letzteren Falle handle es sich zugleich um

---

[36] *Bühler*, Steuerrecht, Bd. I, S. 26 und 198 begründet sie damit, der Arbeitgeber nehme dem Arbeitnehmer die Lohnnachweispflicht und die Steuerzahlungspflicht ab. Dagegen, *Ehlers*, Haftung für fremde Steuerschulden, insbesondere beim Verkauf eines Gewerbeunternehmens, StbJB 1953/54 S. 207 (222/223).
[37] Steuerschuldrecht, S. 34.

sachliche Steuerbefreiungen; man könne daher insofern auch von einer gemischten Steuerbefreiung sprechen.

Die Aufhebung der Eigenschaft als Steuerschuldner bedeutet Aufhebung der Tatbestandsverwirklichung schlechthin mit der Folge, daß ein Steuerschuldverhältnis in der Person des Steuerrechtssubjektes überhaupt nicht entsteht. Die persönliche Seite des Steuertatbestandes läßt nur zwei Alternativen zu: entweder ist ein Steuerrechtssubjekt Schuldner oder nicht. Die Befreiungen bestimmter Verhältnisse oder Vorgänge, auch wenn sie sich auf bestimmte Steuerrechtssubjekte beziehen, sind daher stets Befreiungen auf der sachlichen Seite des Steuertatbestandes, die Freistellung des Steuerschuldners in bezug auf bestimmte Quantitäten stets Steuervergünstigungen des Berechnungstatbestandes. Da die persönliche Seite des Steuertatbestandes das Steuerschuldverhältnis an sich herstellt, ist es nur logisch, daß die der persönlichen Seite des Steuertatbestandes entsprechende Steuervergünstigung, die persönliche Steuerbefreiung, absoluten Charakter hat. Daher sind beschränkte oder gemischte persönliche Steuerbefreiungen eigentlich nicht denkbar.

Indes müssen hier gewisse Ausnahmen berücksichtigt werden. Es handelt sich um die Fälle, bei denen der Gesetzgeber erkennen läßt, daß das Steuerschuldverhältnis an sich nicht bestehen soll, daß aber für bestimmte Verhältnisse das Steuerschuldverhältnis gewissermaßen wieder aufleben soll, so daß die Steuerschuldentstehung den *Ausnahmetatbestand* darstellt, so z. B. in den Fälle n der §§ 4 Abs. 1 Ziff. 6 KStG, 3 Ziff. 6 VStG. Streng genommen ist hier der Steuergegenstand auf einen Minimaltatbestand reduziert, liegt also eine sachliche Steuerbefreiung vor. Da jedoch der Gesetzgeber auch die Aufhebung des Steuerschuldverhältnisses „dem Grundsatze nach" angeordnet hat, kann man diese Tatbestände als gemischte Steuerbefreiungen ansehen. Ein anderes Beispiel der Einschränkung einer persönlichen Steuerbefreiung bietet § 4 Absatz 2 KStG. Bei dem Steuerabzugsverfahren ist die Steuerentrichtungspflicht auf einen Nichtschuldner verlagert. Wird diese Steuerentrichtungspflicht trotz Aufhebung der Steuerschuldnerschaft aufrechterhalten, so liegt in der damit verbundenen Durchbrechung des Akzessorietätsgrundsatzes auch eine Einschränkung des absoluten Charakters der persönlichen Steuerbefreiung.

Folgt man der hier dargestellten Terminologie, so sind persönliche Steuerbefreiungen verhältnismäßig selten anzutreffen. Persönliche Steuerbefreiungen enthalten die Befreiungskataloge der §§ 4 KStG, 3, 3 a VStG, 3 GewStG. Die §§ 3 Nr. 4, 5, 16, 29 bis 40, 41, 55, 57 EStG, 16, 17 ErbStG, 4 Ziff. 7, 14, 15, 16, 20, 22, 24, 25 UStG, 4 Ziff. 1—6, 10 GrStG, 2 Ziff. 2, 3, 8 KraftStG sind sachliche Steuerbefreiungen oder

Steuervergünstigungen des Berechnungstatbestandes, die sich auf bestimmte Steuerrechtssubjekte beziehen.

2. Die sachlichen Steuerbefreiungen

Den Gegensatz zur persönlichen Steuerbefreiung bildet die sachliche Steuerbefreiung. Die Einteilung der Steuerbefreiungen in persönliche und sachliche entspricht der Tradition der Steuerrechtslehre[38]. Indes hat die Einteilung dazu geführt, den Begriff der sachlichen Steuerbefreiung als eine Art Sammelbegriff für alle Ausnahmen vom Steuertatbestand zu verstehen, die nicht persönliche Steuerbefreiungen sind[39]. Möglicherweise hat *Hensel* deshalb überhaupt darauf verzichtet, der Definition der persönlichen Steuerbefreiung[40] eine der sachlichen Steuerbefreiung gegenüberzustellen.

In der Tat scheint ein derartiger Sammelbegriff der sachlichen Steuerbefreiung nicht mit der gesetzlichen Terminologie übereinzustimmen. § 4 Absatz 1 StAnpG, der als einzige Rechtsnorm die verschiedenen Arten der Steuervergünstigungen anspricht, unterscheidet Steuerbefreiungen, Steuerermäßigungen und sonstige Steuervergünstigungen. Danach besteht neben den persönlichen und sachlichen Steuerbefreiungen eine weitere Gruppe von Steuervergünstigungen, zu der auch die Steuerermäßigung gehört.

Geht man vom Wortlaut aus, so bedeutet „Steuerbefreiung" sinngemäß, daß der mit der Steuerbefreiung erfaßte Sachverhalt von der Besteuerung ausgenommen sein soll. In diesem Sinne sind auch die meisten Befreiungsvorschriften im Bereich der Verkehr- und Verbrauchsteuern formuliert, nämlich mit dem Satz „Von der Besteuerung sind ausgenommen...". Der Gesetzgeber bringt damit zum Ausdruck, daß für einen bestimmten Lebenssachverhalt überhaupt keine Steuerschuld entsteht, d. h. dieser soll der Besteuerung nicht nur in einer bestimmten Beziehung oder mit einem bestimmten Betrag, sondern schlechthin nicht mehr unterworfen sein. Der Bestimmung dessen, *was* zu besteuern ist, steht die Bestimmung dessen gegenüber, was nicht zu besteuern ist. Mit diesem Inhalt bildet die sachliche Steuerbefreiung das Gegenstück zur persönlichen Steuerbefreiung. Der Gegensatz zwischen persönlicher und sachlicher Steuerbefreiung besteht auf der Ebene des

---

[38] So bereits das „erste Lehrbuch des Steuerrechts" (*Kruse*, Steuerrecht I. Allgemeiner Teil, S. 1), *von Myrbach-Rheinfeld*, Grundriß des Finanzrechts, §§ 39 und 40; *Merk*, Steuer*schuld*recht, S. 32 und S. 56; *Kruse*, ebd. S. 22; *Blumenstein*, System des Steuerrechts unterscheidet Ausnahmen von der subjektiven (S. 35) und objektiven (S. 112) Steuerpflicht.
[39] So *Merk*, ebd. S. 56; vgl. hierzu auch die terminologischen Ausführungen von *Knief*, Steuerfreibeträge als Instrumente der Finanzpolitik, S. 14 ff.
[40] Steuerrecht, S. 68.

Grundtatbestandes: die persönliche Steuerbefreiung als Aufhebung der Steuerschuldnerschaft betrifft die persönliche Seite des Steuertatbestandes, die sachliche Steuerbefreiung als Einschränkung des *Steuergegenstandes* betrifft die sachliche Seite des Steuertatbestandes.

Die sachliche Steuerbefreiung als Ausnahmetatbestand vom Steuergegenstand läßt sich jedoch nur dort nachweisen, wo Grund- und Berechnungstatbestand klar getrennt sind. Das ist bei den erwähnten Verkehr- und Verbrauchsteuern mit ihren indirekten Steuerbemessungsgrundlagen[41] der Fall. Die Steuerbefreiungen des Umsatzsteuergesetzes (§§ 4 ff. UStG) beziehen sich auf den Steuergegenstand, die Umsätze gemäß § 1 Absatz 1 Nr. 1 und 2 UStG (Einleitungssatz des § 4 UStG), nicht auf die Bemessungsgrundlagen (§§ 10, 11, 30 Absatz 4 UStG). Die Verknüpfung der sachlichen Steuerbefreiung mit dem Steuergegenstand wird durch den im Umsatzsteuerrecht besonders entwickelten Begriffsgegensatz steuerbarer[42] und steuerpflichtiger Besteuerungsgüter hervorgehoben[43]. Gegenstand der Grunderwerbsteuer sind die in § 1 GrEStG umschriebenen Rechtsvorgänge. Davon heben sich ab die „Besteuerungsgrundlagen"[44] (Steuerbemessungsgrundlagen): der Wert der Gegenleistung (§ 10 Absatz 1 GrEStG) oder der Wert des Grundstücks (§ 10 Absatz 2 GrEStG). Die Befreiungsvorschriften des Grunderwerbsteuerrechtes[45], die als Ausnahmen von der Besteuerung bezeichnet werden, nehmen nicht etwa bestimmte Gegenleistungs- oder Grundstückswerte, sondern die Rechtsvorgänge selbst aus. Gleiches gilt auch bei den Ausnahmen von der Besteuerung der §§ 7 und 22 KVStG, des § 6 WStG, des § 18 RennwLottG, des § 4 VersStG und den Steuerbefreiungen des § 2 StraGüVerkStG. In allen diesen Verkehrsteuergesetzen ist die Steuerbemessungsgrundlage systematisch vom Steuergegenstand getrennt (§§ 8, 23 KVStG, 7 WStG, 17 Satz 3 RennwLottG, 5 VerStG, 3 StraGüVerkStG), so daß sich der alleinige Bezug der sachlichen Steuerbefreiung auf den Steuergegenstand anhand des Gesetzestextes und des Gesetzesaufbaus nachweisen läßt. Die Vorschriften über die Steuerbemessungsgrundlage sind auch in der Regel (Ausnahme: § 17 Satz 3 RennwLottG) hinter den Steuerbefreiungsvorschriften geregelt. Die Steuerbefreiungen der Verbrauchsteuergesetze (z. B. §§ 9 ZuckStG, 7 SalzStG, 7 BierStG, 8 SchaumweinStG, 8 LeuchtmStG, 7 SüßstoffG) beziehen sich ebenfalls auf den Steuergegenstand und nicht auf die als technische Steuereinheiten normierten Steuerbemessungs-

---

[41] Hierzu oben 1. Teil, 1. Kapitel, 4.2.2.
[42] Vgl. hierzu die Überschrift des § 1 UStG.
[43] Überhaupt kann die Umsatzsteuer als Schulbeispiel für den Aufbau des Steuertatbestandes dienen.
[44] Entsprechend die Abschnittsüberschrift.
[45] Hierzu oben 1. Teil, 3. Kapitel, 4.5.3.

grundlagen. Gleiches gilt auch für den Befreiungskatalog des § 2 KraftStG.

Im Gegensatz zu den Verkehr- und Verbrauchsteuern läßt sich bei den Besitzsteuern die sachliche Steuerbefreiung als Ausnahme vom Steuergegenstand nur schwer nachweisen. Die Ursache dafür ist das Zusammenfallen von Steuergegenstand und Steuerbemessungsgrundlage und der oft unglückliche Aufbau der Besitzsteuergesetze. Während der Steuergegenstand der Erbschaftsteuer ausführlich und durchaus systemgerecht zu Anfang des Gesetzes geregelt ist, fehlt die systematische Gliederung des Berechnungstatbestandes. Der Abschnitt „Berechnung der Steuer" quantifiziert nicht vor Anwendung des Steuersatzes den Steuergegenstand, sondern beschränkt sich auf Tarifvorschriften. Die Steuerbemessungsgrundlage ist als besonderer II. Teil des Gesetzes unter der Überschrift „Wertermittlung" geregelt. § 24 Absatz 1 bis 3 ErbStG enthält einen groben Systembruch. Was als Erwerb zu gelten hat, gehört in den Abschnitt „Gegenstand der Erbschaftssteuer" und nicht in die „Wertermittlung". Die Systemmängel des Erbschaftssteuergesetzes setzen sich fort in dem Abschnitt „Befreiungen und Ermäßigungen". Die dortigen Steuervergünstigungen, die sich sowohl auf persönliche, sachliche und rechnerische Tatbestandselemente beziehen, lassen nicht erkennen, was der Gesetzgeber unter Steuerbefreiungen versteht. Es fällt bereits ins Auge, daß der Begriff der Steuerermäßigung im Text der Abschnittsüberschrift später bei den einzelnen Paragraphenüberschriften nicht wieder erscheint. Der in der Abschnittsüberschrift zum Ausdruck gebrachte Gegensatz zwischen Befreiungen und Ermäßigungen wird aufgelöst durch die Einführung der weiteren Begriffe „Freibeträge und Besteuerungsgrenzen". Ist nun aber etwa die „Steuerbefreiung des Ehegatten" in § 16 ErbStG anderer Rechtsnatur als es die „Freibeträge" in § 17 Absatz 1 ErbStG sind? Es können nicht einmal in der Formulierung Wesensunterschiede festgestellt werden. Dasselbe gilt für den Vergleich des § 18 Absatz 1 mit § 17 Absatz 1 ErbStG. Die Steuerbefreiung wird hier demnach als weitreichender Sammelbegriff für sachliche und rechnerische Steuervergünstigungen verwendet. Nach alledem kann das Erbschaftsteuergesetz als das am unglücklichsten aufgebaute, für die allgemeine Begriffsbildung damit auch als das am wenigsten verbindliche Steuergesetz angesehen werden. Das Zusammenfallen von Steuergegenstand und Steuerbemessungsgrundlage im Einkommensteuerrecht ist bereits oben ausgeführt[46]. Demzufolge unterscheidet das Einkommensteuerrecht auch nicht zwischen Steuervergünstigungen des Grund- und Berechnungstatbestandes. Abgesehen davon, daß die sachlichen Steuerbefreiungen nicht an einer Stelle (§§ 3 ff.

---

[46] 1. Teil, 2. Kapitel, 4.2.2.1.

EStG) zusammengefaßt sind[47], werden grundsätzlich Ausnahmen vom Steuergegenstand mit bloßen Freibeträgen und Freigrenzen vermischt[48].

Die schwierige Nachweisbarkeit eines klar abgrenzbaren Begriffs der sachlichen Steuerbefreiung bei den Besitzsteuern beruht nicht auf einer besonderen Systemhaftigkeit der Besitzsteuern, sondern wohl darauf, daß gerade die Besitzsteuern als Traditionssteuern ihren altertümlichen Aufbau nicht verleugnen können und stets im Mittelpunkt politischer Auseinandersetzungen standen, die die Konzeption einer rationalen und systemhaften Besteuerung ohne Privilegien im Laufe der Zeit zerstört haben. Dies hindert aber die rechtswissenschaftliche Betrachtung nicht, sich von den politisch verursachten und oft in Zeitnot entstandenen Mißbildungen der lex lata zu lösen und eine Terminologie de lege ferenda zu verfechten. Der Begriff der sachlichen Steuerbefreiung als Ausnahme vom Steuergegenstand ist auch bei den Besitzsteuern angebracht, ebenso wie die systematische Trennung des Steuergegenstandes von der zwar dem Steuergegenstande wertgleichen, aber nicht begriffsgleichen Steuerbemessungsgrundlage.

Als Begriff der sachlichen Steuerbefreiung wird daher vorgeschlagen:

Die sachliche Steuerbefreiung ist ein Rechtssatz, der die Rechtsfolge der Steuerschuld für einen Teil des Steuergegenstandes, d. h. für einen bestimmten steuerbaren Sachverhalt nicht eintreten läßt.

3. Die Steuervergünstigungen des Berechnungstatbestandes

Während die Steuervergünstigungen des Grundtatbestandes die Rechtsfolge der Steuerschuld für ein bestimmtes Steuerrechtssubjekt (persönliche Steuerbefreiungen) oder einen bestimmten steuerbaren Sachverhalt (sachliche Steuerbefreiungen) überhaupt nicht eintreten lassen, schränken die Steuervergünstigungen des Berechnungstatbestandes die Steuerschuld lediglich ein. Sie sind das eigentliche Mittel des Gesetzgebers, eine Steuerart den vielfachen politischen und verwaltungsökonomischen Bedürfnissen anzugleichen, Kompromißlösungen und Lenkungsabsichten durch partiellen Abbau des Steuerdruckes zu verwirklichen.

Entsprechend seiner Gliederung ergeben sich folgende Steuervergünstigungen des Berechnungstatbestandes:

3.1. Die Steuervergünstigungen der Steuerbemessungsgrundlage

Die Normen der Steuerbemessungsgrundlage haben, wie bereits erörtert[49], die Größe des Steuergegenstandes zu bestimmen. Bei den

---

[47] Hierzu auch die Kritik der Einkommensteuerkommission, Bericht, S. 62. Eklatant ist die Fehlstellung des § 34 a EStG.
[48] Vgl. hierzu § 3 Ziffer 3, 17, 25, 51 EStG.

direkten Steuerbemessungsgrundlagen leitet der Gesetzgeber die Steuerbemessungsgrundlage unmittelbar aus den Größenverhältnissen des Steuergegenstandes ab mit der Folge der Wertgleichheit von Steuergegenstand und Steuerbemessungsgrundlage[50]. Doch gerade diese Konzeption einer wertneutralen Quantifikation des Steuergegenstandes wird häufig durchbrochen. Insofern ist der negative Entstehungstatbestand der Steuerschuld bei den Steuerarten mit direkten Steuerbemessungsgrundlagen wesentlich umfangreicher als bei jenen mit indirekten Steuerbemessungsgrundlagen. Die Arten der hier in Betracht kommenden Steuervergünstigungen sind die Bewertungsfreiheiten, die steuermindernden Abzüge von der Steuerbemessungsgrundlage und die Freibeträge und Freigrenzen.

3.1.1. Die Bewertungsfreiheiten

Die Bewertungsfreiheiten sind die Steuervergünstigungen der materiellen Bewertungsvorschriften. Die materiellen Bewertungsvorschriften bestimmen die Größe eines mit dem Steuergegenstand verknüpften Wirtschaftsgutes oder einer entsprechenden wirtschaftlichen Einheit (§ 2 BewG) allgemein (§§ 1 bis 16 BewG) oder für eine bestimmte Steuerart (§§ 17 bis 121 BewG und die besonderen Bewertungsvorschriften der einzelnen Steuergesetze, z. B. §§ 6 ff. EStG). Die Bewertungsfreiheiten sind Rechtssätze, die die Größe eines Wirtschaftsgutes entweder vollständig von der Besteuerung ausnehmen (*totale Bewertungsfreiheiten*) oder aber einen niedrigeren als den sonst zulässigen Wertansatz gestatten (*partielle Bewertungsfreiheiten*). Totale Bewertungsfreiheiten sind die nach §§ 45 Absatz 2, 102, 111, 114 Absatz 2, 115 Absatz 2 und 3, 116 BewG und § 6 Absatz 2 EStG, partielle Bewertungsfreiheiten vor allem die Sonderabschreibungen. Bemißt sich die Absetzung für Abnutzung nach dem zu erwartenden (betriebsgewöhnlichen — § 7 Absatz 1 EStG —) Wertverzehr, so ist insoweit das Nettoprinzip nicht durchbrochen, die Annahme einer Steuervergünstigung ausgeschlossen. Erst die darüber hinausgehende Sonderabschreibung führt zu einer *Unter*bewertung der *genutzten* Wirtschaftsgüter und damit zu einer gezielten Veränderung der wertneutralen Quantifikation des Steuergegenstandes. Beispiele für Sonderabschreibungen sind die Bewertungsfreiheiten für bewegliche Wirtschaftsgüter gemäß § 7 a EStG, für Fabrikgebäude, Lagerhäuser und landwirtschaftliche Betriebsgebäude gemäß § 7 e — der Begriff „Bewertungsfreiheit" wird in den Überschriften zu den §§ 7 a, 7 e EStG ausdrücklich genannt —, die erhöhten Absetzungen gemäß §§ 7 b, 7 c EStG, § 51 EStG in Verbindung mit §§ 75 ff. EStDV, §§ 14, 14 a BerlinFG.

---

[49] Oben 1. Teil, 2. Kapitel, 4.2.1.
[50] Oben 1. Teil, 2. Kapitel, 4.2.2.1.

3.1.2. Die steuermindernden Abzüge von der Steuerbemessungsgrundlage

Der Steuergesetzgeber gewährt Steuervergünstigungen, indem er den Abzug sonst nicht abzugsfähiger Aufwendungen, die zudem mit dem Steuergegenstand nicht verknüpft sein müssen, zuläßt.

An erster Stelle sind hier die Sonderausgaben des Einkommensteuerrechts zu nennen. Es ist bereits oben[51] dargelegt worden, daß das Prinzip, private Aufwendungen sollten die Steuerbemessungsgrundlage (nur) insoweit beeinflussen, als sie existentiell notwendig oder sonst zwangsläufig sind, leider kein steuerartbegründendes Prinzip des geltenden Einkommensteuerrechts darstellt. Daher entspricht der Begriff des Einkommens in § 2 Absatz 2 Satz 1 EStG an sich nicht dem eigentlichen Steuergegenstand, denn die Sonderausgaben sind in Wahrheit Ausnahmen von § 12 EStG, von dem dort geprägten Grundsatz nicht abzugsfähiger Ausgaben, mithin Steuervergünstigungen, die auf der Ebene der §§ 33, 33 a EStG liegen.

Steuermindernde Abzüge von der Steuerbemessungsgrundlage werden häufig auch durch besondere Passivposten in der Steuerbilanz gewährt, durch sonst nicht gewinnmindernde Rückstellungen oder Rücklagen. Beispiele hierfür sind die §§ 6 a, 6 b EStG, 15 BerlinFG, § 1 Absatz 1 Ziff. 2 des Entwicklungshilfesteuergesetzes.

3.1.3. Freibeträge und Freigrenzen

Haben die Normen der Steuerbemessungsgrundlage den Steuergegenstand in eine technische oder monetäre Größe gesetzt, so greift der negative Entstehungstatbestand der Steuerschuld mit *Freibeträgen* und *Freigrenzen* ein. In Anlehnung an *Knief*[52] sind Freibeträge feste oder aufsteigende, in Geld bestimmbare Beträge, die von dem berechneten Steuergegenstand abzusetzen sind; in ihrer Höhe entfällt die Besteuerung ganz. Freigrenze ist derjenige Geldbetrag, bis zu dessen Höhe der Steuergegenstand oder ein Teil davon berechnet werden kann, um für die Besteuerung zu entfallen. Wird der Geldbetrag überschritten, so fällt der gesamte begünstigte Gegenstand in die Besteuerung. Von den Freibeträgen sind bloße Abrundungen zu unterscheiden, die den berechneten Steuergegenstand lediglich verwaltungsökonomisch vergröbern. Sie sind keine Steuervergünstigungen, vgl. hierzu § 4 Absatz 2 VStG, §§ 11 Absatz 1 Satz 3, 13 Absatz 1 Satz 3, 25 Absatz 1 Satz 3 GewStG.

Nach der Art ihrer Anknüpfung lassen sich folgende Freibeträge und Freigrenzen unterscheiden: *persönliche* Freibeträge, die nur bestimm-

---

[51] 1. Teil, 3. Kapitel, 3.2.
[52] Steuerfreibeträge als Instrumente der Finanzpolitik, S. 14/15.

1. Kap.: Stellung im Steuertatbestand

ten Steuerrechtspersonen zustehen (z. B. §§ 16, 17 ErbStG, 5 VStG), *Grund*freibeträge oder -freigrenzen, die sich auf bestimmte Teile des Steuergegenstandes beziehen (z. B. § 3 Ziff. 15, 17, 25, 51 EStG; §§ 13 Absatz 3, 16 Absatz 4, 18 Absatz 4, 19 Absatz 2 und 3 EStG; § 46 Abs. 3 EStG; §§ 10 Absatz 5, 18 Absatz 1 Ziff. 1 und 2, 20 ErbStG), *Bemessungs*freibeträge/freigrenzen, die an Merkmale der Steuerbemessungsgrundlage anknüpfen, z. B. die §§ 110 Absatz 1 Ziff. 2, 6 c, 8, 9, 11, 12, Absatz 2 und 3 BewG, 13 Absatz 3, 23 Absatz 2 GewStG, *Sonder*freibeträge/freigrenzen, die an Verhältnisse des Steuerschuldners außerhalb des Steuergegenstandes anknüpfen, so die Kinder- und Altersfreibeträge gemäßt § 32 EStG, *allgemeine* oder *Tarif*freibeträge/freigrenzen, die ohne Bezug auf einen bestimmten Sachverhalt allgemein vor Anwendung des Steuersatzes/tarifs abgezogen werden, so der allgemeine Freibetrag von 1680 DM in der Einkommensteuertabelle.

3.1.4. Sonstige Ausnahmevorschriften der Steuerbemessungsgrundlage

Von den Steuervergünstigungen der Steuerbemessungsgrundlage sind jene Ausnahmevorschriften zu unterscheiden, die ihrer Konzeption nach nicht als Steuervergünstigungen beabsichtigt sind, jedoch häufig wie Steuervergünstigungen wirken und sich dann als systemwidrige Steuervergünstigungen, wie unten im dritten Abschnitt zu behandeln sein wird, darstellen.

Eine derartige Ausnahmevorschrift ist der *Pauschbetrag*. Der Pauschbetrag dient zunächst der Verwaltungsvereinfachung und beinhaltet eine wahrscheinliche durchschnittliche Größe. Die Verwendung eines Pauschbetrages im Steuerrecht reicht von der Pauschalierung einzelner Aufwendungen bis zur Pauschalierung der Steuer ohne konkrete Steuerbemessung (sog. Pauschbesteuerung — § 31 EStG). Die Verwendung von Pauschbeträgen ist keine Steuerprivilegierung, wenn die wahrscheinliche durchschnittliche Größe auch festgesetzt ist, denn dann wird die tatsächliche Größe in etwa gleichem Umfange unter wie über dem Pauschbetrage liegen. Geht der Pauschbetrag aber über die wahrscheinliche durchschnittliche Größe hinaus, dann wirkt er wie ein Freibetrag. Entsprechendes gilt bei allen Besteuerungen nach Ausnahmevorschriften. Insbesondere die Besteuerung nach Durchschnittsätzen (§ 29 EStG) hat sich zu einer systemwidrigen Privilegierung der Land- und Forstwirte und der Bewohner eigener Einfamilienhäuser entwickelt[53].

3.2. Die Steuervergünstigungen bei oder nach Anwendung des Steuersatzes

Die Steuervergünstigungen bei oder nach Anwendung des Steuersatzes sind die *Steuermäßigungen*. Die Steuerermäßigungen kommen in zwei Arten vor: *Steuersatz*ermäßigungen sehen für besondere Fälle einen milderen Steuersatz vor, z. B. die §§ 34, 34 b EStG, 19 KStG, 12 Absatz 2 UStG, 5 StraGüVerkStG. *Steuerbetrags*ermäßigungen lassen bestimmte Kürzungen der Steuerschuld zu, so die §§ 34 c EStG, 19 a KStG, 9 ErbStG.

4. Zur Wirkung der Steuervergünstigungen

4.1. Verlustausgleich (§ 2 Absatz 1 Satz 1 EStG) und Verlustabzug (§ 10 d EStG) bei Steuervergünstigungen

Die Wirkung der Steuervergünstigungen besteht per definitionem darin, daß sie den Eintritt der Steuerschuld hindert, soweit ihr Tatbestand eingreift. Diese bereits oben[54] erwähnte These ist das Ergebnis des hier vorgeschlagenen Begriffs der Steuervergünstigung. Sie ist von besonderer praktischer Bedeutung bei dem Verhältnis des Verlustausgleichs (§ 2 Absatz 1 Satz 1 EStG) und Verlustabzug (§ 10 d EStG) zu den Steuervergünstigungen des Einkommen- und Körperschaftsteuerrechts. Das Rechtsinstitut des Verlustausgleichs ist ein Tatbestandselement des Steuergegenstandes „Einkommen", also ein Tatbestandselement des positiven Entstehungstatbestandes der Steuerschuld. Das Rechtsinstitut des Verlustabzugs ist eine Steuervergünstigung im hier definierten Sinne, denn es beruht nicht auf einem steuerartbegründenden Prinzip der Einkommensteuer. Das Periodizitätsprinzip[55] wird nämlich durch den Verlustvortrag für Gewinneinkünfte gemäß § 10 d EStG durchbrochen.

Die Frage, wie sich nun Steuervergünstigungen auf diese beiden Rechtsinstitute auswirken, ist vom Gesetzgeber bisher nicht ausdrücklich entschieden worden. Dieser Umstand führte zu einer schwankenden und bis heute uneinheitlichen Rechtsprechung, die die Tragweite einer Steuervergünstigung allein aus dem Sinn und Zweck der einzelnen Vorschrift ableitete, ohne grundsätzlich und methodisch auf den Begriff der Steuervergünstigung einzugehen. Der Reichsfinanzhof ließ sich in erster Linie von dem Grundsatz leiten, daß Verluste, die sich ohne steuerfreie Tatbestände ergeben, durch diese beseitigt würden, damit ein Verlustausgleich beziehungsweise Verlustabzug entfalle. Nach diesem Grundsatz behandelte der Reichsfinanzhof steuerfreie Bezüge aus öffentlichen Mitteln[56], Sanierungsgewinne[57] und Schachteleinnahmen im

---

[53] Hierzu unten S. 155.
[54] 1. Teil, 3. Kapitel, 4.2.
[55] Hierzu *Tipke*, Steuerrecht — Chaos, Konglomerat oder System? StuW 71 S. 16.
[56] Urteil vom 28. 5. 1935 RStBl. 1935 S. 1047.
[57] Urteil vom 15. 5. 1929 RStBl. 1929 S. 427; ausführlich mit Nachweisen hierzu *Herrmann/Heuer*, Kommentar zur Einkommensteuer und Körperschaftsteuer, Anm. 77 zu § 11 KStG.

Sinne des § 11 Ziff. 3 KStG 1929[58]. Der Bundesfinanzhof hat diese Rechtsprechung, nachdem er sie zunächst übernommen hatte, grundlegend revidiert. Dogmatisch aufschlußreich ist die Wende beim Schachtelprivileg (§ 9 KStG). Ursprünglich ging auch der Bundesfinanzhof davon aus[59], das Gesetz stelle die Schachteldividende nicht „steuerfrei", sondern es gebrauche den nicht eindeutigen Ausdruck „Außer-Ansatz-Bleiben". Man könne zwar hierin eine generelle Steuerbefreiung erblicken. Man könne aber auch eine beschränkte Vergünstigung annehmen, die *nur* für das Zufließen der Gewinnanteile in einem Wirtschaftsjahr gelte. Der Bundesfinanzhof folgte letzterer Auslegungsmöglichkeit und begnügte sich zur Begründung damit, auf die Rechtsprechung des Reichsfinanzhofs hinzuweisen. Auf die einhellige Kritik des Schrifttums[60] hin gab der Bundesfinanzhof die überlieferte Rechtsprechung auf[61] mit dem Leitsatz: „Das Außer-Ansatz-Bleiben von Gewinnanteilen auf Schachtelbeteiligungen ist eine sachliche Steuerbefreiung." Der Senat komme zu dem Ergebnis, daß schachtelbegünstigte Einnahmen den abzugsfähigen Verlust der Obergesellschaft nicht minderten. Die Abkehr von der bisherigen Rechtsprechung wird vor allem damit begründet, daß sich die einschränkende Auslegung weder aus dem Wortlaut noch dem Zweck des Schachtelprivilegs entnehmen ließe. Insbesondere ließe sich aus dem Wortlaut ein Unterschied gegenüber einer sachlichen Steuerbefreiung nicht feststellen. Gegen die bisherige Handhabung spreche vor allem auch das Gebot einer gleichmäßigen Anwendung der Vergünstigung. Durch sie würden Obergesellschaften, die Verluste haben, gegenüber Obergesellschaften, die Gewinne erzielen, stark benachteiligt. Eine solche Handhabung sei aber weder durch den Wortlaut noch durch den Zweck des Gesetzes gedeckt und auch nicht zwingend zu begründen. Weiter wird die Änderung der gesetzlichen Vorschriften seit dem Erlaß des Reichsfinanzhofurteils angeführt. Die Gründe kommen zu dem Ergebnis, daß „§ 9 Absatz 1 KStG die Schachteleinnahmen von der Besteuerung ausnimmt und als sachliche Steuerbefreiung wirkt".

Ein weiteres Beispiel für die Abkehr von der Rechtsprechung des Reichsfinanzhofs stellt die Entscheidung des Bundesfinanzhofs[62] dar, ein

---
[58] Urteil vom 29.9.1931 RStBl. 1931 S. 862; hierzu ebenfalls ausführlich *Herrmann/Heuer*, ebd. Anm. 18 zu § 9 KStG.
[59] Urteil vom 15.11.60 BStBl. 61 III S. 80.
[60] *Bartholdy*, Schachteldividende und Verlustvortrag, StuW 1960 S. 410; *Krollmann* bei Felix, Von der Auslegung und Anwendung der Steuergesetze, Stuttgart 1958, S. 266; *Rose*, Schachtelprivileg, Sanierungsgewinn und Verlustabzug bei der Körperschaftsteuer, FR 1959, S. 222; ders., Körperschaftsteuerliches Schachtelprivileg und Verlustabzug, FR 1961, S. 178; *Weizensee*, Schachtelprivileg und Verlustabzug, FR 1960, S. 465; *Zitzlaff*, Verlustvortrag bei Schachteldividenden, StuW 1951, S. 515.
[61] Urteil vom 3.7.63 BStBl. 63 III S. 464.
[62] Beschluß vom 15.7.1968 BStBl. 68 II S. 666.

nach § 11 Ziff. 4 KStG körperschaftsfreier Sanierungsgewinn sei mit unabhängig von ihm entstandenen Verlusten und Verlustvorträgen nicht zu verrechnen. Der Bundesfinanzhof gab „in Übereinstimmung mit dem BdF", der § 11 Ziff. 4 KStG als sachliche Steuerbefreiung qualifizierte, die ständige Rechtsprechung des Reichsfinanzhofs[63] und des Bundesfinanzhofs[64] auf. Im Anschluß an *Evers*[65] wurde in der Vorschrift des § 11 Ziff. 4 KStG eine Korrektur des handelsrechtlichen Jahresergebnisses gesehen, die auch steuerrechtlich nicht unbeachtet bleiben dürfe.

Daß ein Sanierungsgewinn auch einkommensteuerlich nicht als Gewinn anzusetzen sei und nicht zum Verbrauch eines vorher oder gleichzeitig anfallenden Verlustes führe, mithin § 11 Ziff. 4 KStG im Einkommensteuerrecht analog anzuwenden sei, entschied der Bundesfinanzhof mit Urteil vom 27. 9. 1968[66].

Auf Grund der neuesten kontroversen Rechtsprechung der Finanzgerichte ist schließlich wieder offen, ob gemäß § 16 Absatz 4 EStG steuerfreie Veräußerungsgewinne den nach § 10 d abzugsfähigen Verlust mindern. In seiner diese Minderung bejahenden Entscheidung[67] ging der Bundesfinanzhof davon aus, daß Veräußerungsgewinne — systematisch betrachtet — echte Gewinne und darum nach den allgemeinen Vorschriften zu behandeln seien, soweit das Gesetz nicht etwas anderes vorschreibe. Aber weder der Wortlaut noch der Sinn des § 10 d EStG ließen erkennen, daß die Beseitigung der nach § 10 d abzugsfähigen Verluste durch steuerfreie Veräußerungsgewinne nicht dem Willen des Gesetzgebers entspräche. In einem späteren Urteil[68] hielt der Bundesfinanzhof es dann mit dem Gesetzeszweck für unvereinbar, steuerfreie Veräußerungsgewinne mit laufenden Verlusten aus der gleichen Einkunftsart auszugleichen, solange zum Ausgleich des Verlustes noch nach dem Tarif zu besteuernde Gewinne zur Verfügung stünden.

Das Finanzgericht Düsseldorf[69] schloß sich dem zit. Urteil des Bundesfinanzhofs vom 28. 7. 61 mit der Begründung an, § 16 Absatz 4 EStG stelle nur eine Erweiterung der Tarifvergünstigung des § 34 EStG dar mit dem Ziel, bei geringeren Veräußerungsgewinnen Härten zu beseitigen. Diese Härten entstünden aber nicht bei dem Verlustausgleich

---

[63] Urteile vom 15. 5. 1929 RStBl. 1929 S. 427, vom 13. 9. 39 StuW 39 Nr. 536; vom 10. 4. 40 RStBl. 40 S. 609.
[64] Urteile vom 16. 1. 51 BStBl. 51 III S. 63, vom 10. 12. 57 BStBl. 57 III S. 83, vom 4. 8. 61 BStBl. 61 III S. 516 und vom 22. 11. 63 BStBl. 63 III S. 128.
[65] Komm. zum Körperschaftsteuergesetz, 2. Aufl. 1930, Anm. 38 zu § 13 KStG.
[66] BStBl. 69 II S. 102.
[67] Urteil vom 28. 7. 61 BStBl. 61 III S. 436.
[68] Urteil vom 29. 7. 66 BStBl. 66 III S. 544; hierzu *Herrmann/Heuer*, Kommentar zur Einkommensteuer und Körperschaftsteuer, Anm. 85 aE zu § 16 EStG.
[69] Rechtskräftiges Urteil vom 15. 9. 71 EFG 1972 S. 70.

mit dem Veräußerungsgewinn, da der Ausgleich selbst nie zu einer Steuerpflicht führe. Zweck des Verlustabzugs nach § 10 d sei die Durchbrechung der Abschnittsbesteuerung zur Dämpfung von Progressionsspitzen, nicht dagegen die Übertragung von Besteuerungsmerkmalen aus früheren auf spätere Veranlagungszeiträume. Die Verrechnung von abzugsfähigen oder ausgleichsfähigen Verlusten mit Veräußerungsgewinnnen sei auch wirtschaftlich gerechtfertigt. Die Aufdeckung stiller Reserven sei nämlich nur die Kehrseite der abzugsfähigen Verluste.

Das Niedersächsische Finanzgericht[70] hat hingegen den Ausgleich von Verlusten mit steuerfreien Veräußerungsgewinnen im Hinblick auf die durch das Steueränderungsgesetz 1965 geänderte Fassung des § 16 Absatz 4 EStG schlechthin abgelehnt, da der Gesetzgeber die bisherige Freigrenze in einen echten, noch dazu höheren Steuerfreibetrag umgewandelt habe.

Die Rechtsprechung des Bundesfinanzhofs, die in den Urteilen zum Schachtelprivileg und zum Sanierungsgewinn zum Ausdruck kommt, tendiert in eine begrüßenswerte Richtung. Dem Bundesfinanzhof ist stets klar gewesen, daß eine Steuerbefreiung uneingeschränkt wirkt, wie auch in dem Urteil vom 28. 7. 59[71] zu den steuerfreien Zinseinnahmen im Sinne des § 3 a EStG zu erkennen ist. Der Bundesfinanzhof hat das Vorliegen einer Steuerbefreiung nur selten bejaht. Mit der Aufgabe eines fiskalischen Standpunktes wird der Weg zu einer *Grundsatz*terminologie und folglich auch *grundsätzlichen* Wirkung der Steuervergünstigung eröffnet. Damit würde die von der Einkommensteuerkommission kritisierte Rechtsunsicherheit[72] beseitigt werden, die die auf Wertungsargumenten beruhende Einzelfallrechtsprechung heraufbeschworen hat.

Wendet man die hier vorgeschlagene Systematisierung auf den Fall des steuerfreien Veräußerungsgewinnes an, so erzielt man dasselbe Ergebnis wie das zit. Urteil des Niedersächsischen Finanzgerichts. Die Ausgangsüberlegung des Bundesgerichtshofs in dem zit. Urteil vom 28. 7. 61 ist richtig: auch Veräußerungsgewinne fallen in den Steuergegenstand, die sachliche Seite des positiven Steuertatbestandes. Entscheidend ist aber hier, daß die Veräußerungsgewinne Gegenstand zweier Steuervergünstigungen sind, durch die gerade der positive Steuertatbestand und dessen Rechtsfolge eingeschränkt wird. Einmal wird die Größe des Veräußerungsgewinnes durch den Freibetrag gemindert, zum *anderen* greift der ermäßigte Steuersatz ein. Diese für die einzelnen Tatbestandselemente *spezifischen* Wirkungen sind streng von-

---

[70] Urteil vom 21. 4. 71 EFG 71 S. 472, gegen das Revision eingelegt ist.
[71] BStBl. 59 III S. 366.
[72] Bericht S. 60. Die Kommission spricht sich deshalb dafür aus, in Zukunft Befreiungen uneingeschränkt gelten zu lassen; vgl. auch den Einleitungssatz zu § 3 des Kommissionsvorschlages (Bericht S. 356).

einander zu trennen. Es ist insbesondere auch keine Auslegungsfrage der Steuervergünstigung des § 10 d EStG, wie der steuerfreie Veräußerungsgewinn zu behandeln ist, denn jedes Tatbestandselement des positiven Steuertatbestandes besteht in der Gestalt, die es durch die Steuervergünstigung gefunden hat, *auch* in bezug auf andere Tatbestandselemente. Ein steuerfreier Gewinn ist kein Gewinn im Sinne des Entstehungstatbestandes der Steuerschuld, gleichgültig, ob auf Grund eines anderen Tatbestandselementes ein Verlust besteht, vorgetragen werden kann oder nicht.

Die systematisierende Grundsatzlösung schließt jedoch Differenzierungen nicht aus. Die dem Gesetzgeber zustehende Gestaltungsfreiheit erlaubt ihm, Steuervergünstigungen in verschiedenster Weise wirken zu lassen. Der Eintritt der Steuerschuld ist ja nur gehindert, *soweit* der Tatbestand der Steuervergünstigung eingreift. Die systematisierende Grundsatzlösung fordert lediglich, daß die Grenze des Ausnahmetatbestandes teleologisch eindeutig und nicht spekulativ gesetzt wird. Wenn der Gesetzgeber sich schon für eine Steuervergünstigung entscheidet, so ist zu vermuten, daß er echte Steuerbefreiungen und echte Freibeträge, nicht unechte, eingeschränkte oder relativierte gewährt.

4.2. Bedingte Steuervergünstigungen

Der Grundsatz, daß die Steuervergünstigungen per definitionem den Eintritt der Steuerschuld *hindern*, soweit ihr Tatbestand eingreift, erfährt bei den bedingten Steuervergünstigungen seine Ausnahme. *Merk*[73] führt hierzu aus: „Neben den unbedingten Steuerbefreiungen, welche die Regel bilden, gibt es auch bedingte, bei denen der Befreiungsgrund nicht nur in dem für die Entstehung der Steuerschuld maßgebenden Zeitpunkt, sondern auch späterhin während bestimmter Zeit noch vorhanden sein muß. In diesen Fällen liegt, von einem andern Standpunkt aus gesehen, eine aufschiebend bedingte Steuerschuld als Kehrseite der auflösend bedingten Steuerbefreiung vor."

Die Rechtsfigur der Bedingung entstammt dem bürgerlichen Recht. Die Zivilrechtslehre definiert die Bedingung als „die einer Willenserklärung hinzugefügte Beschränkung, wodurch die Wirkungen des Rechtsgeschäfts von einem ungewissen, künftigen Umstand abhängig gemacht werden"[74]. Von dieser *Parteibedingung* ist die *Rechtsbedingung* zu unterscheiden: sie ist Voraussetzung für die Wirksamkeit eines Rechtsgeschäftes, die zu dem bereits vorliegenden rechtsgeschäftlichen Tatbestand hinzutreten muß[75].

---

[73] Steuerschuldrecht, S. 56.
[74] So *Lehmann*, Allgemeiner Teil des Bürgerlichen Gesetzbuchs, § 35 A I.
[75] *Lehmann*, ebd. im Anschluß an Oertmann.

1. Kap.: Stellung im Steuertatbestand

Keine der beiden Begriffe lassen sich auf die Bedingung im Steuerrecht übertragen. Der Grundsatz der Tatbestandsmäßigkeit verbietet nämlich, an eine nicht abgeschlossene Tatbestandsverwirklichung die Steuerleistungspflicht zu knüpfen. Deshalb ist das Merkmal des ungewissen Ereignisses im Steuerrecht an sich unbrauchbar. Andererseits steht ein rechtswissenschaftlich erhärteter Begriff der Steuerrechtsbedingung bis heute nicht zur Verfügung[76]. Es fragt sich aber, ob eine Vertiefung des zivilrechtlich vorbelasteten Begriffs nicht von vorneherein an der eigentlichen Problematik vorbeigeht.

Es sind hier drei Fallgruppen auseinanderzuhalten:

a) Werden die Tatbestandsvoraussetzungen für die Steuerschuld nacheinander verwirklicht, so entsteht die Steuerschuld erst, wenn die Tatbestandsverwirklichung abgeschlossen ist, d. h. die letzte der Voraussetzungen erfüllt ist. Dabei ist es gleichgültig, ob die Tatbestandsverwirklichung durch die Erfüllung der letzten Voraussetzung des positiven Steuertatbestandes oder den Wegfall einer Voraussetzung des negativen Steuertatbestandes abgeschlossen wird[77]. Bis zur Entstehung der Steuerschuld wirken positiver und negativer Entstehungstatbestand zusammen. Sowohl die aufschiebend bedingte Steuerschuld als auch die auflösend bedingte Steuervergünstigung gehören dieser Fallgruppe an.

b) Der Steuertatbestand ist in der Weise gestaltet, daß die Verwirklichung des positiven Steuertatbestandes *abgeschlossen* sein kann, bevor eine Steuervergünstigung verwirklicht ist. Dieses zeitliche Auseinanderfallen der Verwirklichung des positiven und negativen Steuertatbestandes führt zum Wegfall einer entstandenen Steuerschuld und schafft damit die Ausnahme von dem Grundsatz und Regelfall, daß die Steuervergünstigung den Eintritt der Steuerschuld hindert. Auflösend bedingte Steuerschuld und aufschiebend bedingte Steuervergünstigung entsprechen hier einander. Diese *nachträgliche Verwirklichung des negativen* Steuertatbestandes kommt praktisch nur bei den Verbrauchsteuern vor. Deshalb spricht § 50 AO 1974[78] zu Recht nur diese Steuerart an.

---

[76] Der Aufforderung *Beckers* (Komm. zur Reichsabgabenordnung, § 81 Anm. 4 a), die Lehre von der bedingten Steuerschuld müsse noch geschrieben werden, ist bis heute nicht Folge geleistet worden.

[77] Dieser Fall ist vor allem bei den Grunderwerbsteuerbefreiungen gegeben. Hierzu der Leitsatz des BFH-Urteils vom 5. 3. 68 BStBl. 68 II S. 416: „Ist ein grunderwerbsteuerbarer Erwerbsvorgang vorerst, z. B. wegen beabsichtigter Errichtung eines steuerbegünstigten Gebäudes, von der Besteuerung ausgenommen, so entsteht die Grunderwerbsteuerschuld erst mit Wegfall des steuerbegünstigten Zweckes."

[78] § 50 Absatz 1 AO 1974 lautet: „Sind für verbrauchsteuerpflichtige Waren Steuervergünstigungen unter der Bedingung vorgesehen, daß sie einer besonderen Bestimmung zugeführt werden, so fällt eine für sie entstandene Steuerschuld ganz oder teilweise weg, wenn die Bedingung eintritt oder wenn die Waren untergehen, bevor es sich entschieden hat, ob die Bedin-

c) Von der nachträglichen Verwirklichung des negativen Steuertatbestandes ist schließlich der nachträgliche Wegfall einer Voraussetzung des Steuertatbestandes zu unterscheiden. Diese Fallgruppe ist in § 156 Ziff. 2 AO 1974 geregelt: danach ist ein Steuerbescheid aufzuheben oder zu ändern, soweit sich der dem Steuerbescheid zugrunde liegende Sachverhalt mit steuerlicher Wirkung für die Vergangenheit ändert.

Der Regelfallgruppe zu a) stehen die beiden Ausnahmefallgruppen zu b) und c) gegenüber. Die Regelfallgruppe zu a) ist unter § 3 Absatz 1 StAnpG (§ 41 AO 1974) zu subsumieren. Sie betrifft jedoch auch das Anwendungsgebiet des § 156 Ziff. 2 AO 1974, soweit sich ein Sachverhalt mit steuerlicher Wirkung für die Vergangenheit dergestalt ändert, daß der Steuertatbestand nunmehr erst abgeschlossen verwirklicht ist oder durch eine weitere Verwirklichung des Steuertatbestandes sich die Steuerschuld nunmehr erhöht. § 156 Ziff. 2 AO 1974 regelt insoweit also die verfahrenstechnische Handhabung, wenn der Steuertatbestand zeitlich verzögert verwirklicht wird. Der Entstehungszeitpunkt für die Steuerschuld ist der Zeitpunkt der Erfüllung der letzten Tatbestandsvoraussetzung, wobei das Zusammenwirken von positivem und negativem Steuertatbestand und die steuerliche Rückwirkung eines Sachverhaltes (§ 156 Ziff. 2 AO 1974) zu beachten ist.

In dem vom Bundesfinanzhof entschiedenen und bereits zitierten[79] Fall hatte das Finanzamt als Beklagter die Auffassung vertreten, daß das baden-württembergische Erste Gesetz über die Grunderwerbsteuerbefreiung für den Wohnungsbau vom 21. 9. 1953[80] zwischen Entstehung der Steuerschuld (schon im Zeitpunkt des wirksamen Erwerbs) und Eintritt der Steuerpflicht (im Zeitpunkt des Wegfalls des steuerbegünstigten Zwecks) habe unterscheiden wollen. Der Bundesfinanzhof hat diese Betrachtungsweise ausdrücklich abgelehnt und damit das Zusammenwirken von positivem und negativem Steuertatbestand bei der Entstehung der Steuerschuld anerkannt.

Setzt somit eine Steuerschuld das Merkmal A und B voraus und greift bei dem Vorliegen des Merkmals C eine Steuerbefreiung ein, so entsteht die Steuerschuld,

— wenn zuerst A, dann B erfüllt, C aber nicht erfüllt ist, mit Erfüllung des Merkmals B,

— wenn A, B und C erfüllt sind, dann die Tatbestandsverwirklichung C

---

gung eintritt." Neben dieser allgemeinen Regelung für das Verbrauchsteuerrecht (Begr. S. 116) fehlt eine allgemeine Regelung der bedingten Steuerschuld in der AO 1974. § 4 Absatz 1 StAnpG wird nicht übernommen, § 4 Absatz 2 und 3 wird zur Berichtigungsvorschrift des § 156 AO 1974, die den Begriff Bedingung nicht verwendet.

[79] Urteil vom 5. 3. 68 BStBl. 68 II S. 416.
[80] GesBl. S. 147.

wegfällt, mit Wegfall dieser Tatbestandsverwirklichung (Fall der Grunderwerbsteuerbefreiung),

— wenn A erfüllt und C nicht erfüllt ist, dann B mit steuerlicher Wirkung für einen Zeitpunkt, der vor der Erfüllung des Merkmals A liegt, erfüllt ist, mit Erfüllung des Merkmals A (Fall des § 156 Ziff. 2 AO 1974).

Gegenüber diesen Formen der Tatbestandsverwirklichung heben sich die aufschiebend bedingte Steuerschuld und die auflösend bedingte Steuervergünstigung nicht ab. Der Gegenstand der Bedingung, das ungewisse Ereignis, führt, wenn es eintritt, entweder zur Erfüllung oder zum Wegfall einer Voraussetzung des Steuertatbestandes. Setzt mithin eine Steuerschuld das Merkmal A und B voraus, so ist eigentlich jede Steuerschuld aufschiebend bedingt, solange nur eines der beiden Merkmale erfüllt ist. Andererseits ist im Gegensatz zum Zivilrecht, wo die bedingte Willenserklärung existent ist, die Steuerschuld bis zu ihrem Entstehen nicht existent, weshalb auch nicht von einer *Beschränkung* hinsichtlich der Wirkungen der Steuerschuld durch den Eintritt eines ungewissen, künftigen Ereignisses gesprochen werden kann.

Die Ausnahmefallgruppen zu b) und c) haben gemeinsam, daß die entstandene Steuerschuld infolge einer Sachverhaltsentwicklung wegfällt. Darin liegt die eigentliche Problematik der steuerrechtlichen Bedingung. Indes verwendet der Einzelsteuergesetzgeber nur für den Bereich der Verbrauchsteuern die Rechtsfigur der bedingten Steuerschuld[81]. Dem Regierungsentwurf der AO 1974 und dem Arbeitskreis, dessen Vorschläge[82] der Regierungsentwurf übernommen hat, ist daher zuzustimmen, wenn sie die Rechtsfigur der bedingten Steuerschuld wesentlich vereinfacht und nur für das Verbrauchsteuerrecht konkretisiert haben, den im Steuerrecht an sich überflüssigen Unterschied zwischen einer aufschiebenden und auflösenden Bedingung im Gesetzestext nicht mehr erwähnen.

Der Begriff der Bedingung ist eigentlich nur brauchbar für die Ausnahmefallgruppe zu b), d. h. man kann von einer bedingten Steuerschuld und gleichzeitig bedingten Steuervergünstigung dann sprechen, wenn die Steuerschuld entstanden, also existent ist, die Verwirklichung des negativen Steuertatbestandes aber noch offensteht.

4.3. Zusammenfassung

Die Wirkung der Steuervergünstigung ergibt sich aus ihrer Stellung im Steuertatbestand. Die persönlichen Steuerbefreiungen lassen die

---
[81] *Tipke/Kruse*, AO, § 4 StAnpG Anm. 2.
[82] §§ 48, 180 des Arbeitskreisentwurfs.

Rechtsfolge der Steuerschuld für ein bestimmtes Steuerrechtssubjekt, die sachlichen Steuerbefreiungen für einen bestimmten steuerbaren Sachverhalt nicht eintreten. Die Steuervergünstigungen des Berechnungstatbestandes beziehen sich entweder auf die Steuerbemessungsgrundlage oder den Steuersatz. Die Steuervergünstigungen der Steuerbemessungsgrundlage mindern oder beseitigen die Größe bestimmter steuerbarer Sachverhalte für die Besteuerung, die Steuervergünstigungen bei oder nach Anwendung des Steuersatzes mindern den Steuerbetrag.

Grundsätzlich hindert damit jede Steuervergünstigung den Eintritt der Steuerschuld, *soweit* ihr Tatbestand eingreift, d. h. jede Steuervergünstigung hat auf ein bestimmtes Tatbestandselement des Steuertatbestandes ihre spezifische Wirkung. Jedes Tatbestandselement bebesteht in der Gestalt, die es durch die Steuervergünstigung gefunden hat. So ist zum Beispiel ein auf Grund einer sachlichen Steuerbefreiung oder eines Freibetrages steuerfreier Gewinn *kein* Gewinn im Sinne des Steuertatbestandes. Die Notwendigkeit dieser Grundsatzlösung aufgrund einer systematisierenden Betrachtungsweise erhellt aus der schwankenden Rechtsprechung der Finanzgerichte zum Verlustausgleich und Verlustabzug bei Steuervergünstigungen. Eine andere Wirkung als das Ergebnis einer systematischen Auslegung der Steuervergünstigungsvorschrift nach ihrer Stellung im Steuertatbestand ist nach allgemeinen Auslegungsgrundsätzen dann anzunehmen, wenn Sinn und Zweck der Steuervergünstigung diese gebieten. Jedoch muß hier dann das Vorliegen einer demnach *atypischen* Steuervergünstigung teleologisch eindeutig nachgewiesen werden können. Eine mehr oder weniger spekulative Wertungsargumentation reicht dazu nicht aus.

Zweites Kapitel

Die funktionelle Systematisierung der Steuervergünstigungen

1. Die innere Abgrenzung des Steuerrechts

1.1. Aptive und subventive Steuervergünstigungen

Die Steuervergünstigungen sind als Rechtssätze definiert worden, die nicht auf einem steuerartbegründenden Prinzip beruhen[1]. Damit ist die Steuervergünstigung in besonderem Maße geeignet, die Systemhaftigkeit einer Steuerart aufzulösen, indem sie Wertungs- und Prinzipienwidersprüche verkörpert, die zum Systembruch führen[2].

Indes *muß* eine Steuervergünstigung nicht systemwidrig sein. Die Systemhaftigkeit der Steuervergünstigung nach dem sog. inneren System ergibt sich aus zwei gerechtfertigten Grundzwecken der Steuervergünstigung:

a) Die Rechtfertigung der hier genannten *aptiven Steuervergünstigung*[3] folgt aus der Eigenart eines jeden Rechtsprinzips, nicht stets ausschließlich zu gelten[4] und seinen Sinngehalt erst in einem Zusammenspiel wechselseitiger Ergänzung und Beschränkung verschiedener Prinzipien zu entfalten[5]. Diese Eigenart trifft auch für das normativierte Besteuerungsprinzip zu. Würde sich der Steuergesetzgeber damit begnügen, die Besteuerung nur an den eine Steuerart begründenden Prinzipien auszurichten, so hätte er zwar ein rationales Steuersystem verwirklicht. Diese Besteuerung würde aber starr und wirklichkeitsfremd an den letztlich nicht systematisierbaren Besonderheiten der Lebensverhältnisse vorbeigehen und zu unerträglichen Besteuerungshärten führen. Abgesehen davon, daß ein derartiges rationales Steuersystem politisch nicht realisierbar wäre, könnte seinen Verfechtern zu Recht blutarme steuerwissenschaftliche Theorie vorgeworfen und der Systemgedanke als unpraktikabel abgetan werden.

Der Systemgedanke darf hier jedoch nicht mißverstanden werden. *Canaris* scheidet jene den Wertungs- und Prinzipienwidersprüchen gegenüber verwandten Erscheinungen als Systembrüche aus, die ledig-

---

[1] Hierzu oben 1. Teil, 3. Kapitel, 3.2.
[2] *Canaris*, Systemdenken und Systembegriff in der Jurisprudenz, S. 112.
[3] Dieser Begriff ist abgeleitet aus aptare = genau anpassen.
[4] *Canaris*, ebd. S. 53.
[5] *Canaris*, ebd. S. 55.

lich Wertungsdifferenzierungen enthalten[6], die immanenten Schranken eines Prinzips deutlich machen[6], eine Prinzipienkombination[7] oder einen Prinzipiengegensatz[8] darstellen. Überträgt man diese Erkenntnisse auf das Steuerrecht, so gelangt man zur aptiven Funktion der Steuervergünstigung. Die aptive Steuervergünstigung paßt das normativierte Besteuerungsprinzip, d. h. die Gesamtheit der zusammenwirkenden steuerartbegründenden Prinzipien den Besonderheiten der steuerlich relevanten Lebensverhältnisse an, indem sie entweder die Schranken eines normativierten Besteuerungsprinzips regelt oder Konflikte gleichgeordneter, übergeordneter bzw. untergeordneter Steuerprinzipien löst.

b) Die Rechtfertigung der hier genannten *subventiven Steuervergünstigung* folgt aus der Eigenart des Steuerrechts als Mittel der Wirtschaftslenkung[9]. Schon die Kameralisten empfahlen als Mittel der Volkswirtschaftspolitik ein System von Prämien, Steuerfreiheiten und Steuerprivilegierungen, um, wie *von Sonnenfels* sagt, „die Tätigkeit der Untertanen in die vom Staat gewünschten Bahnen hinein- oder aus den vom Staat nicht gewünschten Bahnen herauszuleiten"[10]. Es ist bereits oben erörtert worden[11], daß die rein fiskalische Besteuerung, die der noch geltende Begriff der Steuer (§ 1 Absatz 1 AO) mit dem Merkmal „Erzielung von Einkünften" postuliert, der gegenwärtigen Besteuerungswirklichkeit nicht entspricht. Ebenso wie der Steuergesetzgeber durch besondere Steuergesetze oder steuerbelastende Ausnahmevorschriften[12] ein bestimmtes Verhalten des Steuerbürgers veranlassen kann, ist er auch befugt, wirtschaftslenkende Steuervergünstigungen zu gewähren. Die Problematik der subventiven Steuervergünstigung liegt darin, daß Leistungsverwaltung mit den Mitteln des Eingriffsrechtes betrieben wird.

1.2. Die aptive Steuervergünstigung

Wie der Steuertatbestand sich in einen positiven und einen negativen Entstehungstatbestand gliedert, so lassen sich auch bei den Be-

---

[6] *Canaris*, ebd. S. 113.
[7] *Canaris*, ebd. S. 114.
[8] *Canaris*, ebd. S. 115.
[9] *Bayer*, Die verfassungsrechtlichen Grundlagen der Wirtschaftslenkung durch Steuerbefreiungen, StuW 1972 S. 149 (S. 151) unterscheidet die Ausgrenzungsbefreiung und die Lenkungsbefreiung. Die Ausgrenzungsbefreiung entspricht der negativen Tatbestandsabgrenzung (oben 1. Teil, 3. Kapitel 1). Als Mittel legislativer Formulierungstechnik ist sie keine Steuervergünstigung (oben 1. Teil, 3. Kapitel, 3.1.2.) und damit keine Steuerbefreiung. Die Lenkungsbefreiung ist begrifflich identisch mit der hier genannten subventiven Steuerbefreiung.
[10] Grundsätze der Polizey, Handlung und Finanz, 1797, II, S. 100, zit. bei *Gerloff*, Steuerwirtschaftslehre, Handbuch der Finanzwissensch., Band II, S. 258; hierzu auch *Neumark*, Grundsätze gerechter und ökonomisch rationaler Steuerpolitik, S. 224.
[11] 1. Teil, 3. Kapitel, 3.1.1.
[12] Oben 1. Teil, 3. Kapitel, 4.1.

2. Kap.: Funktionelle Systematisierung der Steuervergünstigungen

steuerungsprinzipien positive wie negative Manifestationen unterscheiden. Das bedeutet, daß ein Besteuerungsprinzip nicht nur darüber etwas aussagen kann, wie die Besteuerung zu gestalten ist, sondern auch darüber, wie die Besteuerung nicht zu gestalten ist. Ebenso wie die positiven Manifestationen bei der Schaffung des positiven Steuertatbestandes, führen die negativen Manifestationen eines Besteuerungsprinzips durch den schöpferischen Gestaltungsakt des Gesetzgebers zu Primärwertungen, die nunmehr spezifisch für Steuervergünstigungen gelten.

Indes ist nicht jedes Besteuerungsprinzip für eine Primärwertung des negativen Steuertatbestandes geeignet. Knüpft man an die Terminologie *Neumarks* an, so sind fiskalisch-budgetäre Besteuerungsgrundsätze[13] von vorneherein auszuscheiden, während die Postulate der Steuergerechtigkeit als ethisch-sozialpolitische Grundsätze[14] und von den steuertechnischen Grundsätzen die der Praktikabilität[15], Wohlfeilheit[16] und Bequemlichkeit[17] besondere Bedeutung erlangen. Die steuerlichen Gerechtigkeitspostulate der Allgemeinheit, Gleichmäßigkeit und Verhältnismäßigkeit der Besteuerung[18] erfahren weiter ihre Konkretisierung durch die grundlegenden Wertentscheidungen und sozialen Ordnungsprinzipien des Grundgesetzes. Das Bundesverfassungsgericht hat in ständiger Rechtsprechung[19] die Interpedenz zwischen dem allgemeinen Gleichheitssatz und jenen Grundwertentscheidungen des Verfassungsgebers immer wieder hervorgehoben; in ihnen fände der Willkürbegriff seine positivierte Grundlage. Im Besonderen besteht diese Interpedenz selbstverständlich auch bei der Steuergerechtigkeit. Der Maßstab der grundgesetzlichen Wertordnung als der Inbegriff der herrschenden Gerechtigkeitsanschauungen prägt die Steuergerechtigkeit mit allen ihren Postulaten; eine verfassungswidrige Steuergerechtigkeit ist nicht denkbar. Im Bereich des negativen Steuertatbestandes entfalten ihre besondere Wirkung die Grundwertentscheidungen in Art. 1, 2 Absatz 1, Artikel 6 und 14 GG[20] und das Sozialstaatsprinzip (Art. 20 Absatz 1 GG)[21].

---

[13] *Neumark*, ebd. S. 47 ff.
[14] *Neumark*, ebd. S. 67 ff. teilt diese Besteuerungsgrundsätze in Gerechtigkeitspostulate (S. 67 ff.) und das Redistributionspostulat, d. i. das Umverteilungsprinzip (S. 186 ff.).
[15] Ebd. S. 357 ff.
[16] Ebd. S. 368 ff.
[17] Ebd. S. 378 ff.
[18] Ebd. S. 69.
[19] BVerfGE 3, 240; 6, 41, 71; 7, 205, 215; 9, 248; 10, 73; 12, 124; 13, 296, 298 ff; 17, 217.
[20] *Tipke*, Steuerrecht — Chaos, Konglomerat oder System, StuW 1971 S. 2 (S. 7 Fußnote 54) bezeichnet diese Prinzipien als prohibitive. In diesem Zusammenhang ist darauf hinzuweisen, daß sich die Grundrechte gerade wegen ihrer Konzeption als Abwehrrechte des Bürgers (status negativus) als be-

Im *einzelnen* ergeben sich mithin für den negativen Steuertatbestand folgende Primärwertungen, die zu aptiven Steuervergünstigungen führen:

a) Die bedeutendste Primärwertung für Steuervergünstigungen ist die *Vermeidung der Übermaßbesteuerung*. Folgende Prinzipien kommen hier zum Zuge: Die negative Manifestation des Prinzips der Besteuerung nach der persönlich-individuellen Leistungfähigkeit — Gerechtigkeitspostulat der Verhältnismäßigkeit der Besteuerung — ist die Notwendigkeit milderer beziehungsweise Nichtbesteuerung leistungsschwacher oder gar leistungsunfähiger Steuerrechtssubjekte. Eine das wirtschaftliche Bestehen des Menschen gefährdende[22] Übermaßbesteuerung würde dessen Würde antasten (Art. 1 Absatz 1 GG) und seine wirtschaftliche Handlungsfreiheit beeinträchtigen (Art. 2 Absatz 1 GG). Bei der Auferlegung einer Steuer muß dem Betroffenen ein angemessener Spielraum verbleiben, um sich als verantwortlicher Unternehmer wirtschaftlich frei entfalten zu können[23]. In sachlicher Hinsicht wird die Primärwertung der Vermeidung einer Übermaßbesteuerung durch Art. 14 GG gestützt. Ein Verstoß gegen Art. 14 GG kommt in Betracht, wenn die Geldleistungspflichten die Pflichtigen übermäßig belasten und seine Vermögensverhältnisse grundlegend beeinträchtigen würden[24].

Steuervergünstigungen zur Vermeidung der Übermaßbesteuerung sind zunächst die Steuervergünstigungen zur *Vermeidung der Doppelbesteuerung*[25]. Im inländischen Bereich hat sich der Steuergesetzgeber nur vereinzelt zu derartigen Steuervergünstigungen entschlossen; es herrscht also der legislative Grundsatz, daß die Geltung einer Steuerart durch andere Steuerarten bei Erfassung desselben Besteuerungsgutes im Rechtssinne[26] nicht eingeschränkt wird. Damit ist eine wichtige Bedingung für die Systemhaftigkeit der Steuerrechtsordnung nicht erfüllt, nämlich die internaptive Abgrenzung der normativierten Besteuerungsprinzipien zueinander, die mehr oder weniger zufällige Steuerkumulation ausschlösse, d. h. die Steuerhäufung nur dann zuließe, wenn sie sich mit einer Primärwertung begründen ließe. Steuervergünstigungen zur Vermeidung der inländischen Doppelbesteuerung

---

sonders geeignete Primärwertungen für Steuervergünstigungen auszeichnen, indem der Steuergesetzgeber immer dann eine Steuervergünstigung gewährt, wenn der Steuertatbestand die grundrechtlich geschützte Sphäre des Rechtssubjektes zu verletzen droht.

[21] Die Ausgestaltung dieses Prinzips obliegt im wesentlichen dem Gesetzgeber (BVerfGE 1, 105; 8, 329).

[22] Dieses Merkmal liegt auf einer Ebene mit der subjektiven Unbilligkeit im Sinne des § 131 AO.

[23] BVerfGE 12, 347 ff.

[24] BVerfGE 14, 241.

[25] Die internationale Doppelbesteuerung wird unten S. 139 behandelt.

[26] Hierzu oben 1. Teil, 2. Kapitel, 2.3.

2. Kap.: Funktionelle Systematisierung der Steuervergünstigungen

sind die §§ 2 Absatz 2 Satz 2; 10 Absatz 1 Ziff. 1 EStG, nicht dagegen § 10 Absatz 1 Ziff. 5 und 6 EStG, da dort andere Besteuerungsgüter als das Einkommen erfaßt werden. § 2 Absatz 2 Satz 2 EStG gewährt eine sachliche Steuerbefreiung zur Vermeidung einer steuerlichen Mehrbelastung durch die Steuerrechtsordnungen der BRD und DDR (mehrsteuerrechtliche Doppelbesteuerung)[27]. § 10 Absatz 1 Ziff. 4 EStG gewährt einen Bemessungsabzug. Die §§ 9 und 19 KStG regeln Fälle gleichartiger Doppelbesteuerung[27]: ohne das Schachtelprivileg (§ 9 KStG) wäre die Körperschaftsteuer mit Art. 14 GG nicht zu vereinbaren. Das Schachtelprivileg ist ein Musterbeispiel für eine prinzipiell gebotene Korrektur des normativierten Besteuerungsprinzips. Der gespaltene Körperschaftsteuersatz in § 19 befriedigt insofern nicht, als er verdeckte Gewinnausschüttungen von der Steuerermäßigung als eine Art Bestrafung ausschließt[28]. Steuervergünstigungen zur Vermeidung ungleichartiger Doppelbesteuerung sind schließlich die §§ 4 Ziff. 9 und 10 UStG, 3 Ziff. 2 GrEStG.

Das Prinzip zur Vermeidung der Übermaßbesteuerung greift insbesondere bei direkten Steuern durch zahlreiche Steuervergünstigungen der Steuerbemessungsgrundlage ein, um die Größe des Steuergegenstandes in einem angemessenen Verhältnis zur Steuerlast zu halten. Der Verhältnismäßigkeitsgrundsatz kommt hier besonders stark zur Geltung. Hierher gehören die Sonderausgaben des § 10 EStG, der Verlustabzug (§ 10 d EStG) als sinnvolle Einschränkung des Periodizitätsprinzips, um die wirkliche steuerliche Leistungsfähigkeit bei schwankenden Jahreseinkommen zu berücksichtigen, der Freibetrag des § 16 Absatz 4 bzw. des § 17 Absatz 3 EStG[29], die Freibeträge des § 32 EStG, der tarifliche Freibetrag von 1680 DM zur Wahrung des Existenzminimums[30], die außergewöhnlichen Belastungen (§§ 33, 33 a EStG), die Freibeträge und Freigrenzen in den §§ 5 VStG, 16, 17 ErbStG, 11 Absatz 2, 13 Absatz 3 GewStG und der Bemessungsabzug des § 23 Absatz 2 GewStG.

---

[27] Zu den Arten der Doppelbesteuerung ebenfalls oben 1. Teil, 2. Kapitel, 2.3.
[28] Hierzu das Gutachten der Steuerreformkommission 1971 IV Tz. 26. Das dort vorgeschlagene Anrechnungssystem (IV Tz. 178 ff.), die vollständige Vermeidung der Doppelbesteuerung, birgt ein prinzipiell klares, vereinfachendes und dem geltenden Recht überlegenes Konzept. Für das Anrechnungssystem auch die Beschlüsse der Bundesregierung vom 11. Juni und 28., 29. 10. 71.
[29] Die Gewinne der Veräußerung oder Aufgabe kleinerer Betriebe sollen steuerlich entlastet werden. So *Herrmann/Heuer*, Kommentar zur Einkommensteuer und Körperschaftsteuer, Anm. 84 zu § 16 unter Hinweis auf die Begr. des StÄndG vom 14. 5. 65, BGBl I S. 377.
[30] Zum Existenzminimum ausführlich *Neumark*, Grundsätze gerechter und ökonomisch rationaler Steuerpolitik, S. 80 ff.: seine Berücksichtigung ist Ausfluß des Leistungsfähigkeitspostulats (S. 82) und nur scheinbare Ausnahme vom Allgemeinheitsprinzip.

b) Eine durchaus selbständig neben der Vermeidung der Übermaßbesteuerung wirkende Primärwertung für Steuervergüstigungen ist die *Sozialstaatlichkeit*. Obwohl sich diese Primärwertung für den negativen Steuertatbestand als besonders konstruktiv darstellen könnte, hat der Steuergesetzgeber hier leider kein homogenes Konzept entwickelt. Sozialaptive Steuervergünstigungen sind meist politische Einzelfallentscheidungen, die sich in mehr oder weniger umfangreichen Steuervergünstigungskatalogen niederschlagen. Die Problematik liegt hier darin, daß die Primärwertung der Sozialstaatlichkeit der Konkretisierung durch Subprinzipien auf der Ebene des negativen Steuertatbestandes entbehrt, die Primärwertung nach dem sog. Gießkannenprinzip mit der Folge gehandhabt wird, daß eine Grundwertung der Steuergerechtigkeit sich im Ergebnis als steuerungerecht auswirkt[31]. Exemplarisch ist die unterschiedliche Besteuerung der Renten und Versorgungsbezüge[32]. Dem geltenden Einkommensteuerrecht fehlt ein Subprinzip der Sozialstaatlichkeit, das zu einer steuerlichen Gleichbehandlung aller Aufwendungen für die Lebensvorsorge führte. Das Gutachten der Steuerreformkommission 1971[33] hat hier zwei Modelle auf der Grundlage des sog. Korrespondenzprinzips[34] entwickelt. Allerdings sah sich die Kommission außerstande, die strenge Anwendung des Korrespondenzprinzips zu fordern[35]. Knüpft man an die Konzeption dieser Reformvorschläge an, so ist zwar nicht zu verkennen, daß die unterschiedlichen Finanzierungen der Lebensvorsorge die durchgängige Anwendung eines Prinzips hier wesentlich erschweren, andererseits stellt aber gerade die konsequente Anwendung des Korrespondenzprinzips das hier allein geeignete Mittel dar, wenigstens in steuerlicher Hinsicht die Klassenunterschiede zwischen Beamten, Angestellten des öffentlichen Dienstes, gewerblichen Arbeitnehmern, Selbständigen und Gewerbetreibenden aufzulösen. Vom systematischen Standpunkt aus hat das Korrespondenzprinzip als sozialaptives Subprinzip des negativen Steuertatbestandes zwei Funktionen: erstens wird das Zuflußprinzip (§ 11 EStG) dahin ergänzt, daß die Besteuerung erst bei dem Zufluß der Altersbezüge eingreifen würde. Der Abzug der Lebensversorgeaufwendungen von der Steuerbemessungsgrundlage fingierte den Nichtzufluß eines Einkom-

---

[31] Steuervergünstigungen, die nur in einem Einzelfall die prinzipiell gerechtfertigte Ausnahme regeln, sind als unvollständige Steuervergünstigungen systemwidrig, hierzu unten 3. Teil, 2.2.
[32] Hierzu *Tipke*, Steuerrecht — Chaos, Konglomerat oder System? StuW 1971 S. 13.
[33] II Tz. 228 ff.
[34] Die Steuerfreiheit der Lebensvorsorgeaufwendungen löst einerseits die Steuerpflicht der entsprechenden Altersbezüge, die Finanzierung der Lebensvorsorgeaufwendungen aus versteuerten Einkommen andererseits die Steuerfreiheit der entsprechenden Altersbezüge aus, so das Gutachten II Tz. 239.
[35] II Tz. 239.

mens, dessen Verfügbarkeit der Steuerschuldner zugunsten späterer Verfügbarkeit aufgegeben hat. Damit würde die Besteuerung dem sozialstaatlich erwünschten Konsumverzicht zugunsten der Alterssicherung gerecht werden. Die in dieser Weise zulässige Umverteilung von Einkommen auf den letzten Lebensabschnitt vermeidet zweitens Härten des Periodizitätsprinzips, nämlich die Besteuerung von Beziehern hoher Einkommen *ohne Rücksicht* auf die spätere Entwicklung der Lebensexistenz. Eine Grundsatzlösung bei der Behandlung der Lebensvorsorgeaufwendungen ermöglichte andererseits auch eine Grundsatzlösung bei der Besteuerung der Altersbezüge: sie wären nur mit dem Ertragsanteil steuerbar, wenn sie aus bereits versteuerten Einkommen finanziert wären, im übrigen im vollen Umfange steuerbar. Eine Regelung des § 19 Absatz 3 EStG müßte dann für alle gelten oder gestrichen werden. Mit Ausnahme der Differenzierung nach dem Korrespondenzprinzip wäre die Herkunft der Bezüge gleichgültig. In diesem Zusammenhang müßten insbesondere auch sozialpolitische Einzelfallprivilegien wie zum Beispiel § 3 Ziff. 20, 22, 43 EStG gestrichen werden. Eine andere Frage ist, in welchem Umfang fiskalisch-budgetäre Grundsätze die sozialaptive Besteuerung der Lebensvorsorge zulassen. Die spätere Erfassung des noch nicht versteuerten Einkommens muß durch eine entsprechende staatliche Kontrolle sichergestellt sein. Das rechtfertigt die Abzugsfähigkeit nur bestimmter nachgewiesener[36] Aufwendungen an Institutionen, die einer besonderen Staatsaufsicht unterliegen. Die Sicherung des Steueraufkommens rechtfertigt die Einführung von Höchstbeträgen[37]. Entscheidend ist nur, daß die Limitierung dann für alle gilt.

Die imperfekte Anpassung des Steuertatbestandes an die Sozialstaatlichkeit läßt sich insbesondere auch im Umsatzsteuerrecht nachweisen. Eine sich als indirekte Steuer unsozial auswirkende Steuer wird durch § 4 Ziff. 14 bis 19 UStG nur sehr unvollkommen sozialstaatlichen Belangen angeglichen.

c) Eine weitere Primärwertung für Steuervergünstigungen ist die Berücksichtigung von *Ehe und Familie* bei der Besteuerung. Der Grundsatz der Individualbesteuerung (Besteuerung der natürlichen Person) wird bei der Einkommensteuer durch die Zusammenveranlagung von Ehegatten und die damit verbundene Steuerermäßigung des Splittingtarifs (§ 32 a Absatz 2 bis 4 EStG) eingeschränkt. Die Kinderfreibeträge (§ 32 Absatz 1 und 2 EStG) und die Abzüge des § 33 a Absatz 1 bis 3 EStG gehören hierher. Ehe und Familie werden ferner berücksichtigt bei den Steuervergünstigungen der §§ 5 VStG, 16 ErbStG, 3 Ziff. 6 GrEStG.

---

[36] Gutachten der Steuerreformkommission II Tz. 258.
[37] Gutachten der Steuerreformkommission II Tz. 260.

d) Schließlich greifen *steuertechnische* Steuervergünstigungen aus den oben erwähnten Gründen der Praktikabilität, Wohlfeilheit und Bequemlichkeit der Besteuerung ein. Die Verwaltungsökonomie rechtfertigt hier eine Einschränkung des normativierten Besteuerungsprinzips. Minimale (z. B. §§ 6, 6 a VStG, 17 ErbStG, 3 Ziff. 1 GrEStG, 2 Ziff. 1 StraGüVerkStG) oder unverhältnismäßig schwer zu ermittelnde (z. B. §§ 3 Ziff. 51 EStG, 18 Absatz 1 Ziff. 1 a ErbStG) Steuergegenstände sollen von der Besteuerung nicht erfaßt werden[38].

1.3. Die subventive Steuervergünstigung

In jüngster Zeit hat sich *Bayer*[39] eingehend mit der von ihm so genannten Lenkungsbefreiung befaßt. Er qualifiziert sie als Fremdkörper im Steuertatbestand und zieht die Schlußfolgerung, die Lenkungsbefreiung beruhe nicht auf der Steuergewalt des Staates, da im Unterschied zu Abgaben mit Lenkungscharakter Befreiungstatbestände auch nicht beiläufig fiskalischen Zwecken dienen könnten, sondern ausschließlich auf der Subventionsgewalt des Staates, die ihre verfassungsrechtliche Grundlage im Sozialstaatsprinzip habe. *Bayer* legt schließlich die Frage vor[40], ob nicht die Steuerbefreiungen mit Lenkungscharakter statt an das der Eingriffsverwaltung gemäße strenge Prinzip der Tatbestandsmäßigkeit nur an den aus der Leistungsverwaltung bekannten beschränkten Gesetzesvorbehalt zu binden wären, sogar kritisch zu überprüfen wäre, ob die bundesstaatliche Kompetenz zum Erlaß eines Steuergesetzes auch die Kompetenz, Befreiungsvorschriften mit Lenkungscharakter zu erlassen, in sich schlösse[41].

Es ist nicht zu verkennen, daß die subventive Steuervergünstigung in ihrer Auswirkung (Zuwendung eines Vermögensvorteils) und Zielsetzung (Veranlassung zu einem bestimmten Verhalten) den direkten Finanzhilfen des Leistungsverwaltungsrechts ähnelt. Mit diesen Merkmalen läßt sie sich wohl unter einen finanzwissenschaftlich orientierten Subventionsbegriff[42] subsumieren, der alle wirtschaftslenkenden Finanzhilfen des Staates zu einem in direkte und indirekte Subventionen[43] gegliederten Komplex zusammenfaßt. Dieser Zusammenfassung ent-

---

[38] Zu den systemwidrigen technischen Steuervergünstigungen s. unten 3. Teil, 2.1.
[39] Die verfassungsrechtlichen Grundlagen der Wirtschaftslenkung durch Steuerbefreiungen, StuW 72 S. 149 ff.
[40] Ebd. S. 155.
[41] Ebd. S. 156.
[42] Hierzu *Andel*, Subventionen als Instrument des finanzwirtschaftlichen Interventionismus, Tübingen 1970; *Hansmeyer*, Subventionen in der Bundesrepublik Deutschland, Berlin 1963; *Neumark*, Grundsätze gerechter und ökonomisch rationaler Steuerpolitik, S. 225.
[43] *Zeitel*, Über einige Kriterien zur Beurteilung staatlicher Subventionen, Finanzarchiv 1968, Bd. 27, S. 187 ff.

spricht der Sinn des Wortes „Subvention"[44]. Indes läßt sich die Frage nach der *Rechtsnatur* eines Tatbestandes nicht allein mit seiner Auswirkung und Zielsetzung beantworten. Es ist bereits oben[45] dargelegt worden, daß die strenge Tatbestandsmäßigkeit für alle Einschränkungen des Steueranspruchs gelten muß, da sonst die Besteuerung persönlich und sachlich nicht abschließend geregelt, die Steuer eben nicht „allen" (§ 1 Absatz 1 AO) auferlegt wäre, bei denen der gesetzliche Tatbestand der Besteuerung zutrifft[46]. Dann ist die Einschränkung des Steueranspruchs auch eine Form der Ausübung der Steuergewalt. Würde man nämlich den Erlaß von Steuervergünstigungen mit Lenkungscharakter aus der Kompetenz zum Erlaß eines Steuergesetzes herauslösen, so wäre damit ein permanenter Kompetenzkonflikt zwischen dem Subventionsgesetzgeber und dem Steuergesetzgeber konstruiert. Aus diesen Erwägungen heraus geht die Ansicht fehl, welche die Steuervergünstigung als Steuerrechtssatz, mithin als eingriffsrechtlichen Tatbestand in Frage stellt.

Doch gerade die Tatsache, daß ein *Eingriffsrechtssatz* von dem Eingriffsrecht fremder Erwägungen getragen ist, eröffnet die Möglichkeit eines Systembruchs in der Weise, daß die Rechtfertigung der subventiven Steuervergünstigung keine sinnvolle Einschränkung oder Ergänzung des normativierten Besteuerungsprinzips mehr bietet. Während die aptive Steuervergünstigung den positiven Steuertatbestand und damit die Auswirkungen der steuertatbegründenden Prinzipien differenziert, scheint zwischen der subventiven Steuervergünstigung und dem normativierten Besteuerungsprinzip kein funktionaler Zusammenhang mehr zu bestehen. Wie ausgeführt, stellt die aptive Steuervergünstigung eine conditio für die maßvolle, an konstruktiven wie prohibitiven Prinzipien der Steuergerechtigkeit orientierte, verwaltungsökonomische Besteuerung dar. Die subventive Steuervergünstigung kann hingegen entfallen, ohne daß sich dies störend auf eine Steuerart auswirkte. Die Entbehrlichkeit der subventiven Steuervergünstigung für eine Steuerart ist jedoch noch kein Nachweis ihrer Systemwidrigkeit, eines Wertungswiderspruches. Ist der Steuergesetzgeber zum Erlaß wirtschaftslenkender Steuergesetze befugt, so kann ihm grundsätzlich nicht versagt sein, wirtschaftslenkenden Steuerverzicht zu leisten. Das bedeutet, daß sowohl auf der Ebene des positiven wie des negativen Steuertatbestandes sich zwei Gruppen von Prin-

---

[44] Subventare = zu Hilfe kommen.
[45] 1. Teil, 1. Kapitel, 1.1.
[46] Das Urteil des OVG Münster vom 24.5.72 (OVGM Nr. 1621/72) z. B. hält einen öffentlich-rechtlichen Vertrag in Subventionssachen unter bestimmten Voraussetzungen für zulässig. Diese Rechtsprechung läßt sich nicht auf subventive Steuervergünstigungen übertragen.

zipien gegenüberstehen, in Anlehnung an *Tipke*[47] die *Steuerwürdigkeitsprinzipien* einerseits und in Anlehnung an *Neumark*[48] die *wirtschaftsordnungspolitischen Prinzipien* andererseits. Während die aptive Steuervergünstigung von Steuerwürdigkeitsprinzipien geprägt ist — steuerwürdig ist die nach den zit. Prinzipien maßvolle, gerechte, verwaltungsökonomische Besteuerung —, entspringt die subventive Steuervergünstigung wirtschaftsordnungspolitischen Prinzipien. Diese Prinzipien haben im Steuerrecht im Gegensatz zum Leistungsverwaltungsrecht *verdrängende* Funktion. Auf der Ebene des positiven Steuertatbestandes degradiert das steuerordnungspolitische Prinzip den fiskalischen Zweck der Steuer zu einem Nebenzweck. Auf der Ebene des negativen Steuertatbestandes werden die Steuerwürdigkeitsprinzipien im Umfange der subventiven Ausnahmetatbestände durch die steuerordnungspolitischen Prinzipien eingeschränkt. Diese Einschränkung als solche ist nicht systemwidrig.

Bayer[49] führt nun alle Lenkungsbefreiungen auf das Sozialstaatsprinzip zurück. Dagegen läßt sich zunächst einwenden, daß das Sozialstaatsprinzip sowohl die Steuerwürdigkeitsprinzipien wie die steuerordnungspolitischen Prinzipien zu prägen vermag, also als Abgrenzungsprinzip ungeeignet ist. Dann würde die rechtswissenschaftliche Betrachtung an der tatsächlichen Vielfalt der vom Gesetzgeber geschaffenen steuerordnungspolitischen Prinzipien vorbeigehen, würde sie den systematischen Standort der subventiven Steuervergünstigung auf ein bestimmtes Prinzip zu fixieren versuchen. Gerade die jüngste Entwicklung des Steuerrechts zeigt, daß die ordnungspolitische Einschränkung des Steueranspruchs keineswegs nur von sozialstaatlichen Erwägungen getragen ist[50]. Das Gesetz über steuerliche Maßnahmen zur Förderung von privaten Kapitalanlagen in Entwicklungsländern (Entwicklungshilfe-Steuergesetz 1968) vom 15. 3. 1968[51] ist ein Instrument der Außenpolitik. Auch die gezielte Förderung bestimmter Wirtschaftszweige wie z. B. der Handelsschiffahrt und Luftfahrt (§ 82 f. EStDV) oder gar der Vollzuchtbetriebe (§ 82 c EStDV) beruht gewiß nicht auf sozialstaatlichen Erwägungen. Gleichwohl wird man derartigen Steuervergünstigungen ihre Systemhaftigkeit nicht schlechthin absprechen können. Ausgangspunkt der Prüfung, ob eine subventive Steuerver-

---

[47] Die Steuerprivilegien der Sparkassen, Steuersystematische und verfassungsrechtliche Aspekte, Köln 1972, S. 40.
[48] Grundsätze gerechter und ökonomisch rationaler Steuerpolitik, S. 222 ff.
[49] Ebd. S. 153 ff.
[50] So wurde im Finanzausschuß die Auffassung vertreten, daß der Subventionsbericht gemäß § 12 StabG sich auf die wirtschaftlich gezielten Steuervergünstigungen beschränken solle und sozial begründete Steuererleichterungen ausgeklammert werden sollten (*Möller*, StabG, 2. Aufl. 1969, Anm. 9 zu § 12).
[51] BGBl. I S. 217, geändert durch das 2. StÄndG 1971 (BGBl. I S. 1266).

2. Kap.: Funktionelle Systematisierung der Steuervergünstigungen

günstigung den Steuertatbestand nicht systemwidrig abgrenzt, ist die Feststellung des steuerordnungspolitischen Prinzips, das der Steuergesetzgeber im Rahmen seiner Gestaltungsfreiheit postuliert hat. Die Schwierigkeit, die Systemhaftigkeit subventiver Steuervergünstigungen nachzuweisen, ergibt sich daraus, daß der Bereich subventiver Steuervergünstigungen im Gegensatz zu dem aptiver Steuervergünstigungen am weitesten von jenem idealen (inneren) System entfernt liegt, das aus einer *Pyramide* von Wertungen (Prinzipien) besteht, das die Ordnung und Einheit des Rechtsstoffes gewährleistet[52]. Steuerordnungspolitische Prinzipien sind eben meist nicht Abkömmlinge höherrangiger Prinzipien wie etwa des Sozialstaatsprinzips; sie sind vorwiegend das Ergebnis konkreter tagespolitischer Überlegungen. Demnach beruhen die subventiven Steuervergünstigungen in der Regel nicht auf Primär- oder Grundwertungen, sondern auf Prinzipien der nächsttieferen Ebene, nämlich Einzelwertungen, Grundsatzentscheidungen eines bestimmten politischen Programms, z. B. der Investitionsförderung bestimmter Wirtschaftszweige, der Entwicklungshilfe, der Vermögensbildung u. a. Man wird eine Abgrenzung des Steuertatbestandes durch derartige Grundsatzentscheidungen, sozusagen Prinzipien ohne Wertungsstammbaum, nicht als schlechthin systemwidrig ablehnen können, denn der Systemgedanke wäre sterile Wissenschaftstheorie, würde er jenen nicht unwesentlichen Bestandteil des Steuerrechts, der das Ergebnis interventionistischer Tagespolitik ist, nicht einbeziehen können. Im Gegenteil: gerade hier, wo durch beliebig vermehrbare steuerordnungspolitische Grundsatzentscheidungen die eigentlichen Bedingungen für ein sog. Steuerdickicht geboren werden, könnte der Systemgedanke besonders fruchtbar werden. Würde nämlich der Gesetzgeber gezwungen sein, jede seiner Grundsatzentscheidungen folgerichtig und durchgängig in der Rechtsgestaltung auszuführen, z. B. bei der Sparförderung insoweit nicht nur die Sparkassen, sondern alle Geldinstitute mit derselben Steuervergünstigung auszustatten[53], so würde die Grundsatzentscheidung selbst sicherlich mit tieferem Bedacht getroffen werden, als dies oft tatsächlich der Fall ist.

Zusammenfassend läßt sich zur subventiven Steuervergünstigung feststellen, daß sie abweichend von der finanzwissenschaftlichen Betrachtungsweise, die direkte und indirekte Subventionen unterscheidet, *keine Subvention im Rechtssinne*, d. h. einen Rechtssatz des Leistungsverwaltungsrechts, sondern einen *eingriffsrechtlichen* Tatbestand darstellt. Mithin fällt sie in die Kompetenz der Steuergewalt. Eine andere

---

[52] Hierzu *Tipke*, Steuerrechtswissenschaft und Steuersystem, in Festschrift für Wacke, S. 214.
[53] Hierzu *Tipke*, Die Steuerprivilegien der Sparkassen, Steuersystematische und verfassungsrechtliche Aspekte, Köln 1972, S. 43/44.

Frage ist die der Kompetenzüberschreitung, wenn der Steuergesetzgeber mit einer Steuervergünstigung Sachgebiete regelt, die seiner Zuständigkeit nicht unterliegen, z. B. kulturelle subventive Steuervergünstigungen in Bundessteuergesetze aufgenommen werden[54]. *Systematisch gesehen besteht der Gegensatz zwischen aptiver und subventiver Steuervergünstigung darin, daß die subventive Steuervergünstigung nicht von Grundwertungen der Besteuerung (Wertungspyramide!) abgeleitet ist, sondern in einer Einzelwertung (tagespolitische Grundsatzentscheidung) begründet wird.* Dieser Umstand allein führt noch nicht zur Systemwidrigkeit der subventiven Steuervergünstigung. Es kommt vielmehr darauf an, wie die Grundsatzentscheidung durch die jeweiligen Steuervergünstigungsvorschriften ausgeführt ist. Die Kriterien systemwidriger Steuervergünstigungen sind im letzten Abschnitt dieser Arbeit zu erörtern.

2. Die äußere Abgrenzung des Steuerrechts

2.1. Der positive Entstehungstatbestand der Steuerschuld im sog. Außensteuerrecht

Während sich die innere Abgrenzung des Steuerrechts (Ergänzung oder Verdrängung des normativierten Besteuerungsprinzips) im wesentlichen durch Steuervergünstigungen vollzieht, bestimmt sich die äußere Abgrenzung des Steuerrechts, d. h. die Abgrenzung der bundesrepublikanischen Steuerrechtsordnungen zu anderen Steuerrechtsordnungen *gleichwertig* auf der Ebene des positiven wie negativen Steuertatbestandes. In diesem Sinne ist unter Außensteuerrecht[55] der Inbegriff aller bundesrepublikanischen Rechtsnormen zu verstehen, welche die bundesrepublikanische Steuerrechtsordnung zu anderen Steuerrechtsordnungen abgrenzen.

Für den Steuergesetzgeber besteht zunächst kein völkerrechtliches Gebot, eine derartige Abgrenzung vorzunehmen. Er kann grundsätzlich Steuertatbestände beliebig weit gestalten[56]. Indes zwingen die Grenzen der Steuergewalt und, wie *Hensel*[57] und *Kruse*[57] zu Recht her-

---

[54] Hierzu insbesondere *Friauf*, Verfassungsrechtliche Grenzen der Wirtschaftslenkung und Sozialgestaltung durch Steuergesetze, Tübingen 1966, S. 30 ff.

[55] Der Begriff ist von *Bühler* (Steuerrecht, Grundriß in zwei Bänden, I. Allgemeines Steuerrecht, 2. Aufl. 1953, S. 85) geprägt worden. *Bühler* versteht unter Außensteuerrecht in Anlehnung an den Begriff „Außenwirtschaft" alle deutschen Rechtssätze, die es mit der Abgrenzung der Steuergewalt nach dem Ausland zu tun haben. Der Begriff steht im Gegensatz zu den nichtdeutschen, namentlich zwischenstaatlichen Rechtsätzen des internationalen Steuerrechts. Zur Terminologie ausführlich *Schmitz*, Komm. zum Internationalen Steuerrecht der BRD, 1. Bd., S. 5 ff.

[56] *Hensel*, Steuerrecht, 3. Aufl. S. 17; *Kruse*, Steuerrecht, I., 2. Aufl., S. 41.
[57] Ebd.

2. Kap.: Funktionelle Systematisierung der Steuervergünstigungen

vorheben, das Eigeninteresse die Staaten, ihre Rechtsordnungen nach außen hin adäquat ihren Möglichkeiten abzugrenzen. Die Staatshoheit (Gesetzgebungs-, Verwaltungshoheit, Justiz) innerhalb eines Systems souveräner Nationalstaaten ist sowohl räumlich (*territoriale* Hoheitsgewalt) als auch persönlich (*personale* Hoheitsgewalt) begrenzt[58]. Deshalb ist die Steuerhoheit (Gesetzgebungs-, Ertragshoheit, Verwaltungshoheit) als Teil jener Staatshoheit im Rahmen ihrer Möglichkeiten auf Anknüpfungspunkte gerichtet, die in ihrem Hoheitsbereich liegen.

Aus den Anknüpfungsmöglichkeiten haben sich nunmehr zwei Prinzipien herausgebildet, die als steuerartbegründende Gestaltungsprinzipien den positiven Steuertatbestand zu prägen vermögen, das *Totalitätsprinzip* als Ausfluß der personalen Hoheitsgewalt und das *Territorialitätsprinzip* als Ausfluß der territorialen Hoheitsgewalt. Das Totalitätsprinzip knüpfte früher an die Staatsangehörigkeit des Steuerpflichtigen an (Nationalitätsprinzip)[59]. Das geltende deutsche Steuerrecht knüpft hingegen an den Wohnsitz oder gewöhnlichen Aufenthalt (§§ 13, 14 StAnpG) bei natürlichen Personen und an die Geschäftsleitung oder Sitz (§ 15 StAnpG) bei anderen Steuerrechtssubjekten an. Dieses *Wohnsitzprinzip* ist demnach die für die deutsche Steuerrechtsordnung gültige Form des Totalitätsprinzips. Die Anknüpfung nach dem Territorialitätsprinzip ist der sog. *Ursprung* des Besteuerungsgutes (*Ursprungsprinzip*). Nach dem Ursprungsprinzip besteuert der Staat nur solche Besteuerungsgüter, die ihren Ursprung in seinem territorialen Hoheitsbereich haben. Tatbestandsmerkmal des Steuergegenstandes ist also der inländische Ursprung, z. B. inländische Einkünfte (§§ 1 Absatz 2, 49 EStG), das Inlandsvermögen im Sinne des § 2 Absatz 2 VStG, der inländische Gewerbebetrieb im Sinne des § 2 Absatz 1 Satz 1 GewStG. Eine genaue Definition des Ursprunges ist bisher noch nicht entwickelt worden[60]. Sie dürfte auch kaum gewonnen werden können, da die legislative Form der örtlichen Anknüpfung von der Beschaffenheit des jeweiligen Steuergegenstandes abhängt.

Wohnsitz-(Totalitäts-)prinzip und Ursprungs-(Territorialitäts-)prinzip sind also die außensteuerlich maßgebenden Prinzipien, sozusagen die Aspekte der personalen[61] wie der territorialen Steuerhoheit im Ver-

---

[58] Hierzu *Dahm*, Völkerrecht, Band I, S. 154 ff.
[59] *Bühler*, Prinzipien des Internationalen Steuerrechts, 1964, S. 161 ff.; *Kruse*, Steuerrecht, I., 2. Aufl., S. 41.
[60] Vgl. hierzu *Bühler*, S. 181; *Schmitz*, Kommentar zum Internationalen Steuerrecht, 1. Bd., S. 42; *Spitaler*, Das Doppelbesteuerungsproblem bei den direkten Steuern, S. 437; *Endriss*, Wohnsitz- oder Ursprungsprinzip?, Köln 1967, S. 52.
[61] Hier ist allerdings zu bemerken, daß auch die personale Steuerhoheit letztlich an territorialen Anknüpfungsmerkmalen (Wohnsitz, Aufenthalt u. a.) sich ausrichtet. Streng genommen ist also die territoriale Zugriffsmacht das allein tragende Gestaltungsprinzip.

hältnis zu anderen souveränen Steuerhoheiten. Das von *Bühler*[62] angeführte *Universalprinzip* hingegen ist kein Gestaltungsprinzip des Außensteuerrechts. Gemeint ist damit das bereits mehrfach erörterte Universalitätsprinzip, das lediglich außensteuerrechtlich keine Einschränkung erfährt. Die Besteuerung des Welteinkommens oder Weltvermögens ist nichts anderes als das Ergebnis nichtvorhandener Abgrenzung zu anderen souveränen Steuerhoheiten.

Die vorgenannten außensteuerrechtlichen Prinzipien sind, dem Wesen des Außensteuerrechts entsprechend, Gestaltungsprinzipien für im Grunde negative Gestaltungsanordnungen[63]. Rechtstechnisch vollzieht sich hier die negative Geltungsanordnung, indem durch eine zusätzliche Tatbestandsvoraussetzung (Anknüpfungsmerkmal) der steuerbare Sachverhalt im übrigen, d. h. soweit er diese Tatbestandsvoraussetzung nicht erfüllt, ausgeklammert wird. In dieser Weise wirken die vorgenannten außensteuerrechtlichen Prinzipien wie folgt:

a) *Einkommen-, Körperschaft-, Vermögensteuer* werden außensteuerrechtlich durch das Rechtsinstitut der beschränkten Steuerpflicht abgegrenzt. Die Normen der beschränkten Steuerpflicht (§§ 1 Absatz 2, 49 EStG, 2 KStG, 2 VStG) werden sowohl durch das Wohnsitz- als auch durch das Ursprungsprinzip bestimmt. Die Steuerrechtssubjekte sind hier natürliche Personen, Körperschaften, Personenvereinigungen und Vermögensmassen. Die so durch die persönliche Seite des Steuertatbestandes bestimmten Steuerschuldner haben in unterschiedlichem *Umfang* Einkommen bzw. Vermögen zu versteuern[64]. Mithin bestimmt das Rechtsinstitut der beschränkten Steuerpflicht den Umfang des Steuergegenstandes, nicht verschiedene Steuerrechtssubjekte[64]. Hierbei ist anzumerken, daß die Begriffe Körperschaft, Personenvereinigung und Vermögensmasse nicht etwa in § 1 Absatz 1 KStG durch die dortige Enumeration definiert werden. Die Enumeration bestimmt lediglich den Kreis der unbeschränkt steuerpflichtigen Rechtssubjekte. Körperschaftsteuerrechtssubjekte sind daher *alle* inländischen und ausländischen Körperschaften, Personenvereinigungen und Vermögensmassen, wobei die negative Tatbestandsabgrenzung des § 3 KStG zu berücksichtigen ist, die für unbeschränkt wie beschränkt steuerpflichtige Körperschaftsteuerrechtssubjekte gilt[65]. Das Wohnsitzprinzip entscheidet darüber, *ob* unbeschränkte oder beschränkte Steuerpflicht vorliegt[66]. Das Ursprungsprinzip bestimmt bei Vorliegen der beschränkten Steuerpflicht

---

[62] Ebd. S. 165 ff.
[63] *Bühler*, S. 163 spricht hier von einer Zuständigkeitsbegrenzung.
[64] Hierzu oben 1. Teil, 2. Kapitel, 3.2.2.2. c).
[65] Hierzu *Herrmann/Heuer*, Kommentar zur Einkommensteuer und Körperschaftsteuer, Anmerkung 4 zu § 2 KStG.
[66] Ausnahme: § 2 Absatz 1 Ziff. 2 KStG.

2. Kap.: Funktionelle Systematisierung der Steuervergünstigungen

dann den Umfang des Steuergegenstandes[67], wobei die persönlichen Verhältnisse des Steuerschuldners weitgehend unberücksichtigt bleiben[68]. Durch jenen Ausschluß von Steuervergünstigungen, die an der persönlichen Leistungsfähigkeit des Steuerschuldners orientiert sind[69], wird die Steuerart bei beschränkter Steuerpflicht objektsteuerähnlich, verliert aber nicht den Charakter als Personensteuer[70], da die persönliche Seite des Steuertatbestandes unbeschadet der Einschränkungen nach dem Ursprungsprinzip besteht.

b) Auch die *Erbschaftsteuer* unterscheidet in § 8 ErbStG zwischen unbeschränkter und beschränkter Steuerpflicht, wenngleich diese Begriffe nicht ausdrücklich im Gesetz enthalten sind[71]. Das Wohnsitzprinzip greift hier bei Erblasser und Erben mit der Folge durch, daß der inländische Erbanfall nur dann besteuert wird, wenn Erbe und Erblasser Steuerausländer sind[72]. Im übrigen wird der weltweite Erbanfall besteuert. Diese über den Kreis der Steuerschuldner (§ 15 ErbStG) hinausreichende Anknüpfung an den Wohnsitz verdrängt, also weitgehend die Anknüpfung an den Ursprung.

c) Der Steuergegenstand der *Realsteuern* als Gemeindesteuern, gemäß § 1 Absatz 3 AO die Grundsteuer und die Gewerbesteuer, knüpft allein nach dem Ursprungsprinzip an inländische, also in einem Gemeindegebiet gelegene Besteuerungsgüter an. Der Steuergegenstand der Grundsteuer muß sich auf das Inland erstrecken (§ 3 GrStG), der Steuergegenstand der Gewerbesteuer setzt die Unterhaltung einer inländischen Betriebsstätte voraus (§ 2 GewStG) beziehungsweise müssen Reisegewerbebetriebe im Inland betrieben werden (§ 35 a Absatz 1 GewStG).

d) Bei den *Verkehr-* und *Verbrauchsteuern* wird der Steuergegenstand in erster Linie durch das Ursprungsprinzip bestimmt, d. h. der Steuergegenstand muß im Inland verwirklicht sein (§§ 1 UStG, 1 GrEStG, 2 KVStG, 1 Ziff. 2 VersStG, 17 RennwLottG, 1 Ziff. 1 a WStG, 1 StraGüVerkStG, 1, 5 KraftStG, 1 FeuerschStG und die Verbrauchsteuergesetze)[73]. Erst in zweiter Linie greift auch die Anknüpfung an

---

[67] Gerade die Anwendung des Ursprungsprinzips zwingt zur Aufgabe der Vorstellung, unbeschränkte und beschränkte Steuerpflicht seien Unterarten der persönlichen Steuerpflicht, wie schon *Becker*, Die Grundlagen der Einkommensteuer, 1940, S. 89 annimmt.

[68] Hierzu *Herrmann/Heuer*, Anmerkung 26 zu § 1 EStG; *Schmitz*, Kommentar zum Internationalen Steuerrecht, 1. Bd., S. 8 ff.; *Jansen*, Die beschränkte Steuerpflicht im deutschen Einkommensteuerrecht, IWB Fach 3, Gruppe 3, S. 231 ff. (S. 236 ff.); *Debatin*, Die Bestimmung der Einkunftsart bei der beschränkten Steuerpflicht, DB 61, S. 785.

[69] Das sind die in § 50 Absatz 1 EStG genannten Steuervergünstigungen.

[70] Wie Fußnote 68.

[71] Hierzu *Rädler/Raupach*, Deutsche Steuern bei Auslandsbeziehungen, München und Berlin 1966, S. 514.

[72] Vgl. die Übersicht über das Außenerbschaftsteuerrecht in *Rädler/Raupach*, S. 515.

[73] Hierzu zusammenfassend *Rädler/Raupach*, S. 314.

den Wohnsitz des Steuerschuldners ein (§§ 17 KVStG, 1 Ziff. 1 VersStG, 1 Ziff. 1 b WStG). Aber auch diese Anknüpfungen bestimmen den Steuergegenstand, nicht das Steuerrechtssubjekt.

2.2. Der negative Entstehungstatbestand der Steuerschuld im sog. Außensteuerrecht

2.2.1. Allgemeines zu den außensteuerrechtlichen Steuervergünstigungen

Auch im Außensteuerrecht lassen sich *aptive* und *subventive* Steuervergünstigungen unterscheiden.

Die *aptive* außensteuerrechtliche Steuervergünstigung dient der Vermeidung der Übermaßbesteuerung bei Überschneidung verschiedener Steuerrechtsordnungen, also der Vermeidung mehrsteuerrechtlicher Doppelbesteuerung[74]. Die Abgrenzung auf der Ebene des positiven Entstehungstatbestandes der Steuerschuld vermeidet mehrsteuerrechtliche Doppelbesteuerung nicht, weil zum einen den fremden Steuerrechtsordnungen andere außensteuerrechtliche Gestaltungsprinzipien zugrundeliegen können als der deutschen Steuerrechtsordnung, zum anderen — und das ist die eigentliche Ursache der außensteuerrechtlichen Steuervergünstigungen —, weil weder Wohnsitz- noch Ursprungsprinzip geeignete Kollisionsnormen zu gestalten vermögen. Bei der Besteuerung nach dem Wohnsitzprinzip greift diese auf ausländische Besteuerungsgüter (Welteinkommen, -vermögen) über. Bei der Besteuerung nach dem Territorialitätsprinzip erscheint zunächst eine Überschneidung verschiedener Steuerrechtsordnungen vermieden, wenn *alle* Steuerarten *aller* Steuerrechtsordnungen nur inländische Besteuerungsgüter zum Gegenstande hätten. Doch der Blick auf die vom Territorialitätsprinzip beherrschten Steuerarten führt zu der Erkenntnis, daß die Überschneidung auch dann eintritt, wenn ein Besteuerungsgut von einem in den anderen Hoheitsbereich überwechselt[75].

Wohnsitz- wie Territorialitätsprinzip wie alle internationalen Besteuerungsprinzipien dienen demnach zunächst nicht der Vermeidung mehrsteuerrechtlicher Doppelbesteuerung. Sie beschreiben vielmehr lediglich die im Machtbereich des Steuergläubigers liegenden Ansatzmöglichkeiten[76].

Jedoch liegt die Sache anders, wenn durch *Kombination* internationaler Besteuerungsprinzipien das jeweils herrschende Prinzip modifiziert

---

[74] Hierzu oben 1. Teil, 2. Kapitel, 2.3. am Ende.
[75] z. B. das Überwechseln im ausländischen Zulassungsverfahren zugelassener Fahrzeuge (§ 2 Ziff. 10, 11, 12 KraftStG), Ausfuhrlieferungen im Sinne der §§ 4 Ziff. 1, 6 UStG.
[76] *Kruse*, Steuerrecht, I. Allgemeiner Teil, 2. Aufl., S. 42 trifft den Kern der Sache, wenn er zum Wohnsitzprinzip ausführt, daß die Sache ganz trivial sei: Wer im Inland angepackt werden kann, kann auch so hart angepackt werden, daß er seine ausländischen Umsätze, Gewinne usw. wahrheitsgemäß angibt.

2. Kap.: Funktionelle Systematisierung der Steuervergünstigungen

wird, wenn zum Beispiel das im Einkommensteuerrecht herrschende Wohnsitzprinzip auch im Falle der unbeschränkten Steuerpflicht durch das Territorialitätsprinzip eingeschränkt wird, indem bestimmte ausländische Einkünfte nach DBA steuerbefreit sind. Diese Prinzipienkombination und die *schlichte Einschränkung* des die einzelne Steuerart beherrschenden außersteuerrechtlichen Prinzips wegen Eingreifens fremder Steuerrechtsordnungen ist die *typische* und *systemgerechte* Aufgabe aptiver außensteuerrechtlicher Steuervergünstigungen. Wie mehrsteuerrechtliche Doppelbesteuerung vermieden wird, ist dann in der Regel keine Frage der Systemhaftigkeit mehr, wenn das Prinzip der Vermeidung als solches die Steuervergünstigung trägt. Gerade bei Doppelbesteuerungsabkommen muß berücksichtigt werden, daß Vermeidungsregelungen oft in langen und zähen Verhandlungen erarbeitet werden. Man würde den Systemgedanken angesichts der politischen Realität, die in der Konfrontation souveräner Staaten besteht, überspannen, wollte man hier nur Einheitslösungen als systemgerecht anerkennen. Wo des Gesetzgebers Macht endet, kann ihm nicht mangelnde Folgerichtigkeit vorgeworfen werden. Hier ist die internationale Einheit von Steuerrechtsordnungen (Harmonisierung)[77] von der Einheit der einzelnen Steuerrechtsordnung zu unterscheiden: ihre den politischen Möglichkeiten entsprechend nicht gradlinig verlaufende Grenze ist ein Sachzwang, der die damit verbundene Prinzipieneinschränkung rechtfertigt. Unter diesem Blickwinkel ist die Vielfalt der aptiven außensteuerrechtlichen Steuervergünstigungen zu sehen.

Die *subventive* außensteuerrechtliche Steuervergünstigung beruht auf internationalem Entgegenkommen. Die Gruppe subventiver außensteuerrechtlicher Steuervergünstigungen fällt gegenüber der Gruppe aptiver außensteuerrechtlicher Steuervergünstigungen kaum ins Gewicht. Im wesentlichen handelt es sich um die Steuervergünstigungen des diplomatischen Korps[78] und supranationaler Zusammenschlüsse[79].

Die Steuervergünstigung im sog. Außensteuerrecht ist entweder eine *Steuerbefreiung* oder eine *Steuerermäßigung*. Die sog. Freilassungsmethode[80] führt in erster Linie zu einer sachlichen Steuerbefreiung[81].

---

[77] Das OECD-Musterabkommen zur Vermeidung der Doppelbesteuerung ist z. B. ein Fall der Steuerharmonisierung.
[78] s. unten 2.2.2.2. a).
[79] s. unten 2.2.2.3. b).
[80] Unter Freilassungs- und Anrechnungsmethode versteht man eigentlich DBA-Verfahren, hierzu *Herrmann/Heuer*, Kommentar zur Einkommensteuer und Körperschaftsteuer, Anm. 30 zu § 1 EStG; *Korn/Dietz*, Doppelbesteuerung, Kommentar, Anm. 5 der Vorbemerkungen I B; *Meilicke*, Steuerrecht, 1965, S. 54/55. Beide Methoden können aber als allgemein artbestimmend für die Stellung der außensteuerrechtlichen Steuervergünstigungen im Steuertatb. angesehen werden.
[81] Vgl. hierzu Art. 23 A OECD-Musterabkommen.

Der Steuergesetzgeber leistet in bezug auf einen Teil des Steuergegenstandes Besteuerungsverzicht, entweder wegen eines fremden Besteuerungsrechtes (aptive Steuerbefreiung) oder wegen internationalen Entgegenkommens (subventive Steuerbefreiung). Persönliche Steuerbefreiungen hingegen sind selten anzutreffen[82]. Die sog. Anrechnungsmethode[83] führt zu einer Steuerermäßigung. Die ausländische Steuer wird auf die inländische Steuerschuld ganz oder teilweise angerechnet.

2.2.2.1. Außensteuerrechtliche Steuervergünstigungen ohne völkerrechtliche Veranlassung

Eine Reihe sehr wichtiger Steuervergünstigungen zur Vermeidung der Übermaßbesteuerung beruht nicht auf Völkerrecht. Mit Hilfe dieser Steuervergünstigungen berücksichtigt der Steuergesetzgeber von sich aus das Eingreifen fremder Steuergesetze.

Dies ist *erstens* der Fall, wenn an sich gebotene völkerrechtliche Regelungen nicht möglich sind oder nicht bestehen. Eine völkerrechtliche Lücke, eigentlich verursacht durch einen historisch überholten Inlandsbegriff, schließen die Steuervergünstigungen in bezug auf das Hoheitsgebiet der DDR (§§ 1 Absatz 3, 2 Absatz 2 Satz 2 EStG, 2 Absatz 2 KStG, 1 Absatz 2 Satz 2, 2 Absatz 2 VStG, 8 Absatz 1 Ziff. 1 a Satz 2, Absatz 2 ErbStG, 2 Absatz 6 GewStG). Die Anrechnungstatbestände der §§ 34 c EStG, 19 a KStG, 9 VStG, 9 ErbStG beseitigen dort die mehrsteuerrechtliche Doppelbesteuerung, wo völkerrechtliche Vereinbarungen nicht getroffen sind.

Zweitens hat der Steuergesetzgeber bei Steuerarten, die vom Territorialitätsprinzip außensteuerrechtlich beherrscht sind, Steuervergünstigungen geschaffen, die die mehrsteuerrechtliche Doppelbesteuerung bei Überwechseln des Besteuerungsgutes von einem Hoheitsgebiet in das andere vermeiden sollen. Es sind dies die bereits erwähnten §§ 4 Ziff. 1, 6 UStG, 2 Ziff. 10 bis 12 KraftStG und bei der Ausfuhr von Fahrzeugen § 2 Ziff. 9 KraftStG. Ebenfalls gehören die §§ 4 Ziffer 2 bis 5; 7 und 8 UStG hierher. Bei den Verbrauchsteuern ist die Ausfuhrsteuerentlastung teils durch Vergütungsvorschriften[84], teils durch sachliche Steuerbefreiungen[85] geregelt.

---

[82] Selbst Diplomaten sind nicht persönlich, sondern z. B. nur hinsichtlich bestimmter Einkünfte (§ 3 Ziff. 29 EStG) steuerbefreit. Persönliche Steuerbefreiungen enthält das Besatzungsstatut (2.2.2.2 b)) und das Steuerrecht auf Grund supranationaler Zusammenschlüsse (2.2.2.3. b)).

[83] Vgl. hierzu Art. 23 B OECD-Musterabkommen.

[84] z. B. die §§ 4 KaffeeStG, 4 TeeStG, 9 Absatz 3 ZuckStG; diese Vorschriften sind keine Steuervergünstigungen, da sie nicht zum Entstehungstatbestand der Steuerschuld gehören.

[85] z. B. die §§ 9 Absatz 1 ZuckStG, 7 Absatz 1 SalzStG, 7 Absatz 2 BierStG, 8 Absatz 1 SchaumweinStG, 8 Absatz 1 LeuchtmStG, 7 Absatz 1 Ziff. 1 SüßstoffG.

2. Kap.: Funktionelle Systematisierung der Steuervergünstigungen

Die vorgenannten außensteuerrechtlichen Steuervergünstigungen ohne völkerrechtliche Veranlassung sind Musterbeispiele systemhafter aptiver Steuervergünstigungen, deren Fehlen zu großen Besteuerungshärten führen würde. Dort, wo sie völkerrechtliche Lücken schließen, vermeiden sie nicht nur Doppelbesteuerung, sondern auch Steuerungerechtigkeit. Und die Steuerentlastung an der „Grenze" beweist, daß eine Grundwertung des positiven Steuertatbestandes (Territorialitätsprinzip) durchaus folgerichtig ergänzt werden kann. In diesen Fällen ist ein echtes Steuerprivileg — systemwidrige Steuervergünstigung — auszuschließen.

2.2.2.2. Steuervergünstigungen nach allgemeinen völkerrechtlichen Grundsätzen (§ 9 Ziff. 1 StAnpG)

Völkerrechtliche Steuervergünstigungen erfahren ihre Inkorporation in das deutsche Recht gemäß Art. 25 GG, wenn sie „allgemeine Regeln des Völkerrechts" sind. § 9 Ziff. 1 StAnpG hat daher nur deklaratorische Bedeutung[86]. Der Begriff „allgemein" des Art. 25 GG bezieht sich auf universelle wie generelle, nicht partikulare und regionale Regeln im Sinne der völkerrechtlichen Terminologie. Art. 25 GG beschränkt sich also auf Völkerrechtsregeln von einer gewissen Breitenwirkung, d. h. solche, die mindestens für einen Großteil der Staaten gelten[87]. Die allgemeinen Regeln des Völkerrechts beruhen größtenteils auf Völkergewohnheitsrecht. Aber auch Staatsvertragsrecht ist von den „allgemeinen" Regeln nicht von vorneherein ausgeschlossen[88]. In Betracht kommen aber nur weltweit abgeschlossene Konventionen, nicht in engerem Rahmen, etwa auf europäischer Ebene gültige vertragliche Regelungen[88]. Gemäß Art. 25 Satz 2 GG gehen die allgemeinen Regeln des Völkerrechts „den Gesetzen" vor. Das bedeutet, daß die allgemeinen Regeln des Völkerrechts zwar keinen Verfassungsrang besitzen[89], jedoch anderes innerdeutsches Recht verdrängen[90]. Dieser Rechtsquellenrang führt demnach zu einer apriorischen Einschränkung des Steuertatbestandes: dem Gesetzgeber kann mithin nur dann Systemwidrigkeit vorgeworfen werden, wenn über den gebotenen völkerrechtlichen Umfang

---

[86] *Tipke/Kruse*, AO, Anm. 1 zu § 9 StAnpG.
[87] *Maunz/Dürig*, Grundgesetz, 3. Aufl. Anm. 17 und 19.
[88] *Maunz/Dürig*, Anm. 19 mit w. Nachweisen.
[89] So die h. M. BVerfGE 6, 363; *Dahm*, Völkerrecht, Bd. I, S. 11 ff.; ders., Deutsches Recht, 2. Aufl. 1963, S. 38; *Maunz/Dürig*, Grundgesetz, 3. Aufl. Anm. 22 ff.; a. A. *Mangoldt/Klein*, Bonner Grundgesetz, S. 682 ff.
[90] Nach *Maunz/Dürig*, Anm. 25 bedeutet dies, daß im Verhältnis zum innerdeutschen Recht für die allgemeinen Regeln des Völkerrechts weder der Satz „lex posterior derogat legi priori" noch der Satz „lex specialis derogat legi generali" gilt. Insoweit ist also dem Steuergesetzgeber die steuerliche Gestaltungsfreiheit genommen.

hinaus ohne rechtfertigende Grundwertung Steuervergünstigungen gewährt werden[91].

In der Steuerrechtsliteratur ist zwar gelegentlich die Auffassung vertreten worden, Steuervergünstigungen auf Grund allgemeiner völkerrechtlicher Grundsätze gäbe es nicht[92]. Diese Auffassung ist aber spätestens seit dem Inkrafttreten des Grundgesetzes und damit des Art. 25 GG als überholt anzusehen.

Die deutsche Steuerrechtsordnung ist von folgenden Steuervergünstigungen, die auf allgemeinen Regeln des Völkerrechts beruhen oder in ihnen ihren Ausgang haben, betroffen:

a) Steuervergünstigungen des diplomatischen Korps und ähnlich behandelter Exterritorialer

Die Rechtsgrundlagen für die Steuervergünstigungen der Diplomaten sind nicht unbestritten gewesen. Uneinigkeit bestand darin, ob Völkergewohnheitsrecht[93] oder lediglich eine nicht verbindliche internationale Courtoisie[94] anzunehmen sei. Die Streitfrage ist insofern weitgehend entschärft worden, als die Rechtsstellung der diplomatischen Vertretungen durch das Wiener Übereinkommen vom 18. 4. 1961 über diplomatische Beziehungen (WÜD)[95] kodifiziert wurde. Die Steuervergünstigungen sind in den Art. 23, 34, 36 und 37 WÜD geregelt und bestehen in erster Linie für direkte Steuern (Art. 34 a WÜD). Der völkerrechtlich verwendete Begriff der direkten Steuer stellt auf die in den einzelnen Ländern herrschende Terminologie ab[96]. Der Grundsatz der persönlichen Steuerbefreiung des Diplomaten wird durch die Ausnahmetatbestände des Art. 34 b—d in der Weise durchbrochen, daß der Diplomat nur in einem bestimmten sachlichen Umfang steuerbefreit ist. *Einkommensteuerlich* ist der Diplomat ein Steuerschuldner, der nach Art. 34 d WÜD als lex specialis nur seine privaten Einkünfte, deren Quelle sich im Empfangsstaat befindet, zu versteuern hat[97]. In diesem

---

[91] So z. B. § 3 Ziff. 29 EStG; hierzu unten a).
[92] *Spitaler*, Doppelbesteuerungsproblem bei den direkten Steuern, 2. Aufl., S. 500 ff.; *Isay*, Internationales Finanzrecht, S. 146 räumt diesen Steuervergünstigungen lediglich subsidiären Charakter ein.
[93] *Dahm*, Völkerrecht, Bd. I, S. 335; *Guggenheim*, Lehrbuch des Völkerrechts, S. 469/470 (Fußnote 80) mit w. Nachweisen.
[94] *Croxatto*, Die Begrenzung der staatlichen Steuerhoheit durch internationales Gewohnheitsrecht, StuW 1964, S. 879 ff. (S. 884) mit w. Nachweisen.
[95] BGBl. 1964 II S. 959, für die BRD am 11. 12. 1964 in Kraft getreten (BGBl. 1965 II S. 147).
[96] *Guggenheim*, Fußnote 80.
[97] Eine gemischte (persönliche und sachliche) Steuerbefreiung im Sinne der obigen Ausführungen (2. Abschnitt A 1.3.) ist hier nicht anzunehmen. Das Einkommensteuerschuldverhältnis ist nicht grundsätzlich für den Diplomaten aufgehoben. Vielmehr hat er eine dem beschränkt steuerpflichtigen Einkommensteuerschuldner ähnliche Rechtsstellung: der ausländische Diplomat

2. Kap.: Funktionelle Systematisierung der Steuervergünstigungen 137

Zusammenhang ein Beispiel für eine systemwidrige sachliche Steuerbefreiung ist § 3 Ziff. 29 EStG. Soweit sich diese Vorschrift auf Diplomaten im Sinne des WÜD bezieht, ist sie überflüssig, da sie sich nur auf dienstliche Einkünfte bezieht. Soweit sie sich aber auf andere Personen bezieht, gewährt sie über die völkerrechtliche Veranlassung hinaus[98] Steuervergünstigungen. Das gilt insbesondere für Botschaftsbedienstete im Sinne des Artikel 37 Abs. 3 WÜD, die in Deutschland ständig ansässig sind. Diese Personen genießen nach dem WÜD keine steuerlichen Vorrechte. Mangels einer völkerrechtlichen Verpflichtung besteht mithin kein rechtfertigender Grund, hier das Universalitätsprinzip zu durchbrechen, denn folgerichtig ist nur eine Abgrenzung der deutschen Steuerrechtsordnung *entsprechend* den völkerrechtlichen Regeln. Der *Vermögensteuer* hat der Diplomat nur privates inländisches unbewegliches Vermögen (Art. 34 b) WÜD) und Kapitalanlagen in inländischen gewerblichen Unternehmen (Art. 34 d) WÜD) zu unterwerfen[99]. Von der *Erbschaftsteuer* ist der Diplomat grundsätzlich nicht befreit (Art. 34 c) WÜD). Art. 23 WÜD enthält grundsätzlich für alle Arten direkter Steuern bei dem Entsendestaat und dem Missionschef sachliche Steuerbefreiungen. Diesem Artikel entsprechen die Steuerbefreiungen der §§ 4 Ziff. 10 GrStG, 4 Absatz 1 Ziff. 6 GrEStG. Ebenso sind die Räumlichkeiten der Mission nicht bei der Vermögensteuer zu berücksichtigen, Abschnitt 107 Absatz 2 Ziff. 1 VStR. Schließlich ist die Kraftfahrzeugsteuerbefreiung des § 2 Ziff. 8 KraftStG zu erwähnen. Die Wahrung der Gegenseitigkeit (§§ 9 Ziff. 1 StAnpG, 2 Ziff. 8 letzter Satz KraftStG) ist selbstverständlich und ergibt sich schon aus der Vertragspartnerschaft des WÜD. Steuervergünstigungen bei den *indirekten* Steuern sind den Diplomaten grundsätzlich nicht gewährt[100]. Es bestand jedoch eine weitverbreitete internationale Courtoisie, den Diplomaten bei Zöllen entgegenzukommen[101]. Die zoll- und steuerfreie Einfuhr ist nunmehr in Art. 36 WÜD geregelt. Die Steuervergünstigungen der *konsularischen* Vertretungen sind in ähnlicher Weise wie bei den diploma-

---

ist nur mit seinen inländischen Einkünften im Sinne des § 49 EStG steuerpflichtig, A 6 Ziff. 13 b EStR. Damit ist aber der ausl. Diplomat noch nicht beschränkt stpfl. im Sinne der §§ 1 Abs. 2, 49 ff. EStG, wie die ESt-Ergänzungsrichtlinien 1972 „klarstellen" wollen. Die *Gleichstellung* mit dem beschr. stpfl. ESt-Schuldner ist Sache des Gesetzgebers. Insbes. im Hinblick auf die in § 50 EStG ausgeschlossenen Steuervergünstigungen ist die gleichstellende Verwaltungsanweisung ein Fall unzulässiger Analogie zuungunsten des Steuerpflichtigen.

[98] Auch Art. 47 Abs. 2 b) WÜD veranlaßt nicht zu einer generellen sachlichen Steuerbefreiung.
[99] Vgl. hierzu im einzelnen Abschnitt 107 VStR.
[100] Art. 34 a) WÜD. Eine dahingehende Rechtsübung bestand auch vor dem WÜD nicht, *Dahm*, S. 335.
[101] *Dahm*, ebd.

tischen Vertretungen in dem Wiener Übereinkommen über konsularische Beziehungen vom 24. 4. 1963[102] geregelt.

Zusammenfassend läßt sich feststellen, daß die Steuervergünstigungen des diplomatischen Korps und ähnlich behandelter Exterritorialer in den genannten Wiener Übereinkommen auch für die deutsche Steuerrechtsordnung geregelt sind. Bei dieser Untersuchung mag dahinstehen, ob diese Abkommen als weltweit geschlossenes Staatsvertragsrecht gemäß Art. 25 Satz 2 GG die Gestaltungsfreiheit des Steuergesetzgebers schlechthin einschränken oder durch die Zustimmungsgesetze gemäß Art. 59 Absatz 2 GG lediglich leges speciales sind. In jedem Falle sollte der Steuergesetzgeber davon absehen, *bereits* geregelte Steuervergünstigungen in den Steuergesetzen zu wiederholen, zumal, wenn er es nur hie und da tut. Im Zweifel hat dies nur systemwidrige Steuervergünstigungen zur Folge. De lege ferenda wäre zu wünschen, daß in den einzelnen Zustimmungsgesetzen die Qualifikationsprobleme wie das erörterte der beschränkten Steuerpflicht des ausländischen Diplomaten entschieden würden, die Steuervergünstigungen auf Völkerrechtsebene aufwerfen.

b) Steuervergünstigungen ausländischer Streitkräfte[103]

Nach dem Zusammenbruch des Dritten Reiches beruhten die Steuervergünstigungen der alliierten Streitkräfte zunächst auf dem exterritorialen Besatzungsstatut, das sich aus dem völkerkriegsrechtlichen Tatbestand der occupatio bellica (Art. 42 ff. der Haager Landkriegsordnung) ergibt. In diesem Sinne bestimmte die Anordnung 16—226 der Militärregierung[104] die allgemeine Befreiung von Steuern, Zollabgaben und anderen Abgaben. Mit der Beendigung des Besatzungsregimes durch den Abschluß des Truppenvertrages vom 26. 5. 1952[105] und das Abkommen über die steuerliche Behandlung der Streitkräfte und ihrer Mitglieder[106] wurde der Grundsatz der Nichtunterworfenheit der ausländischen Militärverbände unter die deutsche Steuergewalt aufgegeben. Heute ergibt sich die Steuerfreiheit der ausländischen Militärverbände in der Bundesrepublik aus Art. IX bis XII des NATO-Truppenstatuts[107] und dem Zusatzabkommen zu diesem Abkommen[108].

---

[102] BGBl. 1969 II S. 1587 ff., für die BRD nach der Bekanntmachung des Bundesministers des Auswärtigen vom 30. 11. 1971 (BGBl. 1971 II S. 1285) am 7. 10. 1971 in Kraft getreten.
[103] Vgl. hierzu die Darstellungen von *Meilicke*, Steuerrecht, S. 51 ff. und *Kuehn*, Exterritorialität der Besatzung, abgabenrechtlich gesehen, StuW 1950 S. 332.
[104] Abgedruckt bei *Kuehn*, ebd.
[105] BGBl. 1955 II S. 321.
[106] BGBl. 1955 II S. 469.
[107] BGBl. 1961 II S. 1190.
[108] BGBl. 1961 II S. 1218.

In Westberlin gilt allerdings heute noch ein durch die Westmächte modifiziertes Besatzungsstatut[109].

2.2.2.3. Steuervergünstigungen nach besonderer Vereinbarung mit anderen Staaten (§ 9 Ziff. 1 StAnpG)

Der diese Steuervergünstigung enthaltende Völkerrechtsvertrag, der durch ein Zustimmungsgesetz in das innerstaatliche Recht inkorporiert wird, hat den Rang eines förmlichen Bundesgesetzes. Ein höherer Rechtsquellenrang läßt sich auch nicht aus der allgemeinen Völkerrechtsregel "pacta sunt servanda" herleiten[110]. Bei den Steuervergünstigungen eines völkerrechtlichen Vertrages hat also der Satz „lex posterior derogat legi priori" seine volle Gültigkeit, soweit nicht — bei weltweit geschlossenen Staatsverträgen — Art. 25 GG eingreift[111].

a) Doppelbesteuerungsabkommen

Die aptiven international vereinbarten Steuervergünstigungen sind die zur Vermeidung der Doppelbesteuerung. Zur Zeit sind DBA mit sechsundzwanzig Ländern vereinbart[112], die vor allem Bedeutung für die Einkommen-, Körperschaft-, Vermögen- und Erbschaftsteuer haben. In diesen Doppelbesteuerungsabkommen wird das Besteuerungsrecht an bestimmte typisierte Besteuerungsgüter (unbewegliches Vermögen, Gewerbebetrieb, selbständige Arbeit, nichtselbständige Arbeit, Dividenden, Zinsen, Lizenzen) mit drei Grundmethoden ver- bzw. aufgeteilt: das Besteuerungsgut wird einem Vertragspartner zugeteilt, indem der andere auf dieses Besteuerungsgut verzichtet (sog. Befreiungsmethode). Meist wird die daraus resultierende Steuerbefreiung auf der Ebene des Berechnungstatbestandes eingeschränkt, indem sich die Vertragspartner die Einbeziehung des befreiten Besteuerungsgutes bei Anwendung des Steuersatzes vorbehalten (sog. Progressionsvorbehalt). Beide Vertragspartner teilen das Besteuerungsrecht, indem ausländische Steuer, die von dem einen Vertragspartner nur bis zu einem bestimmten Steuersatz, meist durch Quellenabzug (Dividenden, Zinsen) erhoben werden darf, bei der Besteuerung durch den anderen Vertragspartner angerechnet wird (aufteilende Anrechnungsmethode). Schließlich bezieht der Vertragspartner das Besteuerungsgut in die Besteuerung zwar ein, rechnet aber die uneingeschränkt erhobene ausländische Steuer für das einbezogene Besteuerungsgut bis zur Höhe der auf das Besteuerungsgut ent-

---

[109] Im einzelnen *Meilicke*, S. 56 ff.
[110] *Maunz/Dürig*, Grundgesetz, 3. Aufl., Fußnote 1 der Anm. 29 zu Art. 25 m. weiteren Nachweisen.
[111] Die BVerfGE 6, 309 S. 363 führt hierzu aus, daß der Gesetzgeber die Verfügungsmacht über den Rechtsbestand auch dort habe, wo eine vertragliche Bindung bestehe, sofern sie nicht allgemeine Völkerrechtssätze zum Gegenstand habe.
[112] Zusammenstellung Anlage 2 zu Abschnitt 6 Ziff. 15 EStR.

fallenden inländischen Steuerbelastung an. Diese letzte Methode kann man als verzichtende Anrechnungsmethode bezeichnen, weil der anrechnende Vertragspartner im Ergebnis dem anderen den Berechnungsertrag überläßt, und sich nur mit einem etwa verbleibenden Restertrag begnügt.

Im einzelnen sind die DBA-Vereinbarungen je nach dem Verhandlungsergebnis unterschiedlich gestaltet, die oben genannten Methoden modifiziert und kombiniert. Jedoch zeichnen sich trotz der bereits angesprochenen Problematik, daß die jeweils vorhandene konkrete Verhandlungssituation die systemgerechte Einheit der Doppelbesteuerungsrechtsordnung hindert, auf diesem Gebiete bemerkenswerte Harmonisierungstendenzen ab. Gerade das OECD-Musterabkommen hat wesentlich dazu beigetragen, daß die einzelnen Besteuerungsgüter nach bestimmten Prinzipien (Wohnsitz- oder Ursprungsprinzip) verteilt bzw. aufgeteilt werden. Daß diese Prinzipien schließlich auch einheitlich gehandhabt werden, ist letztendlich ein Qualifikationsproblem. Die in diesen Problemkreis gestellten Schranken für eine folgerichtige und damit sich nahtlos zusammenfügende Rechtsordnung werden sich in naher Zukunft wohl kaum öffnen lassen.

b) Steuervergünstigungen
auf Grund supranationaler Zusammenschlüsse

Die subventiven international vereinbarten Steuervergünstigungen beruhen in der Regel auf supranationalen Zusammenschlüssen. Einmal wird die Tätigkeit internationaler Finanz-, Wirtschafts- und Kulturorganisationen und -korporationen durch persönliche[113] und sachliche[114] Steuerbefreiungen unterstützt, zum anderen deren Angehörigen diplomatenähnliche Steuervergünstigungen zugestanden[115]. Von besonderer Bedeutung sind schließlich die europäischen Gemeinschaftsvorhaben: die stufenweise Abschaffung der Zölle zwischen den Mitgliedstaaten der EWG in Art. 12 Absatz 2 des EWG-Vertrages[116] gehört hierher. Art. 48 des EURATOM-Vertrages[117] bestimmt die Befreiung von allen Abgaben für die Errichtung von Unternehmen, die für die Entwicklung der Kernindustrie in der Gemeinschaft von ausschlaggebender Bedeutung sind. Der Montanunionvertrag[118] hebt schließlich in Art. 4 innerhalb des gemeinsamen Marktes für Kohle und Stahl Ein- und Ausfuhrzölle oder Abgaben gleicher Wirkung auf.

---

[113] So auf dem Gebiete der Vermögensteuer; vgl. hierzu die Zusammenstellung in Abschnitt 107 Absatz 3 VStR.
[114] Vgl. hierzu § 3 Ziff. 26 bis 28 EStG.
[115] Vgl. hierzu § 3 Ziff. 30 ff. EStG.
[116] BGBl. 1957 II S. 753.
[117] BGBl. 1957 II S. 1048.
[118] BGBl. 1952 II S. 445.

DRITTER TEIL

Systemwidrige Steuervergünstigungen

1. Grundsätzliches zu den Steuerprivilegien

1.1. Steuervergünstigung und Steuerprivileg

Die funktionelle Systematisierung der Steuervergünstigungen hat aufzuzeigen versucht, daß der negative Entstehungstatbestand der Steuerschuld die Folgerichtigkeit eines Steuergesetzes nicht schlechthin aufhebt: vielmehr stellt der Steuergesetzgeber den Grundwertungen des positiven Entstehungstatbestandes der Steuerschuld, den steuerartbegründenden Prinzipien Wertungen gegenüber, die den Besonderheiten eines steuerlich relevanten Lebensverhältnisses gerecht werden soll. Aus der Geltungsanordnung jener Wertungen resultieren die aptiven Steuervergünstigungen. Oder der Steuergesetzgeber verwirklicht sein Vorhaben, bestimmte der Förderung würdige Lebensverhältnisse zu unterstützen, mit den Mitteln des Steuerrechts (subventive Steuervergünstigung). Schließlich hat der negative Entstehungstatbestand der Steuerschuld im Verhältnis zu fremden Steuerhoheiten eine dem positiven Entstehungstatbestand der Steuerschuld gleichbedeutende Aufgabe, die eigene Steuerhoheit sinnvoll nach außen hin abzugrenzen.

Die Tatsache also, daß eine Steuervergünstigung nicht auf einem steuerartbegründenden Prinzip beruht, ist, wie bereits ausgeführt, Begriffsmerkmal der Steuervergünstigung und nicht Indiz für mangelnde Folgerichtigkeit des Steuergesetzes. Die Steuervergünstigung ist zunächst eine die Systemhaftigkeit des Steuergesetzes nicht störende Form individualisierender Gerechtigkeit. Erst dann, wenn sich bei einer Steuervergünstigung die Funktion individualisierender Steuergerechtigkeit im Rahmen der inneren und äußeren Abgrenzung des Steuerrechts nicht mehr nachweisen läßt, haben wir es mit einer systemwidrigen Steuervergünstigung zu tun. Die systemwidrige Steuervergünstigung ist also die durch eine Grundwertung des Steuergesetzgebers in ihrer konkreten Ausgestaltung nicht zu rechtfertigende Steuervergünstigung; nur sie verdient den Namen Steuerprivileg.

1.2. Zur Gleichheitssatzwidrigkeit der Steuerprivilegien

Der Nachweis eines Steuerprivilegs wäre ein rein akademischer, in praxi aber wirkungsloser Vorgang, bestünde für den Gesetzgeber keinerlei Zwang zu folgerichtiger Normierung. Jedoch sind Folgerichtigkeit und Einheit der Rechtsordnung, wie *Canaris*[1] ausführt, Emanationen und Postulate einer Rechtsidee, die sich im Gleichheitssatz postuliert. Das aus dem Gleichheitssatz folgende Gebot wertungsmäßiger Folgerichtigkeit bilde den ersten entscheidenden Ansatz für die Verwendung des Systemgedankens in der Jurisprudenz. Die ständige Rechtsprechung des Bundesverfassungsgerichts[2] stützt diese Verknüpfung des Systemgedankens mit dem Gleichheitssatz: die vom Gesetz selbst statuierte Sachgesetzlichkeit dürfe nicht in willkürlicher Weise, d. h. ohne sachlich einleuchtenden Grund durchbrochen werden[3]. Auf das Steuerrecht übertragen bedeutet die Formel, daß der Steuergesetzgeber von dem normativierten Besteuerungsprinzip, zu dem er sich entschieden hat, ohne sachlich einleuchtenden Grund, hier sachlich einleuchtende Grundwertung, die zu einer Steuervergünstigung führt, nicht abgehen darf.

Indes, darin liegt der Kern des Problems: was leuchtet sachlich ein und was nicht? *Tipke*[4] meint, es sei eine Frage terminologischen Beliebens, ob man von Gleichheitssatzverletzung und Systembruch erst dann spräche, wenn relevante Rechtfertigungsgründe nicht aufgefunden werden könnten oder schon bei bloß tatbestandsmäßiger Ungleichbehandlung (Ungleichbewertung: Prinzipiendurchbrechung). Jedenfalls sei allgemein anerkannt, daß sachliche Gründe eine Ungleichbehandlung zu rechtfertigen vermögen. Für die Vergleichung werde ein Vergleichsmaßstab, das richtige tertium comparationis, benötigt. Dieser Maßstab (als Gerechtigkeitsmaßstab) sei das systemtragende Prinzip. Dem ist zuzustimmen, denn mit seinen Primärwertungen hat der Steuergesetzgeber einerseits einen wegen seiner Gestaltungsfreiheit wertfreien Raum ausgefüllt, Maßstäbe *gesetzt,* sich andererseits auch an Maßstäbe *gebunden.*

Doch sind mit dieser Erkenntnis noch nicht die Kriterien des gleichheitssatzwidrigen Steuerprivilegs zu formulieren, da die Steuervergünstigung gerade nicht auf einem steuerartbegründenden Prinzip beruht, nach dem Maßstabe eines solchen Prinzips eben a priori nicht einzuleuchten scheint.

Die Aufgabe, ein Steuerprivileg festzustellen, kann also nicht durch Ableitung des Rechtfertigungsgrundes für die Steuervergünstigung aus

---

[1] Systemdenken und Systembegriff in der Jurisprudenz, S. 16.
[2] BVerfGE 6, 55, 67, 69, 77; 7, 129, 152; 7, 282, 299; 9, 3, 10, 20, 28, 237, 243; 11, 283, 293; 12, 264, 273; 12, 341, 349; 13, 31, 38; 18, 315, 334; 18, 367, 372 (Zusammenstellung in Fußnote 49 zu dem Aufsatz von *Tipke*, Steuerrecht-Chaos, Konglomerat oder System? StuW 71 S. 6), zuletzt BVerfGE 28, 227 (Verfassungswidrigkeit des § 4 Absatz 1 Satz 5 EStG).
[3] BVerfGE 13, 331, 340; 15, 318; 18, 372. *Tipke,* S. 5 leitet aus dieser Verknüpfung die stärkste Wirkkraft des Systemgedankens ab.
[4] Ebd. S. 6.

3. Teil: Systemwidrige Steuervergünstigungen

einem systemtragenden (steuerartbegründenden) Prinzip des Steuergesetzes gelöst werden. Vielmehr muß der Rechtfertigungsgrund sui generis, die Wertung des Steuergesetzgebers auf der Ebene des negativen Entstehungstatbestandes der Steuerschuld in ein Verhältnis zu den steuerartbegründenden Prinzipien gesetzt werden und dann die Sachbezogenheit des Rechtfertigungsgrundes für die Steuervergünstigung zu den steuerartbegründenden Prinzipien untersucht werden, wobei Sachbezogenheit und Sachfremdheit den Begriffsgegensatz darstellen. Bei einem Steuerprivileg ist also der Steuervergünstigungsgrund in bezug auf das normativierte Besteuerungsprinzip sachfremd, in der Terminologie der Verfassungsrechtsprechung *willkürlich*.

Die Paraphrase der Willkür für die fehlende Sachbezogenheit der Einzelregelung zu dem „objektiven Sinn und Zweck der Gesamtregelung" ist Liturgie der Verfassungsrechtsprechung geworden. Bei der Interpretation des Gleichheitssatzes als Willkürverbot, ist hin und wieder befürchtet worden, das Bundesverfassungsgericht ersetze den klaren Begriff der Gleichheit durch einen unbestimmten Begriff der aequitas[5], richterlicher Subjektivismus greife damit in die Kompetenz des Gesetzgebers ein[6].

Die Rechtsprechung des Bundesverfassungsgerichts hat diese Bedenken zerstreut, indem sie den Willkürbegriff nicht zu einem subjektiven[7] Instrument der Vormundschaft über die Legislativgewalt entfaltete, sondern mit ihm eine sehr enge richterliche Kompetenz umschrieb: das Bundesverfassungsgericht könne nur die Überschreitung gewisser äußerster Grenzen beanstanden[8], es könne dem Gesetzgeber erst dann entgegentreten, wenn sachlich einleuchtende Gründe schlechterdings nicht mehr erkennbar seien, so daß die Differenzierung einen Verstoß gegen das allgemeine Gerechtigkeitsempfinden darstellen würde[9]. Der Willkürbegriff, so, wie er von der Rechtsprechung des Bundesverfassungsgerichtes geprägt ist, fordert also *Evidenz* der Sachfremdheit[10].

---

[5] *Thoma*, Ungleichheit und Gleichheit im Bonner Grundgesetz, DVBl. 1951 S. 457 ff.
[6] *Fuß*, Gleichheitssatz und Richtermacht, JZ 1959 S. 329; ders., Normenkontrolle und Gleichheitssatz, JZ 1962 S. 565; *Ipsen*, Gleichheit in Neumann/Nipperdey/Scheuner, Grundrechte, Bd. II, 1954, S. 141 ff. rügt die Unberechenbarkeit richterlicher Willkürkontrolle, ebenso *Klein*, Gleichheitssatz und Steuerrecht, S. 1966, S. 139.
[7] Das Willkürverbot wird vom BVerfG in zweifacher Hinsicht objektiviert, indem der Willkürbegriff einmal von der subjektiven Motivation der in Frage stehenden Maßnahme gelöst und zum anderen die materielle Inhaltsbestimmung der Willkür an die mit dem GG vorgegebene Wertordnung geknüpft und damit aus dem Widerstreit subjektiver Gerechtigkeitsvorstellungen herausgehoben wird (*Leibholz/Rink*, Grundgesetz, 2. Aufl. Anm. 5 a. E. zu Art. 3).
[8] BVerfGE 3, 24 f., 135, 182, 337; 4, 18, 244; 9, 206, 337; 11, 123; 13, 362; 14, 238; 15, 201 17, 330 18, 124.
[9] BVerfGE 3, 58 ff., 135/136; 7, 315; 11, 235; 13, 362; 14, 238.

Mit dieser Anforderung allerdings ist die Wirkkraft des Systemgedankens mit Hilfe des verfassungsrechtlichen Gleichheitssatzes wesentlich eingeschränkt: systemwidrig ist jede Sachfremdheit, jeder Widerspruch, jeder Systembruch, nicht nur die evidente Sachfremdheit, der evidente Widerspruch oder Systembruch. Die Rechtsprechung des Bundesverfassungsgerichts zwingt also zu einer Abstufung in schlicht systemwidrige (nicht evident sachfremde) und gleichheitssatzwidrige systemwidrige (willkürliche) Normen. *Canaris*[11] schildert diese Abstufung wie folgt: „Zunächst ist denkbar, daß zwar eine gewisse Disharmonie der Wertung nicht zu leugnen ist, daß diese aber doch nicht *den Grad* erreicht hat, der zur Bejahung wirklicher Willkür erforderlich ist, daß also ‚die Unsachlichkeit der getroffenen Regelung' nicht ‚evident' ist."

Die Differenzierung in gleichheitssatzwidrige und schlicht systemwidrige Normen hat gewiß im Steuerrecht ihre besondere Bedeutung: wollte man jede Systemwidrigkeit des Steuerrechts als verfassungswidrig qualifizieren, die geltende Steuerrechtsordnung wäre, so traurig das klingen mag, ganz einfach aus den Angeln gehoben. Mithin seien hier bei der weiteren Untersuchung — im Anschluß an die Rechtsprechung des Bundesverfassungsgerichts — zwei Arten von Steuerprivilegien unterschieden: das *gleichheitssatzwidrige* Steuerprivileg und das *schlicht systemwidrige* Steuerprivileg, dessen Abbau man lediglich de lege ferenda empfehlen kann.

Nach der Rechtsprechung des Bundesverfassungsgerichts indiziert die Systemwidrigkeit einer *Sondervorschrift* nur dann Willkürlichkeit, wenn damit das System des Gesetzes ohne zureichende sachliche Gründe verlassen wird[12]. Dies ist eine Frage der Relation: das *Gewicht* der für die Abweichung von der Sachgesetzlichkeit sprechenden Gründe muß der *Intensität* der getroffenen Ausnahmeregelung entsprechen[13]. Der Nachweis der Gleichheitssatzwidrigkeit spitzt sich auf ein dialektisches[14] Problem zu: das Fehlen jedweder Topoi, die eine Sondervorschrift als „allgemein annehmbar"[15] darstellen.

Bei den aptiven Steuervergünstigungen fällt in diesem Sinne der Nachweis der Sachbezogenheit am leichtesten: ethisch-sozialpolitische Grundsätze, Praktikabilität, Wohlfeilheit und Bequemlichkeit der Besteuerung leuchten allgemein ein; der negative Entstehungstatbestand

---

[10] BVerfGE 18, 124.
[11] Systemdenken und Systembegriff in der Jurisprudenz, S. 126.
[12] BVerfGE 18, 334.
[13] BVerfGE 18, 372 ff.
[14] Zu den Grundlagen der hier angesprochenen Argumentationstheorie *Viehweg*, Topik und Jurisprudenz, 4. Aufl. 1969 S. 8 ff., S. 17 ff.
[15] Vgl. hierzu die Definition des Topos bei Aristoteles, zit. in *Viehweg*, S. 12.

der Steuerschuld ist hier in *gewichtigen* Wertungen verwurzelt, die über der einzelnen Steuerart stehen und die die Einschränkung des Steuertatbestandes als nicht sachfremd darstellen. Schwieriger ist die Frage der Sachbezogenheit bei den subventiven Steuervergünstigungen zu beantworten. Würde man, wie *Bayer*[16] es tut, das Sozialstaatsprinzip als den tragenden Gesichtspunkt verwenden, so wäre, wie bereits dargelegt[17], ein großer Teil steuerordnungspolitischer Prinzipien, die evidente Sachfremdheit ausschließen, nicht erfaßt. Das Steuerrecht hat nun bei einer Reihe von subventiven Steuervergünstigungen eine Voraussetzung eingeführt, die hier als allgemeine Prämisse Verwendung finden könnte: das Merkmal der Gemeinnützigkeit[18]. Der Gedanke mag zunächst als kühn erscheinen, *eine* Voraussetzung (§ 17 StAnpG) nur einer Gruppe von Steuervergünstigungen zu einem allgemein gültigen Topos für subventive Steuervergünstigungen zu erheben. Doch ist hier zu berücksichtigen, daß die gesetzestechnische Tatbestandsvoraussetzung einen Gesichtspunkt steuerlicher Gerechtigkeit nur andeutet: der Staatsbürger wird in seinem Gerechtigkeitsempfinden dann nicht verletzt sein, wenn mit einer Steuervergünstigung zwar eine Gruppe anderer Staatsbürger gefördert wird, *aber nur, um* Belange der Allgemeinheit zu fördern. Der Umstand, daß die Steuervergünstigung dem begünstigten Zweck wesentlich höhere Geldmengen zuführt als die der Steuerersparnis, belegt, daß die Widmung privater Mittel gemeinnützigen Zwecken durch den Anreiz eigennütziger Motive durchaus sachgerecht sein kann. Ein idealistisches, partiell etwa in Art. 14 Absatz 2 Satz 2 GG formuliertes Gebot wird sozusagen durch realistische Maßnahmen gestützt. Gerade in einem freiheitlichen (Art. 2 Absatz 1 GG) Staatswesen wie dem der Bundesrepublik ist die Steuerung mittels eigennütziger Motive oft der wirksamste Weg einer Wirtschaftslenkung. Andererseits wäre es mit dem demokratischen Gerechtigkeitsempfinden unvereinbar, wenn der Gesetzgeber bei der Förderung im Ergebnis lediglich Gruppeninteressen befriedigte und nicht vorrangig die Belange der Allgemeinheit im Auge behielte. Eine gruppenorientierte Förderung erinnert an die Antithese des Thrasymachos, das Gerechte sei der Nutzen der Stärkeren[19]: welche Gerechtigkeitsfunktion verbliebe dem

---

[16] Die verfassungsrechtlichen Grundlagen der Wirtschaftslenkung durch Steuerbefreiungen, StuW 72 S. 149 ff.
[17] Oben 2. Teil, 2. Kapitel 1.3.
[18] § 17 StAnpG, Verordnung zur Durchführung der §§ 17 bis 19 StAnpG (GemeinnützigkeitsVO) vom 24. 12. 1953, BGBl. I S. 1592, geändert durch das SteuerÄndG 1969 vom 18. 8. 1969, BGBl. I S. 1211, § 10 b EStG, § 4 Absatz 1 Ziff. 6 KStG, § 18 Absatz 1 Ziff. 19, 20 ErbStG, § 3 Ziff. 6 GewStG, § 4 Ziff. 3 b) GrStG, § 4 Ziff. 18 a UStG, § 4 Absatz 1 Ziff. 1 GrEStG, § 7 Absatz 1 Ziff. 1 KVStG. Zum Gemeinnützigkeitsprinzip *Tipke*, Die Steuerprivilegien der Sparkassen, steuersystematische und verfassungsrechtliche Aspekte, Köln 1972, S. 32 ff.
[19] *Platon*, der Staat S. 343 der Ausgabe des Henricus Stephanus, Paris 1578.

Willkürbegriff, wenn mit ihm der Erfolg der Steuerlobbyisten nicht vernichtet werden könnte?

Erhebt man das Gemeinnützigkeitsprinzip zu einem allgemeinen Prinzip des Steuerrechts[20] und in bezug auf die subventive Steuervergünstigung zu einem Topos der Steuergerechtigkeit, so ist eine subventive Steuervergünstigung, deren Intensität nicht der konsequenten Durchführung eines gemeinnützigen steuerordnungspolitischen Prinzips dient, nicht nur system-, sondern auch gleichheitssatzwidrig, denn dann ist die Bevorzugung bestimmter Steuersubjekte willkürlich.

Ein (oft diskutiertes) Beispiel hierfür ist das Sparkassenprivileg[21]. Das gemeinnützige steuerordnungspolitische Prinzip, das dem Sparkassenprivileg zugrundeliegt, ist die öffentliche Sparförderung, jedoch nicht mehr im Sinne „der Betreuung der Armen"[22], sondern einer „Beteiligung möglichst breiter Bevölkerungsschichten an der Vermögensbildung"[23]. Gemessen an diesem Prinzip heben sich die privilegierten Sparkassen von anderen Geldinstituten grundsätzlich nicht ab[24]. Die steuerliche Privilegierung nur der Sparkassen stellt daher keine konsequente Durchführung des Subventionszieles dar und verstößt somit gegen den Gleichheitssatz.

2. Erscheinungsformen systemwidriger Steuervergünstigungen

Die weitgehend topischen Maßstäbe, die das Bundesverfassungsgericht bei der Anwendung des Gleichheitssatzes ansetzt, lassen allgemein-deskriptive Kriterien gleichheitssatzwidriger Steuerprivilegien nicht zu. Letzten Endes bleibt es dem Rechtsgefühl, dem mit dem Maßstab „allgemeines Gerechtigkeitsempfinden" Kompetenz verliehen wird, überlassen, zu entscheiden, ob eine Rechtsnorm evident sachfremd ist oder nicht. Es fragt sich, ob dies ein Mangel ist. Gerade schwierige Rechtsprobleme zeichnen sich dadurch aus, daß sie sich nicht programmatisch lösen lassen. In Gegensatz zu dem Mathematiker verbleibt dem

---

[20] So auch *Tipke*, ebd. S. 32. Das Problem der Verfassungswidrigkeit subventiver Steuervergünstigungen berührt auch die Wettbewerbsfreiheit. deren Beeinträchtigung einen Verstoß gegen Art. 2 Absatz 1 GG indiziert (hierzu *Bellstedt*, Verfassungsrechtliche Grenzen der Wirtschaftslenkung durch Steuern, 1962, S. 79 ff.; *Nipperdey/Schneider*, die Steuerprivilegien der Sparkassen, 1966, S. 69 ff.; *Tipke*, ebd. S. 48 ff.). Von besonderer Bedeutung in diesem Zusammenhang ist die mit dem Gemeinnützigkeitsprinzip verknüpfte Wettbewerbsneutralität, *Tipke*, ebd. Fußnote 75.
[21] § 19 Absatz 2 a KStG, § 11 Abs. 4 GewStG, § 109 a BewG.
[22] *Tipke*, ebd. S. 33.
[23] Hierzu schon ausführlich *Nipperdey/Schneider*, S. 18 ff.
[24] *Tipke*, ebd. S. 56; ebenso *Nipperdey/Schneider*, S. 31 und *Neumark*, Grundsätze gerechter und ökonomisch rationaler Finanzpolitik, 1970, S. 89.

Juristen ein rationaler Spielraum des Meinungsmäßigen, das als nicht vorherbestimmbare Größe sich in der Rechtsgemeinschaft durchsetzt oder nicht[25].

Dennoch soll versucht werden, einige Kriterien aufzuzeigen, um jene von *Canaris*[26] angesprochenen *graduellen* Unterschiede der Systemwidrigkeiten sichtbar zu machen. Danach lassen sich drei Erscheinungsformen der Steuerprivilegien unterscheiden: das verdeckte, das unvollständige und das ungleich wirkende Steuerprivileg.

2.1. Das verdeckte Steuerprivileg

Das verdeckte Steuerprivileg beruht auf rechtstechnischen Mängeln des Steuergesetzes. In seinem Falle verursacht die Systemwidrigkeit nach dem sog. äußeren System zugleich eine Wertungsinkonsequenz, einen Systembruch nach dem sog. inneren System. Wegen seiner rechtstechnisch oft falschen Stellung im Steuertatbestand, d. h. seiner verfehlten Zuordnung zu den einzelnen Tatbestandselementen ist dieses Steuerprivileg als Steuervergünstigung nicht ohne weiteres zu erkennen. Deshalb kann man es als verdecktes Steuerprivileg bezeichnen.

Die häufigsten Erscheinungsformen des verdeckten Steuerprivilegs sind die sog. *klarstellende* Steuervergünstigung und die Steuervergünstigung, die sich nur scheinbar durch den steuertechnischen Rechtfertigungsgrund der Verwaltungspraktikabilität rechtfertigen läßt (*verwaltungsvereinfachendes* Steuerprivileg).

Die sog. klarstellende Steuervergünstigung ist zunächst lediglich als negative Tatbestandsabgrenzung gedacht. Regelt ein Rechtssatz einen Fall, der nach den steuerartbegründenden Prinzipien nicht besteuert werden soll, so ist er echte negative Tatbestandsabgrenzung. Davon zu unterscheiden ist der Rechtssatz, der mit der Intension der Klarstellung zu einer Steuervergünstigung wird, indem er sich nicht mehr aus einem steuerartbegründenden Prinzip und dem diesem Prinzip immanenten Grenzen rechtfertigen läßt.

Ein Beispiel hierfür sind die Vorschriften über Aufwandsentschädigungen, Reisekosten- und Umzugskostenvergütungen (§ 3 Ziff. 12, 13,

---

[25] Für den Systemdenker, der den Maßstab des ‚Rechtsgefühls' grundsätzlich ablehnt (*Canaris*, Systemdenken ..., S. 43) besteht dieser Spielraum dort, wo hinreichende gesetzliche Wertungen fehlen, also insbesondere bei Gesetzeslücken. Canaris läßt hier folgerichtig Topik als Notbehelf zu (S. 150). Dasselbe gilt bei der Anwendung des Gleichheitssatzes. Mit dem Zugeständnis, Systemwidrigkeit sei nicht schlechthin gleichheitssatzwidrig, wird zugleich der Maßstab folgerichtigen Denkens entsprechend verdrängt. Die Frage der Evidenz bleibt dann topisch zu entscheiden. M. E. handelt es sich hier um einen Fall wechselseitiger Ergänzung und Durchdringung systematischen und topischen Denkens (*Canaris*, S. 151).

[26] Ebd. S. 126.

16 EStG). Nach dem Wortlaut des Gesetzes wird hier der Ersatz von Werbungskosten angesprochen. Bei den Reise- und Umzugskosten (§ 3 Ziff. 13, 16 EStG) handelt es sich in der Tat um Aufwendungen, die nach dem Nettoprinzip bei der Einkunftsermittlung abzusetzen sind. Die Ausgestaltung als sachliche Steuerbefreiung in § 3 Ziff. 13, 16 EStG ist dann jedoch gesetzestechnisch verfehlt. Die Vergütungen sind nicht „steuerfrei", sondern Einnahmen, denen in gleicher Höhe Werbungskosten gegenüberstehen. Richtigerweise müßte in einer Ziffer des § 9 EStG geregelt werden, daß Reise- und Umzugskosten in Höhe bestimmter Vergütungen als Werbungskosten anzusehen sind. Dies wäre eine der Verwaltungsvereinfachung dienende, zulässige Typisierung von Werbungskostentatbeständen. Das einkommensteuerartbegründende Nettoprinzip würde dadurch nicht beeinträchtigt, weil der Gesetzgeber aus Praktikabilitätsgründen unterstellt, daß der Arbeitgeber nur den tatsächlichen Aufwand ersetzt.

Bei den *Aufwandsentschädigungen* des § 3 Ziff. 12 EStG hingegen läßt sich ein entsprechender Werbungskostenaufwand nicht mehr rechtfertigen, wie der Bundesfinanzhof in ständiger Rechtsprechung[27] zutreffend festgestellt hat. Der Bundesfinanzhof erzielt folgerichtig das Ergebnis, § 3 Ziff. 12 Satz 1 EStG sei eine echte sachliche Steuerbefreiung für einen Teil des sonst steuerpflichtigen Arbeitslohnes[28]. Die vom Gesetzgeber gewählte Bezeichnung „Aufwandsentschädigung" könne den Senat nicht veranlassen[28], eine der Wirklichkeit widersprechende Fiktion zur Begründung der Steuerfreiheit aufrechtzuerhalten. Diese Fiktion macht jedoch gerade das Wesen der sog. klarstellenden Steuervergünstigung als einer systemwidrigen Erscheinung aus. Die Vermengung des Werbungskostenbegriffs als Ausfluß des Nettoprinzips, mithin als Begriff des positiven Entstehungstatbestandes der Steuerschuld, mit einer sachlichen Steuerbefreiung führt hier zu ungerechtfertigten Steuervorteilen.

Jene Fiktion als Folge einer nicht an den Primärwertungen des Steuergesetzes orientierten Tatbestandsabgrenzung führt in der Regel dazu, daß entsprechend der Fiktion auch kein Rechtfertigungsgrund für den Systembruch vorhanden ist. Im Falle des § 3 Ziff. 12 EStG spiegelt der Wortlaut des Gesetzes einen Tatbestand (Werbungskosten) vor[29]. Der damit umschriebene begünstigte Sachverhalt entbehrt demzufolge *auch* eines Rechtfertigungsgrundes für den Systembruch. Die Rechts-

---

[27] Urteile vom 22. 9. 1955 BStBl. 1956 III S. 181, vom 24. 7. 1956 BStBl 1957 III S. 111 und vom 18. 12. 1964 BStBl. 65 III S. 144.
[28] BStBl. 65 III S. 146.
[29] § 3 Ziff. 12 EStG hatte ursprünglich Werbungskostenaufwand im Auge (vgl. hierzu die Stellungnahme des BdF in BStBl. 1965 III S. 145), ist also erst im Laufe der Zeit zu einer Fiktion erwachsen.

3. Teil: Systemwidrige Steuervergünstigungen

norm ist daher gleichheitssatzwidrig[30]. Im Gegensatz zum Bundesfinanzhof[30] bejaht das Hessische Finanzgericht in seinem Vorlagebeschluß vom 4.7.1967[31] die Gleichheitssatzwidrigkeit des § 3 Ziff. 12 EStG mit folgender Begründung: „Das geltende EStG ist beherrscht von der grundlegenden Unterscheidung zwischen den steuerlich abzugsfähigen und den nicht abzugsfähigen Aufwendungen nach den Gesichtspunkten beruflich bedingt (Werbungskosten) oder nicht beruflich bedingt (Lebenshaltungskosten)... Angesichts dieser das ganze System des Einkommensteuerrechts tragenden Grundsatzregelung muß die Sondervorschrift des § 3 Ziff. 12 Satz 1 EStG, die im Ergebnis einem verhältnismäßig kleinen und noch dazu wirtschaftlich wie gesellschaftlich herausgehobenen Personenkreis ein echtes Steuerprivileg verschafft, als ausgesprochen systemwidrig bezeichnet werden." Bedauerlicherweise haben sich weder der Bericht der Einkommensteuerkommission[32] noch der Referentenentwurf eines Einkommensteuergesetzes 1974 (EStG 1974)[33] zur Streichung des § 3 Ziff. 12 EStG entschließen können[34].

Klarstellende Rechtssätze können auch dann zu Steuerprivilegien führen, wenn ihre Geltungsanordnung überhaupt überflüssig ist. Entbehrlich sind die Vorschriften des § 3 Ziff. 29, 41 EStG, da die dort angesprochenen Abkommen innerstaatliches Recht, leges speciales sind[35]. Spricht aber der hier grundsätzlich unschädliche klarstellende Rechtssatz über die Spezialregelung, hier über die völkerrechtlich vereinbarte außensteuerrechtliche Abgrenzung hinaus eine sachliche Steuer-

---

[30] Die Gründe, mit denen der BFH die Gleichheitssatzwidrigkeit des § 3 Ziff. 12 EStG verneinte, sprechen für sich: „Wenn auch dem Senat nicht genau bekannt ist, aus welchen Gründen der Gesetzgeber des Jahres 1957 — entgegen der Praxis bis zum Jahre 1937 — auf die Besteuerung der streitigen Zulagen allgemein verzichtet hat, so hat der Senat doch keinen Zweifel, daß ihn in der Sache liegende Gründe zu der Regelung bestimmt haben, vor allem wahrscheinlich der haushaltsrechtliche Gesichtspunkt, daß, wenn die streitigen Zulagen der Einkommensteuer unterworfen würden, ihre Bruttobeträge entsprechend erhöht werden müßten." Dieser Gesichtspunkt gilt für alle Bezüge aus öffentlichen Kassen. Die steuerliche Bevorzugung rechtfertigt er nicht, ebenso *Vangerow*, Anm. zu dem Urteil des BFH, StuW 1965 S. 315.
[31] EFG 1967 S. 407. Das BVerfG verwarf mit Beschluß vom 14.1.69 (HFR 1969 S. 302) die Vorlage als unzulässig. In der Begründung des Vorlagebeschlusses sei nicht angegeben, daß die Entscheidung des FG von der Gültigkeit der zur Prüfung vorgelegten Rechtsvorschrift abhängig sei. Wollten die Bundesverfassungsrichter, die seit dem 1.7.1966 auch steuerfreie Aufwandsentschädigungen beziehen, nicht in eigener Sache entscheiden? (vgl. hierzu Der Spiegel, Heft 17/1969, S. 86).
[32] S. 69 (§ 3 Ziff. 7 des Formulierungsvorschlages).
[33] § 6 Abs. 7 Ziff. 1 EStG 1974.
[34] Zu den gleichen Ergebnissen wie der Verfasser kommt auch *Koether*, Systemwidrige Behandlung der Aufwandsentschädigung im Einkommensteuerrecht — unter besonderer Berücksichtigung der Abgeordnetendiäten sowie der Ministerial- und obersgerichtlichen Zulagen —, StuW 1972 S. 45 ff.
[35] Auch der BdE S. 63 spricht sich dagegen aus, daß die in anderen Gesetzen ausgesprochenen Befreiungen in § 3 EStG wiederholt werden.

befreiung aus, wie es bei § 3 Ziff. 29 EStG der Fall ist, so ist diese Steuervergünstigung schlechthin nicht gerechtfertigt und daher gleichheitssatzwidrig.

Das *verwaltungsvereinfachende* Steuerprivileg ist zunächst von der nicht systemwidrigen aptiven steuertechnischen Steuervergünstigung zu unterscheiden. Wie bereits ausgeführt[36], vermag die Praktikabilität, Wohlfeilheit und Bequemlichkeit der Besteuerung die Einschränkung des normativierten Besteuerungsprinzips zu rechtfertigen. *Blumenstein*[37] begründet zutreffend die Notwendigkeit steuertechnischer Steuervergünstigungen damit, daß im Falle ihres Fehlens die Steuererhebung entweder unmöglich oder doch zu einer unnützen Inbetriebsetzung des Verwaltungsapparates und einer unvernünftigen Schikane des Steuerpflichtigen führen würde. Ohne Frage sind Einschränkungen steuerartbegründender Prinzipien sachgerecht, wenn sie die Möglichkeiten und Grenzen der Besteuerten wie Besteuernden berücksichtigen. Eine entsprechende Gestaltung nicht personenbezogener Elemente der sachlichen Seite des Steuertatbestandes wie des Berechnungstatbestandes ist zunächst schon deshalb nicht gleichheitssatzwidrig, weil sie nicht Menschen ungleich im Sinne des Art. 3 Absatz 1 GG behandelt[38]. Das Bundesverfassungsgericht räumt daher in zahlreichen Entscheidungen[39] bei steuertechnischen Erwägungen, bei der Gewährung sachbezogener Steuervergünstigungen, bei Pauschalierungen und Typisierungen, die sich insbesondere als verdeckte Steuerprivilegien auswirken können, dem Gesetzgeber einen weiten Spielraum ein. Vom Standpunkt dieser Arbeit ist dieser Rechtsprechung zuzustimmen, soweit verwaltungspraktikable Steuervergünstigungen, Typisierungen, Pauschalierungen angeordnet sind, um die immanenten Schranken eines steuerartbegründenden Prinzips[40], die die Durchführung einer praktikablen Besteuerung setzt, festzulegen.

Bei der Einkommensteuer zum Beispiel ergibt sich im Anschluß an die Ausführungen *Tipkes*[41] folgendes: Die folgerichtige Durchführung des Universalitätsprinzips wäre, wie bereits erörtert[42], mit einer das Einkommen beschreibenden Generalklausel verwirklicht. Stattdessen

---

[36] Siehe oben 2. Teil, 2. Kapitel, 1.2. d).
[37] System des Steuerrechts, S. 113.
[38] z. B. hat der BFH BStBl. 70 II S. 122 die Gleichheitssatzwidrigkeit der „Einheitswerte als solche" verneint. Als reine Rechnungsgrößen seien sie wertneutral: als bloße Bewertungen objektiver Güter seien sie nicht — wie es für die Anwendung des Art. 3 Abs. 1 GG erforderlich wäre — auf den Menschen bezogen.
[39] BVerfGE 6, 81 (steuertechnische Erwägungen); 9, 13; 13, 341; 14, 102; 17, 220. Bei benachteiligenden Typisierungen sei die Gestaltungsfreiheit des Gesetzgebers jedoch geringer, BVerfGE 17, 23; 19, 116.
[40] *Canaris*, Systemdenken und Systembegriff, S. 113.
[41] Steuerrecht-Chaos, Konglomerat oder System? StuW 71 S. 7 ff.
[42] Siehe oben 1. Teil, 3. Kapitel, 3.1.2.

hat sich aber der Gesetzgeber zu einer pragmatischen, technisch orientierten Fassung des Einkommensbegriffs[43] entschlossen. Die damit verbundene Einschränkung des Universalitätsprinzips ist aus steuertechnischen Erwägungen grundsätzlich zu rechtfertigen[44]: der Steuergesetzgeber erschließt nur solche Besteuerungsgüter (Steuerquellen in der Terminologie des Bundesverfassungsgerichtes), die sich verwaltungspraktikabel ermitteln lassen. Dabei liegt das Hauptgewicht der steuertechnischen Problematik auf der Erfassung des Privatvermögensertrages. Dies wäre zunächst ein sachgerechter Ursprung des Dualismus Gewinneinkünfte/Überschußeinkünfte[45]. Während die sog. Gewinneinkünfte (§ 2 Absatz 3 Ziff. 1, 2, 3 EStG) als Ertragsarten aus Betriebsvermögen sich anhand von Aufzeichnungen ermitteln lassen, zu denen der Steuerpflichtige entweder gesetzlich verpflichtet ist oder zumutbar gesetzlich verpflichtet werden kann, sind der Ermittlung des Privatvermögensertrages verwaltungstechnische Grenzen gesetzt. Es ist daher aus steuertechnischen Erwägungen sachgerecht, wenn der Gesetzgeber in pragmatischer Form nur jene Privatvermögenserträge erfaßt, die nach den Erfahrungen bei der Einkommensbesteuerung verwaltungspraktikabel ermittelt werden können. In bezug auf den Berechnungstatbestand ist es sachgerecht, wenn er für diese Einkünfte von der schwierigen Ermittlungsform des Bestandsvergleichs auf die einfachere der Überschußrechnung übergeht. Die Gewinnermittlungsart des § 4 Absatz 3 EStG belegt die Anpassung an die buchführungstechnischen Verhältnisse bei den Steuerpflichtigen.

Wären nun die Einzelvorschriften der sachlichen Seite des Einkommensteuertatbestandes und die das Einkommen berechnenden Rechtsnormen durchweg von diesen steuertechnischen Erwägungen getragen, so wäre ein pragmatischer, technisch orientierter Einkommensbegriff im Ergebnis nicht als gleichheitssatzwidrig zu beanstanden. Dem steht aber zweierlei entgegen. Einmal geht den vorgenannten Vorschriften der Charakter der Sachbezogenheit verloren, indem die pragmatische Struktur der geltenden Einkommenbesteuerung jeweils bestimmte Personengruppen bevorzugt oder benachteiligt. Zum anderen hat die Entwicklung des Einkommensteuerrechts der Gefahr des Pragmatismus nicht widerstehen können, daß historisch oft kurzlebige Einzelüberlegungen in Normen gegossen wurden, die man dann nicht mehr zu streichen wagte. Gegen die von *Neumark* aufgezeigten Störfaktoren jedes rationalen Steuersystems: Traditionalismus, Ignoranz

---
[43] *Tipke*, ebd. S. 8.
[44] Der pragmatische Einkommensbegriff wird insbesondere bestätigt durch die Erfahrungen, die man mit dem ersten Reichseinkommensteuergesetz vom 29. 3. 1920 (RGBl. S. 359) gemacht hat.
[45] Zu den nachfolgenden Ausführungen *Tipke*, ebd. S. 8 ff. und die dort unter 2.12, 2.13 zitierte Rechtsprechung des Bundesverfassungsgerichts.

und Gruppenegoismus ist mithin der pragmatische Einkommensteuertatbestand besonders anfällig gewesen. *Neumark*[46] hat dem vorhandenen Abgabenkonglomerat den „Ehrentitel" System u. a. abgesprochen, weil sich Überholtes mit Zeitgemäßem vermenge. Dieser Vorwurf trifft insbesondere auf das Einkommensteuerrecht zu, das stets im Mittelpunkt des politischen Interesses gestanden hat und daher auch entsprechend oft geändert wurde, ohne reformiert zu werden.

Aus diesem Zustand ergeben sich zahlreiche verdeckte Steuerprivilegien: Unbefriedigend ist die Konzeption des Einkommensteuergesetzes bei der Besteuerung von Veräußerungsgewinnen. In Hinblick auf die eminenten Wertsteigerungen wird diese Frage besonders lebhaft bei Grundstücken diskutiert. Das steuertechnische Problem, das der Gesetzgeber zu lösen hat, besteht hier darin, daß die Anschaffung eines veräußerten Gegenstandes weit in der Vergangenheit zurückliegen kann, sich somit die Anschaffungskosten als notwendige rechnerische Größe nicht mehr ermitteln lassen. Das Problem besteht in der Regel nicht bei den Einkünften, die durch Bestandsvergleich ermittelt werden, da der jeweils am Schluß des vorangegangenen Wirtschaftsjahrs (§ 4 Absatz 1 EStG und § 5 Absatz 1 EStG) festgehaltene Wert zur Verfügung steht. Da nun der buchhalterische Gesichtspunkt es grundsätzlich nicht rechtfertigt, daß der eine Steuerpflichtige wesentlich mehr zu versteuern hat als der andere, muß nun bei den Einkünften, die durch Überschußrechnung ermittelt werden, eine verwaltungspraktikable Lösung gefunden werden, die *in etwa* die Gleichmäßigkeit der Besteuerung gegenüber den anderen Einkünften wahrt, d. h. das Spannungsverhältnis zwischen steuertechnischer Gleichbehandlung und Praktikabilität der Besteuerung müßte mit einem sachlich einleuchtenden Kompromiß aufgelöst werden.

Das geltende Einkommensteuerrecht stuft bekannterweise jedoch wie folgt ab: Bei den nach § 4 Absatz 3 EStG ermittelten Einkünften wird der Veräußerungsgewinn voll erfaßt, ebenso bei Veräußerungen privater Anteile an Kapitalgesellschaften bei wesentlicher Beteiligung (§ 17 EStG) und Spekulationsgeschäften (§§ 22 Ziff. 2, 23 EStG), im Übrigen überhaupt nicht. Das ist Pragmatik, die keinen rechtfertigenden Maßstab mehr zuläßt. *Tipke*[47] hat überzeugend nachgewiesen, daß sowohl das Spekulationsgeschäft[48] als auch § 17 EStG[49] und § 4 Absatz 1 Satz 5 EStG 1958[50] je nach Ansicht verfassungsgemäß oder verfassungswidrig sein können, wenn man dem Gesetzgeber nicht eine grundsätzlich neue

---

[46] Grundsätze gerechter und ökonomisch rationaler Steuerpolitik, 1970 S. 390.
[47] Ebd. (Fußnote 41) 2.13.
[48] Gemäß BVerfGE 26, 302 nicht verfassungswidrig.
[49] Gemäß BVerfGE 27, 111 nicht verfassungswidrig.
[50] Gemäß BVerfGE 28, 227, verfassungswidrig.

3. Teil: Systemwidrige Steuervergünstigungen

Konzeption abverlangt, denn die genannten Vorschriften beruhen nicht auf sachlich wertneutralen, sondern personenbezogenen, im Grunde emotionalen Erwägungen[51]. In den von *Tipke* untersuchten Urteilen des Bundesverfassungsgerichts[52] ist stets konstatiert worden, der Gesetzgeber wäre nicht gehindert, Gewinne aus jeder Veräußerung von Gegenständen des Privatvermögens zu besteuern. Daß der Gleichheitssatz dem Gesetzgeber gebieten könnte, Veräußerungen von Gegenständen des Privatvermögens zu besteuern, ist ernsthaft nicht untersucht worden. Wäre dies geschehen, hätte das Bundesverfassungsgericht vermutlich erkannt, daß dem Gesetzgeber hier nur Gestaltungsspielraum in bezug auf die Verwaltungspraktikabilität verbleiben kann[53].

Das Gutachten der Steuerreformkommission[54] hat sich in Erkenntnis der Situation mit der Besteuerung sog. privater Veräußerungsgewinne auseinandergesetzt. In Übereinstimmung mit dem Gutachten ist zunächst davon auszugehen, daß der Veräußerungsgewinn ebenso wie jeder andere Gewinn oder Überschuß Indikator der Leistungsfähigkeit ist[55]. Das bedeutet, daß zunächst kein Anlaß besteht, den Veräußerungsgewinn aus einem erfaßten Besteuerungsgut herauszunehmen[56]. Konsequenterweise müßten somit die Veräußerungsgewinne sämtlicher bei den Einkunftsarten erfaßten Vermögensgegenstände besteuert werden. Gesetzestechnisch wäre hierzu erforderlich, daß in den Einkommensbegriff Veräußerungsgewinne ausdrücklich miteinbezogen würden und eine allgemeine Definition des Veräußerungsgewinnes angeordnet werden würde. In Übereinstimmung mit *Tipke*[53] und dem Gutachten[55] greift nunmehr der Gesichtspunkt der Verwaltungspraktikabilität ein, entgegen dem Gutachten[55] jedoch nicht mit der Folge, daß der Gesetzgeber auf die Besteuerung von Veräußerungsgewinnen im sog. privaten Bereich dem Grundsatze nach verzichtet, sondern um Ausnahme- und

---

[51] Vgl. hierzu das Gutachten des Deutschen Landwirtschaftsrats zu dem Verfahren des RFH VI A 851/32, zit. bei *Herrmann/Heuer*, Komm. zur ESt und KSt, Anm. 19 zu § 4: bei einem Vollkaufmann reiche der Gedanke des Wagens und Gewinnens und damit der Umfang des Betriebsvermögens weiter als bei einem Landwirt. Erst die Stadtrandbauern haben die Lesebuchvorstellungen zerstört (vgl. hierzu Bericht der Einkommensteuerkommission S. 83). Der Zugriff bei Großkapitalisten (§ 17 EStG) und Spekulanten (§ 23 EStG) beruht im Grunde auf ähnlich aneutralen Erwägungen.
[52] Fußnoten 78 bis 50.
[53] So im Ergebnis *Tipke*, ebd. (Fußnote 41) S. 11: Es sind allein technische Gründe, technische Unmöglichkeiten, Unzumutbarkeiten und Unverhältnismäßigkeiten, die hier Ausnahmen rechtfertigen.
[54] II Tz. 96 ff.
[55] II Tz. 96.
[56] Dem steht nicht die Entscheidung des Gesetzgebers entgegen, bestimmte Veräußerungsgewinne auf tariflicher Ebene, also nicht auf der Ebene des sachlichen Grundtatbestandes, als außerordentliche Einkünfte mit der Folge einer Steuerermäßigung im Sinne des § 34 EStG zu qualifizieren, um eine Übermaßbesteuerung zu vermeiden.

subsidiäre Tatbestände zu rechtfertigen. Im Rahmen der Definition des Veräußerungsgewinnes wären verwaltungspraktikable, subsidiäre Hilfswerte zu postulieren, wenn ein Anschaffungswert nicht festgehalten ist. Hier hat nun der Gesetzgeber Gestaltungsspielraum, soweit die Regelungen nicht eine an der Leistungsfähigkeit orientierte Einkommensbesteuerung vereiteln. Bei Grundstücken wäre es z. B. sachlich vertretbar, entsprechend dem Vorschlag des Gutachtens[57] einen Zeitraum von acht Jahren zu berücksichtigen, aber nicht als Ausdehnung einer Spekulationsfrist, sondern als ein fiktiver Anschaffungswert, der acht Jahre vor der Veräußerung liegt. Das Problem der Bewertung liegt dann nicht anders als bei einem Gewinnermittler nach § 4 Absatz 3 EStG, der ein Grundstück acht Jahre vor der Veräußerung in das Betriebsvermögen einlegt. Ähnliche Hilfswerte könnten auch bei anderen Wirtschaftsgütern gebildet werden. Dann könnte entsprechend dem Grundsatz des § 12 EStG klargestellt werden, daß Veräußerungsgewinne bei Vermögensgegenständen, die die Lebensführung des Steuerpflichtigen betreffen, nicht zu versteuern sind. Schließlich könnte mit allgemeinen Freibeträgen — entsprechend der Vorschrift des § 23 Absatz 4 EStG 1000 DM — eine weitere Verwaltungsvereinfachung erzielt werden. Ein besonderer Freibetrag für bestimmte Veräußerungsgewinne (§§ 14 Satz 2; 16 Absatz 4; 18 Absatz 3 Satz 2; 17 Absatz 3 EStG) leuchtet sachlich nicht ein, da die Übermaßbesteuerung bereits tariflich vermieden wird, ein solcher auch nicht der Verwaltungsvereinfachung dient[58]. Soziale Härten könnten durch Steuervergünstigungen beseitigt werden, wie sie das Gutachten[59] vorschlägt.

Sicher sind hier verschiedene verwaltungspraktikable Lösungen möglich. Es geht nicht darum, sie im einzelnen aufzuzeigen. Entscheidend ist, daß dem geltenden Einkommensteuerrecht in bezug auf Veräußerungsgewinne überhaupt eine steuertechnische Konzeption fehlt, was gerade bei Grundstücken zu eklatanten verdeckten Steuerprivilegien führt[60], die nur bestimmte Personengruppen und soziale Schichten für sich in Anspruch nehmen können. Es geht hier um die Verwirklichung einer sachbezogenen, wertneutralen Konzeption, um den Ausschluß von Rechtfertigungsgründen, die in Wahrheit nicht steuertechnisch, sondern

---

[57] II Tz. 99/100.
[58] Hierzu *Tipke*, ebd. (Fußnote 41) S. 13/14 — 2.57.
[59] II Tz. 103/104.
[60] Einem Düsseldorfer Finanzamt liegt z. B. der Fall eines Steuerpflichtigen vor, gegen den seit Jahren keine ESt festgesetzt wird, obwohl der Steuerpflichtige inzwischen ein Millionenvermögen erwirtschaftet hat. Bei den Einkünften aus Vermietung und Verpachtung setzt der Steuerpflichtige hohe Finanzierungskosten ab, die zu erheblichen Verlusten führen. Die Gewinne erzielt der Steuerpflichtige bei Beachtung der Spekulationsfrist steuerfrei. Steuergerechtigkeit läßt sich hier nur durch Vergewaltigung des Begriffs „Gewerbebetrieb" (§ 15 EStG) herbeiführen.

verdeckt subjektiv sind und im Ergebnis (ohne Gemeinnützigkeit) nur bestimmte Gruppen bevorzugen[61]. Es ist zu bedauern, daß Lösungen, wie sie z. B. das Gutachten zur Reform der direkten Steuern[62] vorschlägt, bei Steuerreformplänen nicht ernsthaft erwogen werden.

Weitere Quellen für verdeckte Steuerprivilegien sind sog. imperfekte Gewinnermittlungsarten[63], die nicht zumutbare Ermittlungsverhältnisse (z. B. bei Landwirten die Einnahmen/Ausgaben-Überschußrechnung) anordnen und ausschöpfen, um dem allgemeinen Gewinnniveau zu entsprechen. Verdeckte Steuerprivilegien sind Sonderfreibeträge aus historisch überholten steuertechnischen Erwägungen[64]. Schließlich ist hier vor allem die derzeitige Einheitsbewertung von Grundstücken anzuführen[65].

Die angesprochenen Problemkreise haben gemeinsam, daß die steuergesetzliche Regelung technisch unzureichend ist, d. h. daß die gesetzlichen Voraussetzungen nicht in einem ausgewogenen Verhältnis zu der prinzipiell erstrebten Steuerlast einerseits und einem angemessenen Verwaltungsaufwand andererseits stehen. Die daraus resultierenden Steuerprivilegien unterscheiden sich von anderen Steuervergünstigungen dadurch, daß sie nicht auf einem besonderen Steuervergünstigungsgrund beruhen, den der Gesetzgeber als solchen bewußt anerkennt, sondern Nebenwirkungen einer entweder gesetzestechnisch verfehlten oder historisch überholten Regelung sind. Das bedeutet, daß sie einen gültigen Rechtfertigungsgrund nicht für sich in Anspruch nehmen können. Das verdeckte Steuerprivileg ist daher nicht nur systemwidrig, sondern auch evident sachfremd, also gleichheitssatzwidrig.

Gerade bei den verdeckten Steuerprivilegien zeigt der Gesetzgeber wegen ihrer oft bedeutenden Auswirkung wenig Neigung, sie zu beseitigen. Hier sollte das Bundesverfassungsgericht als eine von Wählerstimmen unabhängige Institution das ausgleichen, wozu der legislativen Initiative der Wagemut fehlt.

2.2. Das unvollständige Steuerprivileg

Das unvollständige Steuerprivileg beruht zwar auf einem sachlich einleuchtenden Rechtfertigungsgrund. Der Steuergesetzgeber hat den

---

[61] Vgl. hierzu II Tz. 102 des Gutachtens. Der Hinweis auf das Vertrauensverhältnis zwischen Bank und Kunden führt zur Subvention der Wertpapierspekulanten.
[62] S. 62 ff. Hier ist allerdings kritisch anzumerken, daß mit der Besteuerung sämtlicher Veräußerungsgewinne der Reinvermögenszuwachstheorie entsprochen würde, die das geltende Einkommensteuerrecht ausdrücklich ablehnt. Streng systemgerecht ist also nur eine an den Einkunftsarten orientierte Besteuerung der Veräußerungsgewinne.
[63] Hierzu *Tipke*, ebd. (Fußnote 41) S. 11 ff.
[64] Hierzu *Tipke*, ebd. (Fußnote 41) S. 12/13 — 2.51, 2.52.
[65] Hierzu Gutachten der Steuerreformkommission VII Tz. 33 ff.

Rechtssatz jedoch nicht entsprechend seiner Wertung ausgestaltet mit der Folge, daß auf einen Teil der durch diese Wertung begünstigungswürdigen Fälle die Rechtsfolge der Steuervergünstigung nicht zutrifft. Derartige, gemessen an der Wertung des Gesetzgebers unvollständige Rechtssätze sind sowohl im Rahmen des positiven als auch des negativen Entstehungstatbestandes der Steuerschuld anzutreffen. Musterbeispiele unvollständiger Steuerfindung sind die speziellen Verbrauch- und Aufwandsteuern[66]. Als Prämienwertungen wären hier denkbar rein fiskalisch-budgetäre Besteuerungsgrundsätze (Besteuerung des alltäglichen Konsums), wirtschaftsordnungspolitische Besteuerungsgrundsätze (Besteuerung des Individualverkehrs, um die öffentlichen Verkehrsmittel zu fördern) oder sozialdirigistische Besteuerungsgrundsätze (Besteuerung des Genußmittel-, des Luxuskonsums, des Glückspiels u. a.). Die nach solchen Prinzipien neben der Umsatzsteuer als allgemeiner Rechtsverkehrsteuer[67] konsequent durchgeführte Doppelbesteuerung bestimmter Konsumkomplexe wäre rechtssystematisch nicht zu beanstanden. Indes läßt sich das geltende Verbrauchsteuerkonglomerat in dieser Weise, wie *Tipke*[68] ausführt, nicht rational begründen[69]. Die historisch oder gar zufällig[70] entstandenen Verbrauch- und Aufwandsteuerarten greifen nur sehr punktuell in systematisch bestimmbare Konsumkomplexe ein. So werden Spielkarten, nicht Glückspielgeräte, Branntwein, Schaumwein, Bier, Tabakwaren, Kaffee, Tee, nicht Genußmittel (Alkohol, Nikotin, Koffein und sonstige Genußgifte enthaltende Waren), Mineralöl, nicht der Kauf eines Kraftfahrzeuges, Dienstleistungen an Kraftfahrzeugen ect. besteuert. Schon diese nicht hinreichend motivierte[71] unvollständige Steuerfindung mag die Gleichmäßigkeit der Besteuerung in Frage stellen.

---

[66] Hierzu *Tipke*, Steuerrechtswissenschaft und Steuersystem, Festschrift für Wacke, Köln 1972, S. 225/226.
[67] *Tipke*, ebd. S. 224.
[68] Ebd. S. 226.
[69] Ebenso das Gutachten der Steuerreformkommission X Tz. 8, das sich zwar für die Beibehaltung wenigstens der ertragsstarken Verbrauch- und Aufwandsteuern ausspricht, aber erkennt, daß aus der Sicht eines rationalen Steuersystems eine möglichst weitgehende Reduzierung der Verbrauchsteuern wünschenswert erscheinen mag.
[70] *Tipke*, ebd. S. 226: Auch der Zufall dürfte eine gewisse Rolle gespielt haben.
[71] Vgl. hierzu die bereits zitierte Formel des Bundesverfassungsgerichts, BVerfGE 13, 203: Entschließt sich der Gesetzgeber, eine bestimmte Steuerquelle zu erschließen, andere Steuerquellen aber nicht auszuschöpfen, so ist der allgemeine Gleichheitssatz schon dann nicht verletzt, wenn einer der obengenannten Gründe die verschiedene Behandlung hinreichend motiviert (gemeint sind finanzpolitische, volkswirtschaftliche, sozialpolitische und steuertechnische Erwägungen). Dennoch bemüht sich die Rechtsprechung redlich, die Verbrauchsteuern als verfassungsgemäß aufrechtzuerhalten, hierzu zuletzt das Urteil des BFH vom 25. 4. 72, HFR 72 S. 495 zur Verfassungsmäßigkeit der Schaumweinsteuer.

3. Teil: Systemwidrige Steuervergünstigungen

In besonderem Maße tritt jedoch ein Systembruch und bei dessen evidenter Sachfremdheit die Verletzung des Gleichheitssatzes in Erscheinung, wenn der Gesetzgeber einen bisher wertfreien Raum[72] durch die Erschließung einer Steuerquelle mit einem normativierten Besteuerungsprinzip ausgefüllt hat und nunmehr bei Steuervergünstigungen die statuierte Besteuerung unvollständig einschränkt.

Indes ist der damit indizierte Systembruch nicht so *intensiv* wie bei den verdeckten Steuerprivilegien, denn dem unvollständigen Steuerprivileg liegt immerhin überhaupt eine konkrete Wertung zugrunde. Das bedeutet, daß die Steuervergünstigung *nur im Verhältnis* der begünstigten zu den nicht begünstigten Fällen sachfremd ist. Die Evidenz der Sachfremdheit kann daher nicht schlechthin, sondern nur bei Prüfung der Norm im Einzelfall bejaht werden.

Ein unvollständiges Steuerprivileg ist zum Beispiel das bereits oben erörterte Sparkassenprivileg. Da sich bei den Sparkassen im Verhältnis zu den anderen für die Sparförderung geeigneten, nicht begünstigten Geldinstituten kein Differenzierungsgrund finden läßt, ist das Sparkassenprivileg evident sachfremd. Die gegenwärtige einkommensteuerliche Behandlung der Vorsorgeaufwendungen und Renten weist evident sachfremde Unterschiede auf[73]. Unvollständige Steuerprivilegien sind ferner die sozial- und kulturpolitischen Umsatzsteuerbefreiungen (§ 4 Ziff. 14 ff. UStG) und die Umsatzsteuerermäßigungen des § 12 Absatz 2 UStG. Als historisch überkommene Steuervergünstigungskataloge sind sie sachlich-systematisch offensichtlich nicht zu rechtfertigen.

Der Freibetrag für Arbeitnehmer (§ 19 Absatz 2 EStG)[74] hingegen ist zwar ein unvollständiges Steuerprivileg, weil der Zinsnachteil der Quellenbesteuerung auch bei Beziehern von Kapitaleinkünften besteht. Man wird hier jedoch eine sozialpolitische Differenzierung ins Feld führen können. Auch § 34 EStG, der nicht alle außerordentlichen Einkünfte erfaßt[75] dürfte noch zu rechtfertigen sein, wenn er sich nur auf die typisierten, vom EStG besonders hervorgehobenen Fälle bezöge. Die §§ 34 Absatz 4, 34 a und 34 b EStG sind hingegen zu punktuell gestaltet[76].

---

[72] Siehe oben 1. Teil, 3. Kapitel, 3.1.2.
[73] Hierzu im einzelnen das Gutachten der Steuerreformkommission, II Tz. 228 ff. (236, 237), 384 ff.; *Tipke*, Steuerrecht-Chaos, Konglomerat oder System?, StuW 1971 S. 13 — 2.54, 2.55.
[74] Hierzu *Tipke*, ebd. S. 13 — 2.53.
[75] *Tipke* führt hierzu insbesondere an, daß der mit dem § 34 EStG erstrebte Periodizitätsausgleich für Freiberufler, insbes. Schriftsteller unzulänglich sei.
[76] Das Gutachten zur Reform der direkten Steuern tritt ebenfalls für die Streichung der §§ 34 Absatz 4 und 34 a EStG ein und führt hierzu treffend aus: Die Mehrheit des Beirats ... hält diese steuerlichen Begünstigungen deshalb nicht für gerechtfertigt, weil sie ... nur für bestimmte Freizeitopfer bestimmter Personengruppen gelten und deshalb nicht geeignet sind, das

2.3. Das ungleich wirkende Steuerprivileg

Die mildeste Form des Steuerprivilegs ist die ungleich wirkende systemwidrige Steuervergünstigung. Das ungleich wirkende Steuerprivileg entsteht dort, wo eine Steuervergünstigung die Steuerbemessungsgrundlage mindert und ein progressiver Steuertarif bedingt, daß die Rechtsfolge der Steuervergünstigung, die Steuerersparnis, unterschiedlich ausfällt. Es handelt sich hier hauptsächlich um Freibeträge, Freigrenzen, Bewertungsfreiheiten und steuermindernde Abzüge von der Steuerbemessungsgrundlage bei der Einkommensteuer. Da die ungleiche Steuerbelastung ein dem progressiven Steuertarif immanentes Gestaltungselement ist, wird man in der Regel die Ungleichwirkung bei diesen Steuervergünstigungen nicht als Systembruch qualifizieren können. Erst wenn die Steuervergünstigungen der Steuerbemessungsgrundlage, insbesondere subventive Sonderabschreibungen und steuerfreie Rücklagen so gestaltet sind, daß die begünstigte Kapitalanlage praktisch mit der Steuerersparnis finanziert werden kann und nur noch für soziale Schichten mit hohem Einkommen realisierbar sind, wird man von Steuerprivilegierung (dieser Schichten) sprechen können. Die Evidenz der Sachfremdheit wird sich allerdings hier nur sehr schwer begründen lassen, denn Sinn jeder dieser Steuervergünstigungen ist es ja, frei verfügbare Gelder auf das geförderte Objekt zu konzentrieren. Naturgemäß werden da in erster Linie die Bezieher hoher Einkommen angesprochen.

Problem der angemessenen steuerlichen Berücksichtigung der Arbeitsanstrengungen in befriedigender Weise zu lösen. Eine derart punktuelle steuerliche Entlastung stört die Gleichmäßigkeit der Besteuerung empfindlich, ohne mit entsprechenden Vorzügen unter dem Gesichtspunkt der gerechten Steuerlastverteilung verbunden zu sein.

Zusammenfassung der Ergebnisse der Arbeit

I. Der *Enstehungstatbestand der Steuerschuld* (§ 3 Absatz 1 StAnpG) gliedert sich in den positiven und negativen Entstehungstatbestand der Steuerschuld. Der positive Entstehungstatbestand der Steuerschuld ist die Gesamtheit jener abstrakten Voraussetzungen, die die einzelnen für die Besteuerung maßgeblichen Tatbestandselemente festlegen. Der positive Entstehungstatbestand der Steuerschuld wird geprägt durch das normativierte Besteuerungsprinzip, d. h. die Gesamtheit jener Primärwertungen, die das Wesen der Steuer bestimmen (steuerartbegründende Prinzipien). Der negative Entstehungstatbestand ist die Gesamtheit der Steuervergünstigungen.

1. Der positive Entstehungstatbestand der Steuerschuld ist wie folgt aufgebaut:

A. *Grundtatbestand*

a) Sachliche Seite des Steuertatbestandes: Das Gesetz bestimmt zunächst, was zu besteuern ist. Hierbei ist das Besteuerungsgut als der besteuerungswürdige Sachverhalt einerseits und der Steuergegenstand andererseits zu unterscheiden. Die sachliche Seite des Steuertatbestandes beschreibt einen Lebenssachverhalt als Besteuerungsgut. Das Ergebnis ist der *Steuergegenstand,* das Besteuerungsgut mit dem Inhalt und Umfang, das den Tatbestand des Steuergesetzes verwirklicht. Kurz gesagt, ist der Steuergegenstand der Rechtsbegriff des Besteuerungsgutes. Die sachliche Seite des Steuertatbestandes bestimmt auch die Konkurrenz der Steueransprüche, die sog. *Doppelbesteuerung.* Doppelbesteuerung ist nichts anderes als die Idealkonkurrenz des Steuerrechts. Doppelbesteuerung liegt vor, wenn ein Besteuerungsgut den Entstehungstatbestand mehrerer Steuern oder den Entstehungstatbestand einer Steuer mehrfach verwirklicht.

b) Persönliche Seite des Steuertatbestandes: sie bestimmt das Steuerschuldverhältnis als solches, die Beziehung zwischen dem Steuerberechtigten und dem Steuerschuldner. Der Steuergläubiger ist in der Regel verfassungsrechtlich bestimmt, so daß sich die persönliche Seite des Steuertatbestandes in erster Linie mit der Bestimmung des Steuerschuldners befaßt. Steuerschuldner ist das Rechtssubjekt eines Steuergesetzes, dem der Steuergegenstand dieses Gesetzes kraft gesetzlicher Anordnung zugerechnet wird. U. A. ist der Unterschied zum Steuerhaftenden folgender: Während dem Steuerschuldner das Kernstück des Steuertatbestandes, der Steuergegenstand zugerechnet wird, wird dem Steuerhaftenden die Rechtsfolge des Steuertatbestandes, die Steuerschuld als eigene Entrichtungspflicht zugerechnet.

B. Berechnungstatbestand

a) Steuerbemessungsgrundlage: sie ist die Gesamtheit der tatbestandsmäßigen Merkmale, welche die Größe des Steuergegenstandes bestimmen. Es lassen sich direkte und indirekte Steuerbemessungsgrundlagen unterscheiden. Ist für den Zweck und die steuerpolitischen Ziele einer Steuer die wirkliche Größe des Steuergegenstandes von ausschlaggebender Bedeutung, so leitet der Gesetzgeber die Bemessungsgrundlagen unmittelbar aus den Größenverhältnissen des Steuergegenstandes ab. Diese wertmäßige Kongruenz von Steuergegenstand und Steuerbemessungsgrundlage nennt man das Zusammenfallen beider Tatbestandselemente. Indirekte Steuerbemessungsgrundlagen knüpfen entweder an den Wert eines Merkmals des Steuergegenstandes an, oder an ein mathematisches bzw. physikalisches Maß (technische Steuereinheiten) oder an sog. rechnerische Steuereinheiten an.

b) Steuersatz: er ist diejenige Größe, aus der sich der Steuerbetrag in bezug auf die Steuerbemessungsgrundlage ergibt. Der Steuertarif ist eine Mehrheit von Steuersätzen. Die zeitliche Abgrenzung einer Steuer (sog. Periodizität) ist auf der Ebene des Steuersatzes bzw. des Steuertarifs von Bedeutung.

2. Der negative Entstehungstatbestand der Steuerschuld ist sowohl unter dem Aspekt des inneren wie dem des äußeren Systems zu sehen. Der Aspekt des inneren Systems ergibt den allgemeinen Begriff der Steuervergünstigung, der des äußeren die Arten der Steuervergünstigungen nach ihrer Stellung im Steuertatbestand.

(1) Allgemeiner Begriff der Steuervergünstigung: die Steuervergünstigung ist ein Rechtssatz, der nicht auf einem steuerartbegründenden Prinzip beruht und die Rechtsfolge der Steuerschuld

— für bestimmte Steuerrechtssubjekte oder
— für bestimmte steuerbare Sachverhalte

nicht oder nur eingeschränkt eintreten läßt.

(2) Die Abgrenzung der Steuervergünstigung zu verwandten Tatbeständen: Ausnahmevorschriften, die nicht auf einem steuerartbegründenden Prinzip beruhen, sind nicht stets Steuervergünstigungen, sondern können auch sog. steuerbelastende Ausnahmevorschriften sein. Keine Steuervergünstigungen sind Steuererleichterungen, die auf die entstandene Steuerschuld einwirken (Steuererlaß, Niederschlagung, Stundung und Zahlungsaufschub). Keine Steuervergünstigungen sind

der Vorsteuerabzug im Umsatzsteuerrecht und Tatbestände des Steuerverfahrens, die den Steuerpflichtigen begünstigen.

(3) Systematisierung der Steuervergünstigungen nach ihrer Stellung im Steuertatbestand:

Den Tatbestandselementen des positiven Entstehungstatbestandes der Steuerschuld sind folgende Steuervergünstigungen zuzuordnen:

Persönliche Seite des Steuertatbestandes	Persönliche Steuerbefreiung (hebt Bestimmung als Steuerschuldner auf)
Sachliche Seite des Steuertatbestandes	Sachliche Steuerbefreiung (läßt die Rechtsfolge für einen bestimmten steuerbaren Sachverhalt nicht eintreten)
Steuerbemessungsgrundlage	Bewertungsfreiheiten Die steuermindernden Abzüge von der Steuerbemessungsgrundlage Freibeträge und Freigrenzen Steuerbegünstigende Pauschalierungen
Steuersatz (Steuertarif)	Steuerermäßigungen als — Milderungen des Steuersatzes (Steuertarifs) — Kürzungen der Steuerschuld

(4) Die Wirkung der Steuervergünstigungen ist oben auf den Seiten 115 und 116 dargestellt.

II. Die funktionelle Systematisierung der Steuervergünstigungen war nach dem inneren System vorzunehmen.

1. Die innere Abgrenzung des Steuerrechts ergibt sich aus der wechselseitigen Ergänzung und Beschränkung der steuerrechtlich relevanten Prinzipien. In diesem Sinne üben die aptiven Steuervergünstigungen eine wichtige systemgerechte Funktion aus. Die aptiven Steuervergünstigungen dienen insbesondere der Vermeidung der Übermaßbesteuerung und Doppelbesteuerung. Sie gleichen als sozialaptive Steuervergünstigungen Härten des Steuertatbestandes aus. Sie berücksichtigen eheliche und Familienverhältnisse und greifen schließlich aus Gründen der Praktikabilität, Wohlfeilheit und Bequemlichkeit der Besteuerung ein (steuertechnische aptive Steuervergünstigungen). Die subventiven Steuervergünstigungen, steuerordnungspolitische Prinzipien verwirklichend, verknüpfen als eingriffsrechtliche Tatbestände das Steuerrecht mit den Zielen des Leistungsverwaltungsrechts. Auch diese Abgrenzung des Steuerrechts ist nicht schlechthin systemwidrig.

2. Die äußere Abgrenzung des Steuerrechts ist von den außensteuerrechtlichen Prinzipien des Wohnsitzes und Ursprungs geprägt. Nach diesen Prinzipien ist zunächst der positive Entstehungstatbestand der Steuerschuld gestaltet. Darüber hinaus grenzen aptive (vor allem der Vermeidung der Doppelbesteuerung dienende) und subventive (auf internationalem Entgegenkommen beruhende) Steuervergünstigungen das deutsche Steuerrecht zu fremden Steuerrechtsordnungen ab.

III. Die systemwidrige Steuervergünstigung ist das Steuerprivileg. Nicht jedes Steuerprivileg ist gleichheitssatzwidrig. Die Rechtsprechung des Bundesverfassungsgerichts verlangt Evidenz der Sachfremdheit bei einem Steuerprivileg. Schwierig ist die Frage der Sachbezogenheit bei den subventiven Steuervergünstigungen zu beantworten. Der richtige Maßstab ist hier das Gemeinnützigkeitsprinzip.

Nach dem Grade ihrer Systemwidrigkeit lassen sich drei Erscheinungsformen systemwidriger Steuervergünstigungen unterscheiden: das verdeckte, das unvollständige und das ungleich wirkende Steuerprivileg.

Das verdeckte Steuerprivileg beruht auf rechtstechnischen Mängeln des Steuergesetzes. Da der Steuergesetzgeber das verdeckte Steuerprivileg nicht ausreichend bedacht hat, kann er für es auch keinen konkreten Rechtfertigungsgrund bieten. Dieses Privileg ist daher evident sachfremd und gleichheitssatzwidrig.

Das unvollständige Steuerprivileg, das nur partiell einer Wertung des Gesetzgebers gerecht wird, ist nicht schlechthin gleichheitssatzwidrig. Die Evidenz der Sachfremdheit kann nur bei Prüfung der Norm im Einzelfall bejaht werden.

Das Steuerprivileg, das im Hinblick auf den progressiven Steuertarif ungleich wirkt, ist in der Regel nicht verfassungswidrig.

Literaturverzeichnis

I. Lehrbücher, Kommentare, Einzelschriften, Aufsätze und Urteilsanmerkungen

Andel: Subventionen als Instrument des finanzwirtschaftlichen Interventionismus, Tübingen 1970

Arens: Zum Begriff der Haftung im geltenden Steuerrecht, VJSchrStuFR 1927 S. 567 ff.

Bartholdy: Schachteldividende und Verlustvortrag, StuW 1960 S. 410

Baumann: Strafrecht, Allgemeiner Teil, 3. Auflage, Bielefeld 1964

Bayer: Die verfassungsrechtlichen Grundlagen der Wirtschaftslenkung durch Steuerbefreiungen, StuW 1972 S. 149 ff.

Becker: Die Reichsabgabenordnung, Kommentar, 6. Auflage, Berlin 1928

— Die Grundlagen der Einkommensteuer, München und Berlin 1940.

Becker/Riewald/Koch: Reichsabgabenordnung, Kommentar von Riewald und Koch, 9. Auflage Köln—Berlin—Bonn—München, Bd. I: 1963; Bd. II: 1965; Bd. III: 1968 und Bd. IV: 1966

Bellstedt: Verfassungsrechtliche Grenzen der Wirtschaftslenkung durch Steuern (dargestellt am Berlin-Hilfe-Gesetz), Schwetzingen 1962

Blümich/Klein/Steinbring/Stutz: Körperschaftsteuergesetz, 4. Auflage, Berlin und Frankfurt 1965

Blumenstein: Die Rechtsordnung der öffentlichen Finanzwirtschaft, Handbuch der Finanzwissenschaft, Band I S. 99 ff.

— System des Steuerrechts, Zürich 1945

Bock: Zweifelsfragen zu § 32 KohleG, DB 1971 S. 2183

Bockelberg, von: Der Anfang vom Ende der progressiven Besteuerung nach der Leistungsfähigkeit, BB 1971 S. 925 ff.

Bühler/Strickrodt: Allgemeines Steuerrecht, 3. Auflage, Wiesbaden 1959/1960

Bühler: Prinzipien des Internationalen Steuerrechts, München und Berlin 1964

Bürger: Die Rechtsfigur des Steuerschuldners, VJSchrStuFR 1928 S. 75 ff.

Canaris: Systemdenken und Systembegriff in der Jurisprudenz, entwickelt am Beispiel des deutschen Privatrechts, Berlin 1969

— Die Feststellung von Lücken im Gesetz, eine methodologische Studie über Voraussetzungen und Grenzen der richterlichen Rechtsfortbildung praeter legem, Berlin 1964

Croxatto: Die Begrenzung der staatlichen Steuerhoheit durch internationales Gewohnheitsrecht

Dahm: Völkerrecht, Stuttgart 1958 (Band I) und 1961 (Band II und III)

— Deutsches Recht, die geschichtlichen und dogmatischen Grundlagen des geltenden Rechts, Stuttgart 1963

Debatin: Die Bestimmung der Einkunftsart bei der beschränkten Steuerpflicht, DB 1961 S. 785 ff.

Diederichsen: Topisches und systematisches Denken in der Jurisprudenz, NJW 1966 S. 697 ff.

Dorn: Das Recht der internationalen Doppelbesteuerung, VJSchrStuFR 1927 S. 189 ff.

Eheberg: Grundriß der Finanzwissenschaft, 3. und 4. Auflage, Leipzig 1928

Endriss: Wohnsitz- oder Ursprungsprinzip, Köln 1967

Ehlers: Haftung für fremde Steuerschulden, insbesondere beim Verkauf eines Gewerbeunternehmens, StbJB 1953/54 S. 207 ff.

Evers: Kommentar zum Körperschaftsteuergesetz, 2. Auflage 1930

Falk: Die Steuergesetzgebung in der öffentlichen Kritik, StbJB 1961/62 S. 27 ff.

Faller: Die Rechtsfähigkeit im Steuerrecht, Freiburg 1939

Fleiner: Institutionen des Deutschen Verwaltungsrechts, 8. Auflage, Tübingen 1928

Flume: Der gesetzliche Steuertatbestand und die Grenztatbestände in Steuerrecht und Steuerpraxis, StbJB 1967/68 S. 65 ff.

Friauf: Verfassungsrechtliche Grenzen der Wirtschaftslenkung und Sozialgestaltung durch Steuergesetze, Tübingen 1966

Fuß: Gleichheitssatz und Richtermacht, JZ 1959 S. 329

— Normenkontrolle und Gleichheitssatz, JZ 1962 S. 565

Gerloff: Steuerwirtschaftslehre, Handbuch der Finanzwissenschaft, 2. Band, Tübingen 1956, S. 240 ff.

Geyler: Steuerliche Mehrfachbelastungen und ihre normative Abwehr, Band I Mehrfachbesteuerung (Doppelbesteuerung) im Rechtssinne, Leipzig 1931

Giese/Plath: Kommentar zur Reichsabgabenordnung, Frankfurt 1963

Goetzeler: Die Steuerhinterziehung als Rechtsgrundlage für die steuerliche Pflicht des Hinterziehers, VJSchrStuFR 1928 S. 198 ff.

Guggenheim: Lehrbuch des Völkerrechts

Haller: Die Steuern, Grundlinien eines rationalen Systems öffentlicher Abgaben, Tübingen 1964

— Zur Problematik eines rationalen Steuersystems, Kiel 1965

Heck: Begriffsbildung und Interessenjurisprudenz, Tübingen 1932

Hedtkamp: Lehrbuch der Finanzwissenschaft, Neuwied und Berlin 1968

Hensel: Die Abänderung des Steuertatbestandes durch freies Ermessen und der Grundsatz der Gleichheit vor dem Gesetz, VJSchrStuFR 1927 S. 39 ff.

— Verfassungsrechtliche Bindungen des Steuergesetzgebers. Besteuerung nach der Leistungsfähigkeit — Gleichheit vor dem Gesetz, VJSchrStuFR 1930 S. 441 ff.

— Steuerrecht, 3. Aufl., Berlin 1933

Herrmann/Heuer: Kommentar zur Einkommensteuer einschließlich Lohnsteuer und Körperschaftsteuer, 15. Auflage, Köln 1950/72

Hübschmann/Hepp/Spitaler: **Kommentar zur Reichsabgabenordnung** von Hübschmann, Hepp, Spitaler, bearbeitet von Paulick. v. Wallis, Hartung, Hübner, List, Schwarz, Spanner, 6. Auflage, Köln 1951/72

Ipsen: Gleichheit in Neumann-Nipperdey-Scheuner, Grundrechte, Bd. II, 1954, S. 141 ff.
Isay: Internationales Finanzrecht
Jansen: Die beschränkte Steuerpflicht im deutschen Einkommensteuerrecht, IWB Fach 3, Gruppe 3 S. 231 ff.
Judeich/Felix: Kommentar zum Steueranpassungsgesetz, Düsseldorf 1960
Klein, Friedrich: Steuerwesen und Rechtsordnung, Finanzarchiv N.F., Band 14 (1953/54), S. 1 ff.
Klein, Franz: Gleichheitssatz und Steuerrecht, eine Studie über Gleichheit und Gerechtigkeit der Besteuerung im System des Grundgesetzes, Köln 1966
Knief: Steuerfreibeträge als Instrumente der Finanzpolitik, Köln und Opladen 1968
Koch/Orlopp: Stundung von Steuern, NWB Fach 2 S. 2328
Korn/Dietz: Doppelbesteuerung, Loseblattkommentar, München 1972
Krollmann: in: Felix, Von der Auslegung und Anwendung der Steuergesetze, Stuttgart 1958 S. 266
Kruse: Steuerrecht, I. Allgemeiner Teil, ein Studienbuch, 2. Auflage, München 1969
Kuehn: Die Exterritorialität der Besatzung, abgabenrechtlich gesehen, StuW 1950 S. 328 ff.
Lammerding: Steuerfragen zum KohleG, NWB Fach 3 S. 3317
Larenz: Allgemeiner Teil des deutschen Bürgerlichen Rechts, 1967
— Lehrbuch des Schuldrechts, Band I, Allgemeiner Teil, 10. Auflage 1970
— Methodenlehre der Rechtswissenschaft, 2. Auflage 1969
Lauter: Die Gesamtschuld im Steuerrecht, Köln 1966
Lehmann: Allgemeiner Teil des Bürgerlichen Gesetzbuchs, 12. Auflage 1960
Leibholz/Rinck: Grundgesetz für die Bundesrepublik Deutschland, Kommentar an Hand der Rechtsprechung des Bundesverfassungsgerichts, 1. und 2. Auflage, Köln 1966
Liebisch: Steuerrecht und Privatrecht. Ein Beitrag zur Förderung der Rechtseinheit, Köln 1933
Littmann: Das Einkommensteuerrecht, Kommentar zum Einkommensteuergesetz, 9. Auflage, Stuttgart 1969
Mangoldt/Klein: Bonner Grundgesetz, Kommentar in drei Bänden, 2. Auflage 1957/70
Markull: Gleichartige Steuern, VJSchrStuFR 1930 S. 535
Maunz/Dürig: Grundgesetz, Loseblattkommentar, 3. Auflage 1971
Mayer, Otto: Deutsches Verwaltungsrecht, Band I, 4. Auflage 1961 (Nachdruck der 3. Auflage 1924)
Meilicke: Steuerrecht, Allgemeiner Teil, Berlin und Frankfurt 1965
Merk: Steuerschuldrecht, Tübingen 1926
Mersmann: Die Ausgleichung und Harmonisierung der Steuersysteme, StbJB 1959/60 S. 35 ff.
— Internationale Doppelbesteuerung, Handbuch der Finanzwissenschaft, 4. Band, Tübingen 1965, S. 89 ff.
Michel: Erlaß von Grundsteuer, NWB Fach 11 S. 275 ff.

Mirbt: Grundriß des deutschen und preußischen Steuerrechts, Leipzig und Erlangen 1926

Mitteis/Lieberich: Deutsche Rechtsgeschichte, 12. Auflage 1971

Möller: Kommentar zum Gesetz zur Förderung der Stabilität und des Wachstums der Wirtschaft, 2. Auflage, Hannover 1969

Mutze: Ist der Begriff der steuerrechtlichen Rechtsfähigkeit nötig?, Leipzig 1932

Myrbach - Rheinfeld, von: Grundriß des Finanzrechts, 2. Auflage, München und Leipzig 1916

Neumark: Theorie und Praxis der modernen Einkommenbesteuerung, Bern 1947

— Grundsätze gerechter und ökonomisch rationaler Steuerpolitik, Tübingen 1970

Nipperdey/Schneider: Die Steuerprivilegien der Sparkassen, ein Rechtsgutachten über die Frage ihrer Verfassungsmäßigkeit, München und Berlin 1966

Palandt: Bürgerliches Gesetzbuch, Kommentar, bearbeitet von Dankelmann, Degenhart, Heinrichs, Keidel, Lauterbach, Putzo und Thomas, 32. Auflage 1973

Piotter: Die steuerrechtliche Rechtsfähigkeit, Greifswald 1932

Platon: Der Staat, zitiert nach der Ausgabe des Henricus Stephanus, Paris 1578

Rädler/Raupach: Deutsche Steuern bei Auslandsbeziehungen, München und Berlin 1966

Riewald: Kommentar zur Reichsabgabenordnung, Teil I, Berlin 1941

Rose: Schachtelprivileg, Sanierungsgewinn und Verlustabzug bei der Körperschaftsteuer, FR 1959 S. 222

— Körperschaftsteuerliches Schachtelprivileg und Verlustabzug, FR 1961 S. 178

Salditt: Die Einbringung eines Personenunternehmens in eine Kapitalgesellschaft, StuW 1972 S. 353 ff.

Schmitz: Kommentar zum internationalen Steuerrecht der Bundesrepublik Deutschland, Düsseldorf 1957

Schmölders: Allgemeine Steuerlehre, 4. Auflage, Berlin 1965

— Finanzpolitik, Berlin—Heidelberg—New York 1965

Schranil: Besteuerungsrecht und Steueranspruch, Leipzig und Wien 1925

Sonnenfels, von: Grundsätze der Polizey, Handlung und Finanz, II, S. 100, zitiert bei Gerloff, Steuerwirtschaftslehre, Handbuch der Finanzwissenschaft, 2. Band, S. 258

Spitaler: Das Doppelbesteuerungsproblem bei den direkten Steuern, 2. Auflage (fotomechanischer Nachdruck der 1. Auflage 1936), Köln 1967

Stier: Folgen der Bekanntgabe einer Niederschlagung, DStR 1968 S. 111 ff.

Strutz: Grundlehren des Steuerrechts, Berlin 1922

— Kommentar zum Einkommensteuergesetz, Erster Band: Einleitung, Berlin 1927

Tipke: Die Situation des Steuerrechts als rechtswissenschaftliche Disziplin, NJW 1967 S. 1885 ff.

Tipke: Reformbedürftiges allgemeines Abgabenrecht, Kritik der Reichsabgabenordnung, Reformvorschläge, StbJB 1968/69 S. 69 ff.
— Fünfzig Jahre Reichsabgabenordnung, AöR Band 94 (1969) S. 224 ff.
— Zur Reform der Reichsabgabenordnung, Stellungnahme zum Reformentwurf (AO 1974), FR 1970 S. 240 ff., 327 ff., 384 ff., 412 ff., 479 ff., 533 ff., 582 ff.
— Steuerrecht — Chaos, Konglomerat oder System?, StuW 1971 S. 2 ff.
— Systematisierung des allgemeinen Steuerrechts, ein Alternativvorschlag zum Regierungsentwurf einer Abgabenordnung, StuW 1971 S. 95 ff.
— Steuerrechtswissenschaft und Steuersystem, in: Festschrift für Gerhard Wacke, Köln 1972
— Die Steuerprivilegien der Sparkassen, Steuersystematische und verfassungsrechtliche Aspekte, Köln 1972
Tipke/Kruse: Reichsabgabenordnung, Kommentar, 2.—5. Auflage 1972
Thiel: Gedanken zur Methode der steuerlichen Rechtsfindung, StbJB 1963/64 S. 163 ff.
Thoma: Ungleichheit und Gleichheit im Bonner Grundgesetz, DVBl 1951 S. 457 ff.
Vangerow: Anmerkung zu dem Urteil des Bundesfinanzhofs vom 18. 12. 1964 VI 298/60 U, BStBl 1965 III S. 144, StuW 1965 S. 315
Viehweg: Topik und Jurisprudenz, ein Beitrag zur rechtswissenschaftlichen Grundlagenforschung, 4. Auflage, München 1969
Wacke: Das Finanzwesen der Bundesrepublik, 1950
Wagner: Lehr- und Handbuch der politischen Ökonomie, 4. Hauptabteilung: Finanzwissenschaft, 2. Band, 2. Auflage, 1890
Weddingen: Allgemeine Finanzwissenschaft, 4. Auflage, Berlin 1964
Weizensee: Schachtelprivileg und Verlustabzug, FR 1960 S. 465
Wengler: Beiträge zum Problem der internationalen Doppelbesteuerung, Berlin und Leipzig 1935
Wieacker: Privatrechtsgeschichte der Neuzeit, 2. Auflage 1967
Zeitel: Über einige Kriterien zur Beurteilung staatlicher Subventionen, Finanzarchiv 1968, Bd. 27, S. 187 ff.
Zitzlaff: Verlustvortrag bei Schachteldividenden, StuW 1951 S. 515

II. Amtliche Veröffentlichungen

Diskussionsbeiträge des Arbeitsausschusses für die Grosse Steuerreform, ein Bericht an den Finanzausschuß des Bundesrats, herausgegeben von Dr. Heinrich Troeger, Staatsminister der Finanzen in Hessen, sog. *Troeger-Gutachten*, Stuttgart 1954

Untersuchungen zum Einkommensteuerrecht, *Bericht der Einkommensteuerkommission*, Schriftenreihe des Bundesministeriums der Finanzen Heft 7, Bericht über die am 15. 10. 1963 abgeschlossenen Arbeiten

Gutachten zur Reform der direkten Steuern (Einkommensteuer, Körperschaftsteuer, Vermögensteuer und Erbschaftsteuer) in der Bundesrepublik Deutschland, erstattet vom Wissenschaftlichen Beirat beim Bundesministerium der Finanzen, Bad Godesberg 1967, Schriftenreihe des Bundesministeriums der Finanzen, Heft 9

Reform der Reichsabgabenordnung, *Bericht des Arbeitskreises*, Schriftenreihe des Bundesministeriums der Finanzen, Heft 13, Bonn 1970

Bericht der Bundesregierung vom 16. 2. 1970 über die Entwicklung der Finanzhilfen des Bundes und der Steuervergünstigungen für die Jahre 1967 bis 1970 gemäß § 12 des Stabilitätsgesetzes *(Subventionsbericht 1970)*, BT-Drucks. VI/391

Gutachten der Steuerreformkommission 1971, Schriftenreihe des Bundesministeriums der Finanzen, Heft 17

Entwurf einer Abgabenordnung (AO 1974) der Bundesregierung, BR-Drucksache 23/71

Referenten-Entwurf eines Einkommensteuergesetzes 1974 (EStG 1974) vom 10. 12. 1971, Referat F/IV D 2

Beschlüsse der Bundesregierung vom 11. Juni und 28./29. 10. 1971 über Eckwerte und Grundsätze zur Steuerreform 1974, BMWF-Dokumentation Nr. F/11 vom 22. 11. 1971

Regierungserklärung des Bundeskanzlers 1973, Bulletin Nr. 6/1973 S. 45 ff.

Verzeichnis der Gerichtsentscheidungen

I. Bundesverfassungsgericht

BVerfGE	1, 13— 66	Beschluß vom 12. 10. 1951	1 BvR 201/51
BVerfGE	1, 97—108	Beschluß vom 19. 12. 1951	1 BvR 220/51
BVerfGE	3, 19— 34	Urteil vom 1. 8. 1953	1 BvR 281/53
BVerfGE	3, 58—186	Urteil vom 17. 12. 1953	1 BvR 147/53
BVerfGE	3, 225—248	Urteil vom 18. 12. 1953	1 BvL 106/53
BVerfGE	3, 288—352	Urteil vom 26. 2. 1954	1 BvR 371/52
BVerfGE	4, 7— 27	Urteil vom 20. 7. 1954	1 BvR 459, 484, 548, 555, 623, 651, 748, 783, 801/52, 5, 9/53, 96, 114/54
BVerfGE	4, 219—250	Beschluß vom 21. 7. 1955	1 BvL 33/51
BVerfGE	4, 352—358	Beschluß vom 30. 11. 1955	1 BvL 120/52
BVerfGE	6, 32— 45	Urteil vom 16. 1. 1957	1 BvR 253/56
BVerfGE	6, 55— 84	Beschluß vom 17. 1. 1957	1 BvL 4/54
BVerfGE	6, 309—367	Urteil vom 26. 3. 1957	2 BvG 1/56
BVerfGE	7, 129—155	Beschluß vom 16. 10. 1957	1 BvL 13/56, 46/56
BVerfGE	7, 198—230	Urteil vom 15. 1. 1958	1 BvR 400/51
BVerfGE	7, 239—241	Beschluß vom 23. 1. 1958	1 BvR 271/57
BVerfGE	7, 282—305	Urteil vom 5. 3. 1958	2 BvL 18/56
BVerfGE	7, 305—319	Urteil vom 5. 3. 1958	2 BvF 4/56
BVerfGE	8, 274—332	Beschluß vom 12. 11. 1958	2 BvL 4, 26, 40/56, 1, 7/57
BVerfGE	9, 3— 20	Beschluß vom 3. 12. 1958	1 BvR 488/57
BVerfGE	9, 20— 36	Beschluß vom 16. 12. 1958	1 BvL 3, 4/57, 8/58
BVerfGE	9, 124—137	Beschluß vom 22. 1. 1959	1 BvR 154/55
BVerfGE	9, 201—212	Beschluß vom 17. 3. 1959	1 BvL 39, 44/56
BVerfGE	9, 237—250	Beschluß vom 14. 4. 1959	1 BvL 23, 34/57
BVerfGE	9, 334—338	Beschluß vom 16. 6. 1959	2 BvL 10/59
BVerfGE	10, 59— 89	Urteil vom 29. 7. 1959	1 BvR 205, 332, 333, 367/58, 1 BvL 27, 100/58
BVerfGE	10, 234—250	Beschluß vom 15. 12. 1959	1 BvL 10/55
BVerfGE	11, 105—126	Urteil vom 10. 5. 1960	1 BvR 190, 363, 401, 409, 471/58
BVerfGE	11, 234—239	Beschluß vom 22. 6. 1960	2 BvR 125/60
BVerfGE	11, 283—293	Beschluß vom 25. 7. 1960	1 BvL 5/59
BVerfGE	12, 113—132	Beschluß vom 25. 1. 1961	1 BvR 9/57
BVerfGE	12, 264—275	Beschluß vom 15. 3. 1961	2 BvL 8/60
BVerfGE	12, 341—354	Beschluß vom 16. 5. 1961	2 BvF 1/60
BVerfGE	12, 354—369	Urteil vom 17. 5. 1961	1 BvR 561, 579/60, 114/61
BVerfGE	13, 31— 39	Beschluß vom 27. 6. 1961	1 BvL 17, 20/58
BVerfGE	13, 181—204	Beschluß vom 30. 10. 1961	1 BvR 833/59

BVerfGE 13, 290—318	Urteil vom 24. 1. 1962	1 BvL 32/57
BVerfGE 13, 331—355	Urteil vom 24. 1. 1962	1 BvR 845/58
BVerfGE 13, 356—367	Beschluß vom 31. 1. 1962	2 BvL 29/60
BVerfGE 14, 76—105	Teilurt. vom 10. 5. 1962	1 BvL 31/58
BVerfGE 14, 221—244	Urteil vom 24. 7. 1962	2 BvL 15, 16/61
BVerfGE 15, 167—211	Beschluß vom 11. 12. 1962	2 BvL 2, 3, 21, 24/ 60, 4, 17/61
BVerfGE 15, 313—327	Beschluß vom 14. 3. 1963	1 BvL 28/62
BVerfGE 16, 64— 79	Beschluß vom 7. 5. 1963	2 BvL 8, 10/61
BVerfGE 16, 147—188	Urteil vom 22. 5. 1963	1 BvR 78/56
BVerfGE 17, 1— 38	Urteil vom 24. 7. 1963	1 BvL 30/57, 11/61
BVerfGE 17, 210—224	Beschluß vom 12. 2. 1964	1 BvL 12/62
BVerfGE 17, 319—337	Beschluß vom 14. 4. 1964	2 BvR 69/62
BVerfGE 18, 121—133	Beschluß vom 1. 7. 1964	1 BvR 375/62
BVerfGE 18, 315—344	Urteil vom 27. 1. 1965	1 BvR 213, 715/58 und 66/60
BVerfGE 18, 366—380	Beschluß vom 16. 2. 1965	1 BvL 20/64
BVerfGE 19, 100—119	Urteil vom 13. 7. 1965	1 BvR 771/59, 234, 246, 367/61 und 17/62
BVerfGE 19, 253—268	Urteil vom 14. 12. 1965	1 BvR 571/60
BVerfGE 26, 302—315	Beschluß vom 9. 7. 1969	2 BvL 20/65
BVerfGE 27, 58— 71	Beschluß vom 2. 10. 1969	1 BvL 12/68
BVerfGE 27, 111—133	Beschluß vom 7. 10. 1969	2 BvL 3/66 und 2 BvR 701/64
BVerfGE 28, 227—243	Beschluß vom 11. 5. 1970	1 BvL 17/67
BVerfGE 29, 402—413	Beschluß vom 15. 12. 1970	1 BvR 559, 571, 586/70

II. Reichsfinanzhof

RStBl 1929 S. 193	Urteil vom 7. 2. 1929	I A 377/28
RStBl 1929 S. 427	Urteil vom 15. 5. 1929	VI A 900/28
RStBl 1931 S. 862	Urteil vom 29. 9. 1931	I A 104/31
RStBl 1935 S. 1047	Urteil vom 28. 5. 1935	I A 39/35
RStBl 1936 S. 968	Urteil vom 12. 5. 1936	I A 55/36
RStBl 1936 S. 1132	Urteil vom 5. 8. 1936	VI A 208/36
StuW 1939 Nr. 536	Urteil vom 13. 9. 1939	VI 474/39
RStBl 1940 S. 609	Urteil vom 10. 4. 1940	VI 633/39

III. Bundesfinanzhof

BStBl 1951 III S. 63	Urteil vom 16. 1. 1951	I 46/50 U
BStBl 1956 III S. 180	Urteil vom 17. 4. 1956	I 332/55 U
BStBl 1957 III S. 83	Urteil vom 17. 1. 1957	V 25/56 U
BStBl 1957 III S. 111	Urteil vom 24. 7. 1956	IV 382/55 S
BStBl 1959 III S. 133	Urteil vom 20. 1. 1959	I 112/57 S
BStBl 1959 III S. 366	Urteil vom 28. 7. 1959	I 41/58 S
BStBl 1961 III S. 80	Urteil vom 15. 11. 1960	I 189/59 S
BStBl 1961 III S. 436	Urteil vom 28. 7. 1961	VI 25/61 U
BStBl 1961 III S. 516	Urteil vom 4. 8. 1961	VI 35/61 U
BStBl 1961 III S. 542	Urteil vom 3. 8. 1961	IV 96/59 U
BStBl 1962 III S. 85	Urteil vom 13. 12. 1961	I 209/60 U

BStBl 1963 III S. 126	Urteil	vom 28. 11. 1962	II 20/58 U
BStBl 1963 III S. 464	Urteil	vom 3. 7. 1963	I 276/61 S
BStBl 1965 III S. 144	Urteil	vom 18. 12. 1964	VI 298/60 U
BStBl 1966 III S. 544	Urteil	vom 29. 7. 1966	IV 299/65
BStBl 1966 III S. 663	Urteil	vom 10. 8. 1966	VII 268/63
BStBl 1966 III S. 664	Urteil	vom 10. 8. 1966	VII 269/63
BStBl 1968 II S. 416	Urteil	vom 5. 3. 1968	II 165/64
BStBl 1968 II S. 666	Beschluß	vom 15. 7. 1968	Gr.S. 2/67
BStBl 1969 II S. 102	Urteil	vom 27. 9. 1968	VI R 41/66
BStBl 1970 II S. 246	Beschluß	vom 12. 2. 1970	V B 33, 34, 48, 59, 68, 90, 120/69
BtSBl 1970 II S. 428	Urteil	vom 4. 3. 1970	I R 140/66
BStBl 1971 II S. 212	Urteil	vom 22. 10. 1970	V R 125/67

IV. Finanzgerichte

EFG 1967 S. 407	Hess. FG	Vorlagebeschluß v. 4. 7. 1967	I 1081/65
EFG 1968 S. 416	Nieders. FG	Vorlagebeschluß v. 26. 6. 1968	IV L 10/67
EFG 1971 S. 472	Nieders. FG	Urteil vom 21. 4. 1971	VIII 58/68
EFG 1972 S. 70	FG Düsseldorf	Urteil vom 15. 9. 1971	IX 315/70 E

V. Sonstige Gerichte

OVGM Nr. 1621/72 OVG Münster Urteil vom 24. 5. 1972 IV A 216/70

Printed by Libri Plureos GmbH
in Hamburg, Germany